倪斯霆 著

觉醒年代中的『旧戏痴』
张厚载传

中国文史出版社

图书在版编目（CIP）数据

觉醒年代中的"旧戏痴"：张厚载传 / 倪斯霆著. —北京：
中国文史出版社，2024.2
ISBN 978-7-5205-4549-5

I.①觉… II.①倪… III.①张厚载－传记 IV.①K825.78

中国国家版本馆 CIP 数据核字（2023）第 244862 号

责任编辑：王文运　　　　　　　装帧设计：王　琳　程　跃

出版发行：中国文史出版社

社　　址：北京市海淀区西八里庄路 69 号　　邮编：100142
电　　话：010 - 81136606　81136602　81136603（发行部）
传　　真：010 - 81136655
印　　装：廊坊市海涛印刷有限公司
经　　销：全国新华书店
开　　本：787mm × 1092mm　1/16
印　　张：22
字　　数：295 千字
版　　次：2024 年 7 月北京第 1 版
印　　次：2024 年 7 月第 1 次印刷
定　　价：78.00 元

自　序

对于今天的读者来说，本书传主张厚载已是一个非常生疏的人物，如果写出"张镠子"这个他当年常用的笔名，则更是让人陌生。不但电脑字库中"镠"字难觅，恐怕人们也都读不出此字的读音。即使是在他当年有所"建树"的中国戏曲界，以及他曾经"惹祸"并"罹难"的北京大学，当下知其名者，亦是少之又少。但在百余年前的中国新文学阵营和戏曲行内，甚至是知识界和思想界，他却是名噪一时的"风云人物"。

遥想当年，作为林琴南的入室弟子，他被时人称为"中国最小剧评家"。不但蔡元培、陈独秀、李大钊、胡适、钱玄同、刘半农、鲁迅、周作人、沈尹默、傅斯年等新文化运动的旗手和精英们，不是与他有过笔战便是对他有过评论，而且"四大名旦"等京剧名家还与他交往甚厚，并且他还是当年宣传和盛赞梅兰芳的"梅党"中坚。

翻开"五四"前夕的《新青年》《公言报》等报刊，或是作为作者或是作为被评论的对象，"张厚载"

或"张缪子"的名字是频繁出现的。当年北京大学一纸开除学籍的布告，更是让他在一夜之间，南北闻名。而在"五四"以后十余年间的《大公报》《北洋画报》等媒体上，他以"缪子""聊公""聊止"等笔名撰写的戏曲类文章，也是层出不穷，洋洋大观，并为后人留下了《听歌想影录》《歌舞春秋》《京戏发展略史》等戏曲著作。

历史已经证明，1917年前后发生的新文化运动，如今已彪炳史册。可以说，在这场启蒙运动初起之时发生的中国戏曲存废之争和中国现代文坛第一公案，张厚载都是绝对的"主角"。在这两起重大事件中，前者是他以北京大学学生身份，凭一己之力在和老师辈的胡适、钱玄同、刘半农等文学革命精英进行"交锋"；后者则是他与恩师林琴南搅在一起，共同制造了"诋毁"新文学家事件。

而这两起重大事件造成的后果，便是在张厚载即将毕业时，被北大勒令退学。虽然惜才的蔡元培校长给他办妥了转学北洋大学的手续，让他赶往天津，入学后仍可如期毕业，但他却拂逆尊意，从此投身戏曲与报业，在做出不俗佳绩的同时，还隐身金融界，并在抗战中积极奔走港滇，极尽个人之能力。1949年后，他接到了上海市市长陈毅的聘书，成为上海市文史研究馆馆员，随即便埋头著述，为中国文化的传承，抱病拼搏到生命的终点。

正是由于张厚载一生的经历颇有"故事"亦颇具"传奇"，而这些"故事"与"传奇"又和笔者生活的城市密切相关，故从20世纪末开始，笔者便多方搜集与其相关史料，并在新世纪初，于中国文史出版社出版的《纵横》杂志上，发表了国内首篇张厚载生平研究文章《张厚载与现代中国文坛第一公案》。去年岁杪，又因不期而至的机缘，遂开始了这部《觉醒年代中的"旧戏痴"：张厚载传》的酝酿与写作。如今20余万字的书稿已成，敝帚自珍，窃以为，本书还是写出了以下三方面的价值：

首先，填补了新文学发生史和中国戏曲史上的一段空白。

在新文学发生史上，有关戏曲存废之争和"诋毁"新文学家公案，是"五四"前夕新文化运动中出现的两起重大事件，但目前已面世的各种中国现代文学史及其相关著述，在涉及这两起事件时，始终都是陈陈相因甚至是语焉不详的"主题先行"，并且均是论大于史。而本书则是用了两章八节近七万字的篇幅，依据存世文献和史料，全面地详述了这两起重大事件的完整始末，不但对论战的双方均有客观翔实的描述，而且基本做到了句句有出处，事事皆有据。可以说，本书中出现的这两章，应该是目前国内出版物中，首次出现的对这两起重大事件的全景式历史再现。这种重回历史现场的打捞，可谓填补了中国现代文学史以及中国戏曲史的空白。

其次，首次对中国新文学史和戏曲史上的曾经"名人"张厚载做了完整人生考述。

此前有关张厚载生平的论述，主要是集中在新文化运动发生初期的两起重大事件上，而对于其早期的求学经历与家庭状况，以及被北京大学开除后的人生行止，则论述甚微，有的也仅是笔者在两部书中相关章节的点滴披露。而本书则是通过钩沉史料、探幽稽考，用了七章二十七节（不算"引言"和"尾声"）高达20余万字的篇幅，对张厚载跌宕起伏的一生做了完整翔实的论述。因此，无论是对被"失踪"的民国人物研究上，还是在中国新文学史和戏曲史，乃至思想史的撰写上，本书均具"拾遗补阙"之功效。

此外，在人物传记的文学性与学术性相融合方面做了些许探索。

人物传记属于文学范畴，是文学属性下的几大类别之一。而本书传主由于被"失踪"年头过多，身家档案和生平史料均散佚难觅，因此我们与其虽然仅有一个世纪之隔，但在涉及其籍贯、出生地、家族以往，以及人生部分行止时，却苦于资料阙如，靠的只能是考证与考辨。由此便造成全书难以按照通行的人物传记那样进行文学叙述，而是时不时地要加以学术化的考释与辨析。针对此点，本书在撰写之先，便有了在文学性与学术性相融合方面做些探索的初衷。如今从完成的书稿看，虽然体例尚有不合之处，甚至还有史料叠加后的"掉书袋"之嫌，但读之还是能够在阅读快感中感受到些许学术味道，而这也恰恰是笔者当初所设定和写作中所追求的。

光阴易逝，半年的写作痛并快乐着。在经过年初的严寒和眼下的酷热后，书成在即，略述感受如上，但愿"敝帚自珍"不会变成"王婆卖瓜"。至于以上目的是否真的达到，还望诸位看官阅过全书给予评判。

是为自序。

目录

引子 | 他"其实不是个坏人"

    2021 年 2 月 1 日，被评论界誉为史诗巨制的重大历史题材电视剧《觉醒年代》，于央视一套黄金档强劲推出。首播尚未过半，便在迅速获得高收视率的同时，也让国内老中青几代观众心潮澎湃、热血沸腾。人们在历史与艺术的高度融合中，走进了百年前中国先进分子和热血青年所演绎出的那段追求真理、燃烧激情的峥嵘岁月，看到了思想的光芒、理想的魅力和青春的力量，深刻地感受到了那个壮怀激烈年代在中华民族觉醒和复兴之路上的非同寻常。

    作为首次全景式展现新文化运动和五四运动的影视佳构，《觉醒年代》还在历史真实与艺术创作的有机结合上做了全新探索。全剧不但艺术化地塑造了李大钊、陈独秀、毛泽东、周恩来、蔡元培、胡适、钱玄同、刘半农、陈延年、陈乔年、邓中夏、赵世炎、顾维钧、邵飘萍、辜鸿铭、林纾等风云时代的风云人物，而且还自出机杼地创造出了柳梅、郭心刚和张丰载这三个不同性格、不同作为和不同结局的虚构人物。

    其实，作为剧中唯一"反面"学生形象的张丰载，也还是有历史真人做"模特"的。这个人物原型，便是当年北京大学法科政治门四年级学生张厚载。"丰"和"厚"字义相近，从这一指向性很强的化名也可看出，编导是在不拘泥于真人真事的基础上，有意地向历史人物靠近。但撰之史实可以发现，人物原型"张厚载"与电视剧中"张丰载"的区别还是蛮大的，甚至是有着本质上的不同。

历史上的张厚载，虽然家境殷实，也确实被林纾收为弟子，是传统文化的维护者并被誉为民国"剧评第一人"；而且作为当年北京大学学生，在五四运动爆发之前，他还以一己之力和老师辈的陈独秀、胡适、钱玄同、刘半农等一众新文化运动风云人物展开过论战，甚至还因擅自发布"损坏校誉"消息而被校长蔡元培驳斥，并遭到新文化精英们的围攻；随后又成为"递刀者"，将恩师林纾"恶意诅咒"新文学家的小说《荆生》与《妖梦》寄往上海发表，以至于在不足两月即毕业的"五四"前夕被北京大学开除。但他绝不是剧中花花公子般的纨绔子弟，更没有投靠北洋政府做"帮凶"，依仗着强硬后台去胡作非为并沦为京师警察厅密探。也正因此，《觉醒年代》播出后，今日的北大"同人"曾撰文指出：

> 剧中张丰载是一个由"公子哥"学生到告密和挑拨事端直至沦为警察厅特务的负面学生形象。因事关北大学生的形象和历史真实，因此有必要对其原型张厚载做一些了解。与剧中人物张丰载很相似，真实的张厚载于1915年由北大预科升入北京大学法科政治门本科，先为旁听生，后转为正式生。他学习成绩良好，在读书期间，兼任《申报》《神州日报》等报纸的特约通讯员和特约记者，喜爱传统戏剧，发表过大量剧评，还以一个本科生的身份在同人刊物《新青年》上发表关于戏曲改革的《新文学及中国旧戏》《我的中国旧戏观》等文章，与胡适、刘半农、钱玄同等老师辈的大人物同框辩论，引起新文化运动中关于新旧戏曲的讨论。他惹出的更大风波是为帮助自己曾经的中学老师林纾表达对新文化的不满，将林纾的两篇带有恶意影射、攻击新文化领军人物蔡元培、陈独秀、钱玄同等的小说《荆生》与《妖梦》投到

《申报》^①发表，后又在报纸上散布北大将开除陈独秀（实则是北大内部裁撤学长制的教学改革）的谣言，因损毁了北大荣誉，受到了北大退学的处分。至此，张厚载和剧中的张丰载都还相似。但接下来的历史是校长蔡元培念其即将毕业，因此在给他退学处分时介绍他到天津北洋大学读书，希望他能继续完成学业。只不过张厚载经此打击已经无心再读，由朋友介绍先后到中国银行、交通银行等机构工作，并自办戏剧期刊，演戏、评戏，成一代剧评专家，与梅兰芳等京剧艺术家私交甚好。解放后还在上海政协文史馆工作过，直至 1955 年病逝。在当时的革命运动中，有没有像剧中张丰载那样堕落为军阀政府"帮凶"的学生？应该说大浪淘沙，即使出现一个两个也不足为奇。但就北京大学来说，目前没有这方面的资料记载，至少张厚载同学并没有如此堕落。^②

对此，《觉醒年代》的编剧、中共党史专家龙平平在接受访谈时亦讲："虚构的人物，在《觉醒年代》里有三个，分别是柳眉、郭心刚和张丰载。其中张丰载是唯一的坏人，这个人也是有历史原型的，叫张厚载，这个人其实不是个坏人，而是研究戏剧很有成就的人，但在历史上，张厚载确确实实在新文化运动的争论中，因为挑拨离间被北大开除了的。那么在这个基础上，我们就虚构出了一个反面人物，其实你也能感觉到他是虚构的：一个学生居然一跃而成为京师警察厅的密探。"^③

由此可知，电视剧《觉醒年代》中"虚构的人物"张丰载的"历史原型"张厚载，"其实不是个坏人"。他只是一个有"故事"有才华

---

① 《申报》应为《新申报》。

② 金安平：《〈觉醒年代〉与觉醒年代中的北京大学》，《北京大学校报》2021 年 5 月 14 日。

③ 宋馥李：《编剧龙平平谈〈觉醒年代〉：从红楼到红船，党史可以平和地讲》，《经济观察报》2021 年 10 月 22 日。

同时又有着跌宕人生经历的旧时代文人。此外，他还是一个生前曾遭新文化精英群起围攻、死后屡被新文学史家揶揄并成为影视剧负面角色之模特的"冤屈"者。而本书所要告诉读者的，正是这些"故事"与"冤屈"的内幕。

正如有的学者所言，当时光进入 21 世纪的今天，我们已用一个世纪的沧桑，抚平了"五四"一代学人因急于想使落后的中国早日走向觉醒而产生的巨大焦躁情绪，使我们能够平心静气地重新审视当年那场论战的实质性内容，因此我们的笔下可能会自然地更为平实客观。①

近年更有学者认为：正是当年新旧双方对自身价值的顽强持守与确信，才构成了"五四"时期健康的言论生态和有效的演说空间。甚至从某种意义上来讲，正是有了反对派的"坚持"与"固守"，才保障了这一思想论争场域的有效张力。可以说，也正是论战双方的这种"坚持"和"固守"，才使"五四"有了更重大与更深刻的意义。因此，从长时段的历史眼光来看待这一新旧双方共同构成的思想战场，无论是革命派还是守旧派，无论是"独踞虎溪"者还是"螳臂挡车"者，他们都有身为战士的可敬可爱之处。百年之后回望"五四"，后人理应拥有这样的理性和从容。②

不可否认，作为今日还能让学界提及并被影视关注的历史人物，张厚载一生最为"闪光"的时刻，便是五四运动前夕在北京大学的那段"倒霉"时光。尽管对张氏本人而言，这是一段痛苦的记忆，以至他在后来的诗文中曾有"提起当年泪不干，光阴一去不复还"之句，并解释说："一回想到从前的事情，无限辛酸，更不知从哪里说起。"③

---

① 刘丽华：《不愉快的师生论争——审视胡适与张厚载的一段公案》，《鲁迅研究月刊》2005 年第 11 期。

② 王桂妹：《重估五四反对派——从林纾的"反动文本"〈荆生〉〈妖梦〉谈起》，《西南大学学报（社会科学版）》2017 年第 4 期。

③ 详见《北洋画报》1927 年 7 月 6 日。

可是当年对他进行"管束"和与之"论战"的对手实在过于强大，甚至可以说是显赫。当年不但在这些叱咤风云者的激昂文字中，曾多次出现他这个被找来"做文章的材料"①者的名字，而且他与他们之间的论辩文字，还被白纸黑字地印在了"五四"前后最有影响力的新文化运动标志性刊物《新青年》上。因此，今天的人们在论述百余年前发生在北京大学的那场新旧文化碰撞时，他便成了绕不过去的新文化运动对立面的典型，想不出名都不成。虽然他仅仅是以反衬当年新文化精英的面目出现，但正是因为有了这种"反衬"，以"五四"为标志的新文化运动方才形成强大的气场和恢宏的场域。

对此，诚如"谁的五四"提问者所言：

> 将五四遗产简化为《新青年》与五四新文化派，这在某种程度上掩盖了我们对现代中国文化启端的丰富而复杂的内涵的发掘，也给一些望文生义的指摘留下了可能。在作为历史发动火车头的五四新文化派的背景上，存在着一个更为广阔的"五四文化圈"，它由新文化的倡导者、质疑者、反对者与其他讨论者共同组成，他们彼此关系有疏有密，但远非思想交锋之时的紧张和可怕，他们彼此的砥砺和碰撞……一起保证了现代中国文化发展的能量和稳定，属于我们重新检视的"五四遗产"。②

可见，学界已经从更为理性的角度在审视"五四"新文化，这其中就包括对林纾与张厚载的再认识。

于是，一个吊诡的现象在张厚载的身上出现了。

一方面，被视为旧文化卫道者的"符号"之一，他在"五四"前夕的言论和作为，不但曾被当时的对手反复渲染并加以驳斥，而且还

---

① 胡适语，见《胡适全集》第 23 卷，安徽教育出版社 2003 年版，第 238 页。

② 李怡：《谁的五四——论"五四文化圈"》，《中国现代文学研究丛刊》2009 年第 3 期。

被此后的研究者不断丰富并具体化，甚至时至今日已被演绎成文艺作品中的"故事"。

另一方面，对于他同新文化运动风云人物"论战"之前和被北京大学开除之后的情况，却是由于鲜见论及而造成模糊不清。以至于当我们今天欲为其一生做个总结时，大伤脑筋者，便是其生平史料的难以寻觅。除了在他生前所写的看戏"观后感"中，曾有些许"语焉不详"的过往经历外，再有的，也仅是几篇片段性的个人忆旧及友朋回忆。也正因此，本传记在涉及其早年生活与学习状况时，出现更多的，便是在考证基础上的史实推测。

行文至此，读者可能已经产生了一系列疑问：既然张厚载不是个坏人，那他作为主旋律电视剧《觉醒年代》中反面人物张丰载的"原型"，其出身到底如何呢？当年他是因何被林纾收为弟子并成为"民国第一剧评人"的呢？他又是怎样以一己之力和一众新文化运动风云人物展开"同框辩论"的？其散布北大谣言遭到蔡元培驳斥究竟是怎么回事？将林纾"恶意诅咒"新文学领军人物的小说寄往上海发表有何等内幕？因为"挑拨离间"被北大开除背后的真相又是什么？离开北大后他的际遇几何人生发生了哪些变化？在他人生即将终点时又经历了什么完成了什么？

这一切，都应从 20 世纪初叶那风云激荡的年代说起……

第一章

成为林纾弟子
之前的身家谜团

　　尽管张厚载的生平至今仍是残缺不全，但从目前可见的相关史料上看，其为清末民初桐城派古文大家林纾的入门弟子，则是肯定无疑。对此，早在 1919 年五四运动前夕，张厚载在写给北京大学校长蔡元培的私信中，自己也承认"林先生系生在中学校时之教师，与生有师生之谊"。①

　　师生关系虽然如此确凿，可是张厚载在成为林纾弟子之前的身家史料，目前却是所见甚微。见于世间者，仅知他字采人，号慜子，另有张聊止、张聊公、慜公、白头翁、养拙轩主等笔名。出生于 1895年，或 1897 年。其原籍也有两说，一为江苏青浦（今属上海），一为浙江淳安。早年随父母迁居北京，幼时家庭条件优越，受过系统的旧学训练，曾入林纾任汉文总教习的五城中学堂学习，对林氏古文钦佩有加，后对林纾执弟子礼。此外，他少年时期痴迷中国传统戏曲，十六七岁便开始写剧评刊发于津京媒体，曾被时人称为中国"最小剧评家"和民国"第一剧评家"。除此，便再无其他。至于其家族和父辈情况，截至目前，更是扑朔迷离难见清晰史料。

　　因此，若要追溯他的少年行止和家族已往，便只能从尘封已久的旧报旧刊和旧书中去寻觅答案了。尽管得到的仅是些支离破碎的只言片语，然而据此还是多少能够还原出一些其少年经历和父辈往事。

一、关于籍贯和生年的辨析

　　现今出版物中，凡涉及张厚载籍贯者，大多持"江苏青浦（今属上海）"之说。目前可知此说最早出现于 1951 年 3 月 23 日的上海

---

① 张厚载：《张慜子君函》，《北京大学日刊》1919 年 3 月 21 日。

《亦报》，在署名"余苍"者所撰的《林纾与张厚载》一文中，有"张厚载，即二十几年前以写旧剧批评得名的张镠子，江苏青浦人"[①]的记载。因青浦1949年后先隶属苏南行署，后划归江苏省，1958年方并入上海，故"（今属上海）"实乃后人所添。

此外，1982年郑逸梅在《回忆剧评家张聊止》一文中亦称，"他是江苏青浦人，名厚载，号镠子，后改为聊止"[②]。郑逸梅与张厚载相识，其说应该有一定根据。

自此两说之后，人们在涉及张厚载的著述中，便基本秉承其籍贯为"江苏青浦（今属上海）"之说。如2005年学者刘丽华在其论文中，便称"张厚载是江苏青浦人"。[③]资深的戏曲史论专家张古愚在2007年著文时，也说"张镠子是江苏青浦人"。[④]2016年学者马勇在文章中也是写道，张厚载"生于1895年，江苏青浦（现属上海）人"。[⑤]中国人这么说，外国人亦如此，日本学者樽本照雄在2008年出版的日文版本《林纾冤罪事件簿》中，也是认为"张厚载（1895—1955），江苏青浦（今上海市）人"。[⑥]即使到了2022年初，新出版的戏曲专著在介绍张厚载时，仍是写为：

> 张厚载（1895—1955），字采人，号镠子、镠公，别署养拙轩主，笔名聊止，江苏青浦（今属上海市）人，近代戏曲评论家。[⑦]

① 此文被收入1951年7月上海广益书局出版的张镠子所著《歌舞春秋》附录，第135页。

② 郑逸梅：《回忆剧评家张聊止》，见《艺坛百影》，中州书画社1982年版，第150页。

③ 刘丽华：《不愉快的师生论争——审视胡适与张厚载的一段公案》，《鲁迅研究月刊》2005年第11期。

④ 张古愚：《愚翁说剧》，《艺坛》第五卷，上海书店出版社2007年版，第45页。

⑤ 马勇：《"递刀者"？——以张厚载、林纾为中心的所谓新旧冲突》，《安徽史学》2016年第5期。

⑥ ［日］樽本照雄：《林纾冤罪事件簿》（中文版名为《林纾冤案事件簿》），商务印书馆2018年版，第87页。

⑦ 张国强编著：《君子如党：梅兰芳与"梅党"》，知识产权出版社2022年版，第148页。

　　与此说相异者亦有，但仅是"一家之言"。1999 年出版的《中国戏曲志·北京卷》中"传记"部分，在张厚载条目下，则写有：

　　　　张聊公（1895—1955），戏剧评论家。原名张厚载，笔名聊止、张缪子。浙江淳安人。一说江苏青浦（今属上海）人。[①]

　　《中国戏曲志·北京卷》是国内戏曲界几代才俊历经 13 年编竣的一部大型艺术类志书，具有极高权威性。其将"浙江淳安"标为张厚载籍贯的正说，而将"江苏青浦（今属上海）"仅是列为"一说"，也是有其依据的，而且这个依据还难以推翻，因为其所本乃是张厚载亲笔所为。1941 年天津书局出版的张厚载剧评集《听歌想影录》中，有张氏所撰"自序"，其在文后署名时，有"青谿张缪公序于津门之养拙轩"[②]的记录。同时，在全书开篇的作者署名时，用的也是"青谿张缪公"[③]。

　　按辞书解释，"谿"乃"溪"的异体字。"青谿"亦为"青溪"，其为"古县名。唐永贞元年（805 年）因避宪宗李纯讳改还淳县置。治所在今浙江淳安西淳城镇。北宋宣和二年（1120 年）方腊起义于此。次年，起义军被镇压，改名淳化。南宋绍兴初又改名淳安"。[④]该县位于浙江省西部，毗邻安徽省，今隶属杭州市。其县名除青溪、还淳、淳化、淳安外，历史上还有始新、新安、雉山之称。

　　此地自古人杰地灵，民风淳朴，大明清官海瑞曾主其政。据《明史》卷 226《海瑞传》记载，海瑞从南平县（今属福建省）教谕（负

---

　　① 《中国戏曲志》编修委员会、《中国戏曲志·北京卷》编辑委员会编著：《中国戏曲志·北京卷》，中国 ISBN 中心 1999 年版，第 1170 页。

　　② 张聊公：《听歌想影录·自序》，天津书局 1941 年版，第 2 页。

　　③ 张聊公：《听歌想影录》，天津书局 1941 年版，第 1 页。

　　④ 辞海编委员会编：《辞海》（1979 年版），上海辞书出版社 1980 年版，第 1976、1987 页。

责教育的官员）升为淳安县令，过着"穿布袍、吃粗粮、粗米，让老仆人种蔬自给"的生活，百姓称赞他如"寒士"。其母大寿，他也未大办寿宴招待宾客，而仅仅添买了二斤猪肉加餐而已。浙江总督胡宗宪曾对人说："昨闻海瑞办母寿，市肉二斤矣。"

此外，与"浙江淳安"相近者，还有一例。那便是 1944 年与张厚载曾在沦陷的天津一同办画展的老报人吴云心所言："张聊公又名聊止，原名张厚载，笔名谬子，聊止其谐音。浙江人。"[①] 作为与张厚载相知相交 20 余年的文友，吴云心之说乃是他对老朋友的真实了解所然，绝非道听途说人云亦云之言。他称"浙江"而非"浙江淳安"，也正是知多少或者记得多少便说多少的审慎态度，因此其言颇为可信。

通过以上辨析可知，张厚载的籍贯应为"浙江淳安"。对此的进一步认定，则是来自他的别号"谬子"，此号和其原籍"青谿"，可谓意同。

按张厚载友人张柳絮所言："'谬'字读如聊，意指'深谷'。此字极陌生，不在现代习用字之列，拿到他名片的人，大都要窨一窨。"[②] 而"谿"字本身就有"山间的河沟"之意，战国时期楚国宋玉《风赋》曾云："夫风生于地，起于青蓣之末，浸淫谿谷。"这里的"谿谷"，便作"山谷"解。[③]"山谷"亦为"深谷"，张厚载为自己取了一个"不在现代习用字之列"的"谬"字作别号，其本意并不是想让人"窨一窨"，而是乡梓之情使然。因为故乡淳安原名"青谿"的"谿"字有"山谷"之意，那么他也为自己取了个有"深谷"之意的"谬"字作别名，便也就不足为怪了。

至于"江苏青浦（今属上海）"一说，则有可能是其父出仕后曾在青浦为宦或者他曾在青浦生活过的缘故。对此下文有解。

---

① 吴云心:《吴云心文集》，天津古籍出版社 1990 年版，第 626 页。

② 柳絮:《记张谬子近况》，上海《亦报》1951 年 3 月 28 日。

③ 商务印书馆编辑部等编:《辞源》（第四册），商务印书馆 1983 年版，第 2929 页。

此外，关于张厚载的出生年代，目前可以肯定，既不是 1895 年，更不是 1897 年，而是 1894 年。这从他的自述中可以得到证实。

1927 年 7 月 6 日天津《北洋画报》发表了张厚载的一首名为《集戏词自题十八年前小影》的短诗，随诗一同刊出的，还有他 15 岁时的一张照片。[①] 早于 1927 年"十八年"的照片，应为 1909 年所拍，而拍照片时他年方十五，据此计算，张厚载的出生年代便为 1894 年。支持此说的，还有他在另一篇文章中曾言，宣统三年他初来津门，"时年十七"[②]。宣统三年即 1911 年，这一年他 17 岁，那么他的生年是 1894 年，则是确凿无疑了。

二、对父辈和家庭的稽考

关于张厚载家族的情况，目前各种媒体均无披露。对于其父，眼下也仅见 1926 年底天津《北洋画报》上的一则"病逝"消息。据这篇署名"松公"者所撰《记张宅开吊》记述：

> 张镠子君以父丧在京寓开吊。是日余充招待之职，略记所见，以当报告。镠子之尊人颉筿先生，久官蒙藏院，因欠俸逾万金，抑郁以终，故各方面所赠挽联，多寄悲愤之意。镠子从前常与伶界往来，故梅兰芳、程艳秋[③]、尚小云、白牡丹等，均送花圈，颇极动人。高庆奎亦送挽联一副，不知何人为捉刀。此外蒙人有贡桑诺尔布、那彦图等所赠挽联，外交界有顾维钧花圈，亦杂入梅、程诸花圈中，颜惠庆送一幛，夏仁虎、胡若愚、孙润宇、陶履谦等，均有挽联，文学界以姚华及郭则沄、许宝蘅诸联最佳，本报主笔笔公、二板诸公，亦有挽幛，颇极一时之盛。是

① 详见镠子：《集戏词自题十八年前小影》，《北洋画报》1927 年 7 月 6 日。
② 聊：《津门偶忆》，《新天津画报》1939 年 11 月 29 日。
③ 京剧名旦程砚秋原名程艳秋，1932 年始改"艳秋"为"砚秋"。下同。

日大风，气候严寒，吊客政界有孙润宇、陶履谦等。伶界有程艳秋、郭效青等。庭中有喇嘛与和尚诵经。三教九流，无所不备矣。①

"松公"本名吴幼严，是《北洋画报》主人冯武越的好友。"当年'北画'开创之际，他帮着笔公（冯武越）做了很不少的工作，发寄画报，收纳文件，对外交涉等等"，在编辑部里经常能"看见他的岸然道貌"。②他所写的这篇报道，便是目前仅见的有关张厚载父辈的讯息，后人在涉及此内容时，均据其演绎成文。如 2017 年出版的《报里乾坤——〈北洋画报〉中的天津城市文化》一书，在介绍张厚载之父时，除了转述以上内容外，也仅是注释《北洋画报》"主笔笔公"为"冯武越"、名伶"程艳秋"即"程砚秋，初名菊依，后改艳秋，1932 年起更名砚秋"、名伶"白牡丹"即"荀慧生"而已。③即使到了 2022 年初，在新出版的《君子如党：梅兰芳与"梅党"》一书中，作者也是依据上引史料演绎张家状况为：

> 张氏诗书传家，其父张颉纻长期任职蒙藏院，就家庭环境来说，属于中产阶级。④

由此可见，最早及全部出现的张厚载父辈情况，仅此寥寥数语。然而综合以上文字，我们至少可以得到其家庭信息如下：

一为张厚载家族乃书香门第，诗书传家。

---

① 松公：《记张宅开吊》，《北洋画报》1926 年 12 月 29 日。

② 王小隐：《长胡子的吴先生还不曾是古人》，《北洋画报》1932 年 7 月 19 日。

③ 王兴昀：《报里乾坤——〈北洋画报〉中的天津城市文化》，天津人民出版社 2017 年版，第 35 页。

④ 张国强编著：《君子如党：梅兰芳与"梅党"》，知识产权出版社 2022 年版，第 148 页。

二为张厚载之父名叫张颉觐。

三为张氏父子均钟爱传统文化。不光是张厚载给自己起了一个"不在现代习用字之列"的"璆"字做别号，其父名字中也有一个让人"窨一窨"的"觐"字。

四为张厚载之父张颉觐曾在蒙藏院长年为官，且官职不低。张颉觐葬礼上，不但"民国第一外交家"顾维钧、曾任黎元洪政府国务总理兼外交总长的颜惠庆、曾任徐世昌政府代国务院秘书长的郭则沄、曾任北洋政府代理总长和国务院秘书长的夏仁虎、曾任北洋政府总统府秘书的许宝蘅、曾任北京女子师范大学校长的姚华、时任云南省务委员会主席并即将出任国民革命军第三十九军军长的胡若愚、时任北洋政府国务院法制局局长兼国务院秘书长的孙润宇、时任外交部参事的陶履谦、时任北洋政府蒙藏院总裁的贡桑诺尔布，以及成吉思汗第二十七代子孙那彦图等，均有挽联悼念，而且孙润宇、陶履谦等政界人物还亲临张府吊唁，可见张颉觐出身不凡和曾任及时任官职均不低。

五为张厚载家庭经济条件曾经宽裕，属于中产阶级。

六为张厚载之父因蒙藏院欠薪甚巨，于1926年底抑郁而终。

七为张厚载在1926年底，已与"四大名旦"等名伶交谊甚厚。

八为张氏父子交游甚广。张颉觐葬礼上，三教九流"无所不备"。

揆之史料可知，蒙藏院是北洋政府时期专事统治蒙藏等少数民族的一个中央机构，其前身是清光绪三十二年（1906年）设立的专门制驭蒙古等少数民族的最高权力机构理藩部。进入民国后，1912年5月理藩部改制为隶属民国政府内务部的蒙藏事务处，由总办、帮办各1人主持处务。同年7月改为蒙藏事务局，直属国务总理，设总裁、副总裁各1人，主持局务。另设参事2人，掌拟法律命令等事务；秘书2人，掌理机要事务；佥事8人，分掌局务；主事12人，辅助佥事分掌局务及翻译事务；执事官4人，掌接待及传译语言事务。

1914年5月，蒙藏事务局改制为蒙藏院，"直隶于大总统，管理蒙藏事务",仍设总裁、副总裁各1人,院内分置总务、秘书二厅和两司负责具体政务。其中总务厅设参事2人、编纂4人,分设编纂、统计、文牍、会计、出纳、庶务6科;秘书厅设秘书2人,分设机要、翻译、承值3科;第一、二司,均设司长1人,佥事6人,主事12人。① 1928年6月,国民革命军北伐攻入北京,同年7月11日,将蒙藏院改制为蒙藏委员会,隶属南京国民政府行政院。

蒙藏院主要职责是组织边疆调查,为中央决策提供信息;参与解决各种争端;管理蒙藏等少数民族宗教事务;办理蒙藏等少数民族地方政府驻京事宜;组织、监督蒙藏等少数民族代表的选举与选派;妥善处理蒙藏等少数民族商人进京贸易问题;接待蒙藏等少数民族首领;支持少数民族地区的爱国力量等等。该机构曾对加强中央政府与蒙藏等少数民族地区的联系、稳固边疆,发挥过重要作用。②

前文已述,作为长年任职蒙藏院、家庭经济条件曾经宽裕,而且死后仍享哀荣的官员,张厚载之父张颉镱应该出身不凡且职务不低。但其到底何等根基依据何等业绩又是何年进入蒙藏院,以及在院中具体担任何等职务,目前仍是尚无确切信息。对此,我们只能从相关史料中去发现蛛丝马迹并加以稽考。

还是在1941年付梓的那本张厚载剧评集《听歌想影录》中,首页刊有当时寓居津门的宿儒金梁的题字,其在背面所撰《〈听歌想影录〉题》中,开篇便云"张君聊公,吾年家子"③。"年家"乃科举时代同榜登科者的互称,其子女便被称作"年家子"。如李鸿章的父亲李文安和曾国藩为同年进士,彼此便互称"年家",而李鸿章23岁则

---

① 见中国第二历史档案馆官方网站,http://www.shac.net.cn/mgdacs/mgsqjgsz/201411/t20141112_2351.html。

② 孙宏年:《蒙藏院与民国时期的西藏治理述论(1914—1928)》,《中国边疆史地研究》2008年第4期。

③ 金梁:《〈听歌想影录〉题》,见张聊公:《听歌想影录》,天津书局1941年版,第1页。

以"年家子"的身份进入曾国藩帐下，由此仕途腾飞。金梁既称张厚载为"年家子"，那张厚载之父张颉筱，在科举时代与金梁同榜登科，则是无疑。

金梁生于1878年，号息侯，又号小肃，晚号瓜圃老人，浙江杭县（今杭州）人，为满洲正白旗瓜尔佳氏。清光绪辛丑年（1901年）举人，甲辰（1904年）科进士。曾入京被授内阁中书，历任京师大学堂提调、内城警厅知事。进入民国后为民政部参议，后外派奉天（今沈阳）任职。九一八事变后因不事伪职而移居天津做寓公，为沽上著名文人社团"城南诗社"发起人之一，并因此与他的"年家子"、后来亦寓居津门的张厚载稔熟。至于他和张厚载的父亲是同年举人还是同年进士，因张厚载之父科举用的不是"张颉筱"之名，故在这两榜之内难以确认。张颉筱是张厚载父亲之名还是号或者别署，目前仍难以确定。

但从后来的结果看，张颉筱与同是浙江人的金梁为清光绪甲辰（1904年）科进士的可能性更大。因为金梁进士及第后便入京为仕，那张颉筱殿试中榜后，进京授职也应是情理之中的惯例。只是不知官至几品、最初任职何方。对此，还是需要推理般的猜测：我们已知张颉筱就职的蒙藏院挂牌于1914年，1928年便被蒙藏委员会所取代，那"久官蒙藏院"的他，在1914年之前便已进入了晚清的理藩部或民国政府的蒙藏事务处、蒙藏事务局，也是有可能的。既然其家庭经济条件属于宽裕的"中产阶级"，而且身后还享有众多显宦的哀悼，那张颉筱的官职肯定不会太低，最起码应该是个主持蒙藏院某重要部门的官员，甚至仅在蒙藏院总裁贡桑诺尔布之下。

此外，还有一种更接近于事实的可能，那便是张颉筱进士及第后，曾被派往江苏青浦为官，几年后再进入晚清理藩部。如果张颉筱与金梁同为甲辰（1904年）科进士，金梁中榜时26岁，那张颉筱及第的年龄也应在25至30岁之间。如此算来，张颉筱便应该是出生于1877年前后。这样，他大约在16岁左右娶妻成家，并在翌年亦即

1894 年有了长子张厚载。后来他又在 27 岁左右考中进士，旋被朝廷外派江南为宦。此说如果属实，那么张颉篯应该是在 1905 年前后携家眷南下青浦的。而幼小的张厚载便是在青浦接受了私塾教育，只不过几年后，随着张颉篯调任理藩部，他们全家便移居京城了。

能够支撑此说的，还有一个事实，那便是据张厚载后来回忆，"民国二年余以事赴沪，在新舞台见（孙）菊仙演剧，极佩其精神"。① 民国二年（1913 年）张厚载 19 岁，正在京城求学，此时他赴上海，绝不会是公事，很有可能是独自或随父赴江苏青浦去处理家中私事，并在邻近的沪上有过逗留。而且此后的十年间，他还因私有过多次上海之行。

青浦位于今日上海市西部，太湖下游，黄浦江上游。东与闵行区毗邻，南与松江区、金山区及浙江省嘉兴市嘉善县接壤，西与江苏省苏州市吴江区、苏州市昆山市相连，北与嘉定区相接。区域内河江交错，水系丰富，盛产稻米、鱼虾，为典型的"江南水城""鱼米之乡"。其历史悠久，六千年前已有先民居住。因境东北有青龙镇（今旧青浦镇），东部有赵屯、大盈、顾会、盘龙、崧子五浦，同汇于吴淞江，故名青浦。明嘉靖二十一年（1542 年），析华亭县修竹、华亭，上海县新江、北亭、海隅五乡立青浦县，设县治于青龙镇。万历年间移县治于唐行镇（今青浦老城区），隶属松江府。清雍正二年（1724 年）曾划北亭、新江两乡，分置福泉县，至乾隆八年（1743 年）裁撤，仍并入青浦县境。

民国后，青浦县划归江苏管辖，曾隶属江苏省第三行政督察专员公署。1949 年后青浦县先属苏南行署，后隶江苏省，1958 年归入上海市。或许这正是张厚载原籍有"江苏青浦（今属上海）"一说的由来。

---

① 张聊公：《听歌想影录》，天津书局 1941 年版，第 8 页。

三、哪年考入五城中学堂

无论是此前已有著述，还是笔者所推测的"更接近于史实的可能"，对张厚载早年随父母由南方迁居北京，考入林纾任汉文总教习的五城中学堂这一事实，均无异议。周作人晚年在回想录中说："北大法科有一个学生叫作张谬子，是徐树铮所办的立达中学出身，林琴南在那里教书时的学生。"①此说有误。徐树铮1915年确实办有一个中学，林纾也确实受聘为该校教务长。但这个学校不叫立达中学，其初名为正志学校，1920年改名为成达中学。而且张厚载也始终没有在这个学校上过一天学，他考上的，是林纾任汉文总教习的五城中学堂。

那么，张厚载一家是哪一年从南方北上京城的呢？他又是哪一年从五城中学堂毕业的呢？目前的答案仍告阙如。对此，还是需要从相关史料上去加以考释。

五城中学堂是今日北京师范大学附中和甘肃西北师范大学附中的前身，也是中国最早的国立中学堂。"五城"者，乃是明清两朝北京的行政区划，即中城（皇城）、东城、西城、南城、北城的总称，亦即明清时期的北京城的总体称呼。清光绪二十七年（1901年），清政府实施新政，其中教育变革是重大举措之一。时任五城尹陈璧奏请朝廷，请求创办五城学堂，奏折旋即获准。

1902年初，在京师厂甸琉璃窑厂瓦砾废墟上建起的五城学堂正式开学。当年8月15日，由管学大臣张百熙主持拟定的《钦定学堂章程》颁布，正式引进西方三段制学制，于是五城学堂正式更名为五城中学堂。这是北京第一所官办中学，也是中国首次使用"中学"这一近代学校名称。按《钦定学堂章程》规定：中等教育设中学堂一

① 周作人：《北大感旧录（十一）》，《苦茶——周作人回想录》，敦煌文艺出版社1995年版，第406页。

林纾（左）壮年时与桐城派同人吴汝纶（右）、冒广生（中）合影

级，旨在使高小毕业生加深程度，增添科目，开设修身、读经、算学、词章、中外史学、中外舆地、外国文、图画、博物、物理、化学、体操等12门课程。四年毕业后，升入高等学堂或大学预科。

五城学堂筹建伊始，身为福建闽侯人的陈璧，便保举同籍著名古文家林纾为国文总教习，曾留学英国海军的天津人王劭廉为西文总教习。

作为近代古文家、文学家、翻译家，林纾1852年出生于福建闽县（今福州市），字琴南，号畏庐，别署冷红生，晚称蠡叟、践卓翁、六桥补柳翁、春觉斋主人。光绪八年（1882年）中举人，后考进士不中，遂走上著述、讲学和译书之道，成果颇丰。曾在福州主讲苍霞学舍、在杭州主讲东文学舍多年，为桐城派末期代表作家。1901年初，他刚由杭州旅京担任金台书院讲习，便被陈璧聘为五城学堂国文总教习，"岁得束脩千余金"。自此，他便在该学堂主讲修身、国文等课程，前后长达13年之久。虽然学校名称与时有变，但他所讲课程却一如既往。

光绪三十四年（1908年）5月，清政府下令将京师大学堂优级师范科改为京师优级师范学堂，就厂甸五城中学堂校址增建校舍。民国成立后，修订学制，南京临时政府教育部遂于1912年5月15日，明令京师优级师范学堂改为北京高等师范学校。同年7月，改五城中学堂为北京高等师范学校附属中学校（即今北京师范大学第一附属中学）。也就是从此时起，虽然师资、学制未变，但五城中学堂的校名便不再使用。①

从上述史料的梳理可知，五城学堂 1902 年初创办，当年便易名五城中学堂，十年后的 1912 年 7 月，再次易名为北京高等师范学校附属中学校。而在已知张厚载的生平记载中，其本人及友朋均没有提及他有过在北京高等师范学校附属中学校上学的经历，而是一致认定，他当年所上的中学就是五城学堂，五城学堂是当年人们对五城中学堂的简称。由此可以断定，张厚载就读五城学堂的时间下限，应在 1912 年之前。此外，张厚载之父张颉籛进士中榜和全家进京的时间，已考定为 1904 年，而且此后他们一家或许还有过一段外派江南的日子。因此，张厚载在五城学堂上中学的时间，最宽泛地说，也是应该在 1904 年之后到 1912 年之前。至于具体时间段，还可以从当时颁布的学堂章程中的学制部分去推断。

1902 年由管学大臣张百熙主持拟定的《钦定学堂章程》，由于制定仓促，内容过简，故在颁布后很难实施。一年后，清廷又调主张"中学为体，西学为用"的洋务派代表张之洞进京主持制定新学制。很快，张之洞便会同张百熙等人，以日本学制为蓝本，在《钦定学堂章程》的基础上，又借鉴制定湖北学制的经验，修订成《奏定学堂章程》。1904 年 1 月 13 日，在获光绪帝批准后，新章程得以施行。

这是中国教育史上第一个正式颁布且在全国普遍实行的学制，其规定中等教育设立中学堂一级，学制四年。高等教育内分三级：高等学堂或大学预科，学制三年；分科大学（大学堂），学制三至四年；最高等级的通儒院，学制五年。进入民国后，分科大学（大学堂）改称大学。1917 年蔡元培入主北京大学后，在将工科移交设在天津的北洋大学，而在北大仅设文、理、法三科的同时，又将此前的法科三

---

① 详见北京师范大学校史编写组：《北京师范大学校史（1902—1982）》，北京师范大学出版社 1982 年版，第 16、20 页。

年学制改为四年。

如果按此学制反推，张厚载 1919 年"五四"前夕被北京大学开除时，仅差两月即毕业，那他应该是四年前的 1915 年成为北大法科政治门本科生的。而若要成为分科大学（大学堂）的本科学生，则要先经过三年的预科学习，如此张厚载便是 1912 年入学北大预科班的。能够跨入高等教育的门槛，首先是需要完成四年中等教育的课程。这样，张厚载在中学堂学习的具体时间段便清楚了——1908 年他 14 岁时，考入了林纾任汉文总教习的五城中学堂，1912 年 18 岁中学毕业后，考入北京大学预科。

弄清楚了张厚载在五城中学堂学习的时间段，便也就大概能够知道了其一家是何时从南方北上京城的——1908 年之前，张厚载之父张颉颁便已结束了江南任职，携家眷来到了北京，任职晚清政府于 1906 年设立的专门制驭蒙古等少数民族的最高权力机构理藩部。此结论从张厚载后来的一些零星自述中也可得到证实，因为三年后武昌起义爆发，京城大乱，已在理藩部任职几年的张颉颁，又携张厚载等家眷从北京跑到天津租界去"避祸"了。

第二章

避祸天津的『最小剧评家』

　　1941 年的天津，虽已沦陷四年，但由于英、法等国租界的存在，加上日伪为了粉饰太平，都市表面又呈现出了所谓的"歌舞升平"。此时坊间戏曲繁盛，小报频出。随着国内各路戏曲名家纷纷踏入津门，登台亮相，大量打着"剧评"旗号的"捧角"文章也充斥于各种报刊。对此，沽上文人何怪石、双吉斋同时在《天津游艺画刊》撰文，指出这些"评剧家"的弊害。当年 5 月 16 日，张厚载以"聊公"笔名也在这一刊物上发表文章，宣称自己不是"评剧家"。在这篇"告白"中，他写道：

　　　　本刊上期载两篇文章，一为何怪石先生之宏论，一为双吉斋主人之大著，内容皆对于一班所谓评剧家者，痛下针砭，词严义正，切中时弊，实获我心，不胜佩慰。

1941 年 5 月 16 日，张厚载刊发在《天津游艺画刊》上的文章《评剧家头衔在西国剧界有崇高地位，余三十年来实不敢接受》

评剧家一名词，自民国成立后，始有之，盖原于西国之Dramatic Critic，其在西国剧界，颇有相当崇高之地位，以其对剧本编制，及伶人表演，均有严正之批评，可以促戏剧之进步故也。评剧家之名词，传入中国以后，至今一般社会，对之并无若何良好印象，其故安在，则怪石与双吉之言，殆足以尽之矣。

余于前清宣统三年，来津避难，即在方药雨先生所办之《天津日日新闻》，作评剧文字，其时皆系试作，只寥寥一二语，极为简单，不过就我个人短浅之见，略加记述而已。民国成立以后，历在北京《亚细亚报》《公言报》《星报》《光报》《北京晚报》等，随时投稿，仍以关涉旧剧之文字为多。在《公言报》投稿时，一面尚在北大肄业，竟以拥护旧剧之故，与新派文学家，打笔墨官司，引起轩然大波，直至今日，余拥护旧剧之宗旨，迄未稍变，在各报投稿，亦仍多评剧之作。

然余对评剧家之头衔，则至今避之惟恐不及，有以评剧家见称者，余亦惶恐敬谢不敏，或询以故，谨答如下：余所作关涉戏剧之文字，仅对于某伶剧艺，作粗疏简略之批评，实际余自身对于戏剧艺术，亦毫无研究。所谓批评，亦只就余个人之直觉，稍加记载而已，且余因三十年来，不断观剧写稿之故，对于伶界方面，直接间接，均不无友谊关系，因此所作批评，大都以好评为多，只有奖掖揄扬，决无攻击非难，偏于感情，缺乏理智，此种批评，自问实毫无价值，又何敢以评剧家自居。

批评戏剧及伶人之作，既无足观，此外则记述剧界及伶界之旧闻轶事，所谓梨园掌故者，其于戏剧之促进，更毫无影响，既非评剧范围以内之事，自更不得窃取评剧家之美名。而况梨园掌故，多得老伶口述，颇少书籍考证，所记是否信史，自己亦不敢知（某报有人，谓余记陈德霖事，为无稽之谈，诚然诚然），又安敢以此沾沾自喜。

以上皆为余绝对不欲接受评剧家头衔之原因，此外尚有其他种种之原因，则怪石与双吉两篇文章所记，或亦不无关系，自更不必赘述矣。[①]

从文章语气看，显见是针对何怪石、双吉斋的言论进行反驳并澄清自己，但就在这些话语里，张厚载却无意中透露了他写"评剧文字"的所有信息，包括起始时间、刊发媒体、所写内容以及自我评价等等。应该说，此文确实是他在写"评剧文字"方面实事求是的"自供状"，只不过内容过于简略罢了。其实，仅就他写作"评剧文字"的"功底"和动机、契机，如若展开加以具体描述，便已能够充分说明张厚载的少年老成和年少才高。而这些，又与那个时代北京与天津的文化氛围密不可分。因为正是在京城，少年张厚载接受了戏曲熏陶并痴迷上了京剧艺术，而拜师林纾后，因师徒同时"避祸"津门，他又受沽上报纸的"激励"，在津走上了"评剧"之路。

一、在北京迷上京剧

从杏花春雨的江南来到红墙碧瓦的京城，这让自小便饱读诗书的张厚载仿佛有换了天地之感。春江花月小桥流水的清幽没有了，代之以车水马龙软红十丈的喧嚣。虽然此时的紫禁城内已是风雨飘摇，但坊间所弥漫的那种浓郁的皇家气息和皇城根下人们的言谈举止，无不让这个迷恋中国传统文化的少年感到亲切。尤其是遍布街巷的那些大小戏院、茶园、庙台、会馆，以及府邸庭院临时搭建的各类演出场所内，轮番上演的集南北戏曲之大成的京剧，更是让"少时夙有剧癖"[②]的张厚载如醉如痴，不但看的是神魂颠倒，而且还乐不思家。

北京旧称燕京，既是元明清三朝的政治、商业、文化中心，又是

---

① 聊公：《评剧家头衔在西国剧界有崇高地位，余三十年来实不敢接受》，《天津游艺画刊》1941年5月16日，第12页。

② 张谬子：《歌舞春秋·自序》，上海广益书局1951年版，第5页。

清末北京名伶程长庚、卢胜奎、徐小香合演《群英会》写真图

京剧这一中国国粹的发祥地。从乾隆末年徽班进京，到道咸年间融合汉、昆、京、秦等曲种，最终形成"诸腔皆备"的新剧种，京剧艺术在京城大致经历了近70年的孕育过程。

正是由于京剧的诞生，北京戏曲舞台随之也发生了重大变化，以往的昆、弋、秦、梆等剧种大都以旦角为主，而京剧形成之初，却是以生角为重。其代表人物是老生"前三杰"程长庚、余三胜、张二奎；"后三杰"谭鑫培、孙菊仙、汪桂芬。此中程长庚成就最高，影响最大，堪称京剧形成时期的杰出代表。

迨至清末，谭鑫培继程长庚之后，唱念做打、文武昆乱无所不能，开创了"无腔不学谭"的谭派艺术，成为"伶界大王"，菊坛领袖。与此同时，刘鸿声、杨月楼、王楞仙、俞菊笙、时小福、余紫云、朱莲芬、陈德霖、王瑶卿、龚云甫、何桂山、钱金福、罗寿山、王长林等名伶，也在生旦净末丑等行当上各擅胜场，再加上"后起之秀"梅兰芳，此时也以惊艳的大青衣面貌崭露头角，吸睛无数。至此，京剧剧种已由孕育走向成熟，特别是在北京的红氍毹上，已呈现出了群星灿烂的兴盛局面。

据史料记载，当时的京城，具备固定演出场所的民间专业戏班便有 50 余家，如双庆班、全福班、三庆班、福寿班、小和春班、小福胜班、小金奎班、得胜奎班等。此外，还有一批常年在城乡流动演出的"草台班"。而中高档演出场所，则有 40 余处，如天乐茶园、庆升茶园、文明茶园、广和楼戏园、广德楼戏园、中和园等。

正是在这种京剧大为繁盛的境况下，张厚载来到了北京，而且受此影响，十三四岁的他很快便被熏陶成了少年"戏迷"。虽然此刻他只是尽情地"喊好"，还没有形成笔墨加以评骘，但这已为他后来在报纸上开专栏写剧评打下了基础。那时西洋歌曲尚未传入，民间小曲难登舞台，故时人多称看戏为"听歌"。许多年后，他在回忆中所云"余自幼笃嗜戏曲，以听歌为乐，清季所观名伶演剧，未及笔录，都已不能省忆"，[①] 说的便是此时的状况。这个时间，应该是在 1908 年前后。

1908 年的林纾 57 岁，已在京城担任五城中学堂汉文总教习六年，而且在两年前，他又受京师大学堂（北京大学前身）校长李家驹之聘，担任了该校预科和师范馆的经学教员。还是在 1908 年，林纾长子林珪出任大城县知县，他作《示儿书》告诫林珪居官应"处处出以小心，时时葆我忠厚。谨慎须到底，不可于不经意事，掉以轻心；慈祥亦须到底，不能于不惬意人，出以辣手"。[②]

已渐入老年的林纾，可谓忠厚慈祥，其道德文章均是学生辈的楷模。14 岁的张厚载应该就是在这一年，考入五城中学堂，随后便成为林纾弟子的。笔者藏有一帧张厚载 15 岁时的照片，少年的他身着长袍，脚蹬布鞋，脑后似乎还留有发辫，双手并拢置于身前，过早成熟的面容作沉思状，十足一个少年老成的小学究。岂料十余年后，这

① 张聊公：《听歌想影录·自序》，天津书局 1941 年版，第 2 页。

② 张俊才：《林纾年谱简编》，薛绥之、张俊才编：《林纾研究资料》，福建人民出版社 1983 年版，第 31 页。

15岁时的张厚载

师生二人竟能干出"恶意诅咒"新文学家的"勾当",真是不可思议,因此事情的真相也就颇值得探究。

从五城中学堂当年开设的课程已有汉文、英文、算学、物理、化学、历史、地理等科去看,它与今天的一般中学别无二致,可见其在当年是属于得风气之先的现代学堂。但这种"现代",并没有使张厚载成为日后具有新文化思潮的现代青年,相反与林纾亲近的结果,使他成了一个彻底的"国粹"派,不但对中国的古典文化深谙于心,而且对中国的传统戏曲更是达到痴迷的程度。

张厚载是怎样考上五城中学堂的,又是因何被林纾收为弟子的,目前没有任何史料可循。能够解释通的,便是曾经领受过海派文化的张颉篯,身为清廷理藩部官员,理应将长子张厚载送到具有官办性质的新学堂去读书。至于拜在林纾门下,那则是张氏父子两代酷嗜传统文化与林纾的"守旧"不谋而合罢了。而且作为学生,张厚载那扎实的古文基础和饱读诗书的引经据典,也会让满腹经纶的林琴南老先生格外青睐。当然,也许就是因为想拜在林纾门下,张颉篯才让张厚载考进五城中学堂的。甚至也不排除张颉篯与林纾本就是老相识,张颉篯就是要让老友将长子培育"成才",尽管他小林纾20多岁,但林纾对他这个进士出身的小老弟可能还是颇为看重的,而且对相差42岁的孙子辈的张生厚载,更是寄予很大的希望。

就这样,张厚载成了五城中学堂的学生。在功课之余,他还跟从恩师林纾研修古文,学习山水绘画,并且一同观赏京剧。当时14岁的梅兰芳刚刚搭班"喜连成",其俊俏的扮相和大家气度曾让张厚载

林纾喜绘画，这是他手绘的《京师大学堂师范生毕业纪别图》

记忆深刻，后来他在忆起对梅兰芳的最初印象时，曾写道：

> 忆余幼时，尝从先君及诸师长，至广德楼观喜连成社演剧，其时该社最能叫座之戏，为梅兰芳、金丝红、小穆子之《二进宫》，兰芳时方初露头角，在该社已充台柱。[①]

也就是从这时起，张厚载便对与其"同庚"的梅兰芳"情有独钟"，此后不仅"梅戏"必看，而且颂扬有加，最终成了"梅党"中坚。

然而这样"学习娱乐两不误"的惬意日子刚刚过了不足三年，他们的生存便遇到了危机。

---

① 转引自张国强编著：《君子如党：梅兰芳与"梅党"》，知识产权出版社 2022 年版，第 151—152 页。

二、与林纾一同"避祸"津门

据梅兰芳 1961 年撰文回忆:"辛亥年阴历八月二十一日(1911 年 10 月 12 日)的白天,我正在煤市街南口文明茶园(现为华北戏院)演出,忽然看见台下观众手持报纸,互相传观,交头接耳,纷纷议论。卸妆时,有几位京师译学馆的朋友言简斋等到后台来告诉我说:武昌发生'兵变',被革命党'占领'了。我说:此地不是讲话之所,回头到饭馆里再谈。我们就约定在致美斋(在煤市街北口)见面。在吃饭时,这几位朋友把当天的政治官报的单片给我看,上面登着八月二十一日清廷关于镇压武昌起义的'上谕'。"随后,梅兰芳又追忆说:

> 几天后的某晚,谭鑫培、杨小楼在宝禅寺街庆升茶园合演《连营寨》。当谭先生唱到刘备哭灵牌的时候,电灯突然灭了,满园漆黑,只得散戏。紧接着,以仓场侍郎而新署民政部大臣的桂春叫京师巡警总厅通知戏园停演夜戏,前门大街上每逢三六九日的夜市也勒令停止。入夜后,热闹街市饭庄、铺户都没有电灯,路少行人,景象萧条。同时谣言纷起,传说桂春从城外调来了三营旗兵准备杀汉人,人心更为恐慌。大清银行(在西交民巷,后改中国银行)发生挤兑,门口人声嘈杂,车辆拥挤,都是拿钞票来兑现洋,准备拉回家的。大佬富商们更用银圆兑换赤金,金价飞涨。
>
> 有钱有势的还把家眷送到天津租界内,于是外国人趁机大发其财。(天津)日租界的德义楼、奥租界的春满楼旅馆的房价猛涨几倍;(天津的)花旗、汇丰、道胜、正金等外商银行以存款骤增,对新存户采取不付利息的办法。南方籍贯的官员,纷纷携眷离京,北京东车站的站台上行李堆积如山,儿啼母唤,失物寻

人，纷乱不堪。①

　　这便是 1911 年辛亥革命爆发后，北京城的惊恐场面。林纾与张厚载两家虽然都是客居京城势力不大，但却属于"有钱"的中产阶级。因此，面对"兵变"，两家都采取了"走为上策"之计，先后离京，"避祸"于百余公里外的天津租界。

　　张厚载一家是先到天津的。1939 年出版的《新天津画报》曾刊有张厚载文章《津门偶忆》，此文的忆旧比那篇否认自己是"评剧家"的回忆要翔实、生动得多。其开篇便写道：

　　　　余初来津门，在前清宣统三年，时革命军兴，余侍先严先慈，自旧京举家抵津避难，僦居于日租界旭街纯厚里。②

　　宣统三年，即为公历 1911 年。从因果关系看，应该是先有北京"兵变"，后有来津避难。"僦"字作"租赁"解，"僦居"便是租房而居。由此可见，张厚载一家在津并无房产，而且似乎也没有亲戚。此外，他们全家在津的"避难"地日租界旭街纯厚里，距梅兰芳所追忆的"房价猛涨几倍"的日租界旭街德义楼近在咫尺。能够在客房吃紧的日租界最大旅社德义楼隔街相对之处租下住房，除了说明他家确是"有钱"一族外，还可证明他们是最早跑出北京的那批人。因此，综合上述因素可以断定，张厚载一家踏入津门的最迟时间，应该是在 1911 年的 10 月下旬。因为迟过此刻，就是有钱也租不到与德义楼咫尺之遥的纯厚里了。

　　纯厚里所在区域，属于当年天津黄金地段。此地开发于 1908 年，当时正在陆续建房成巷，所建住房均为二层小楼。据此可知，张厚载

---

　　① 梅兰芳：《戏剧界参加辛亥革命的几件事》，北京市政协文史和学习委员会编：《辛亥革命与北京》，北京出版社 2011 年版，第 137—138 页。

　　② 聊：《津门偶忆》，《新天津画报》1939 年 11 月 29 日。

辛亥革命时的天津日租界旭街，张厚载一家租住的纯厚里距此不远

家所租房屋尚是新居，由此亦可见他家财力之一斑。

大概是安顿好家人后，张厚载随父亲又返回了北京，处理完家事后又顺路去接林纾一家来津。

武昌起义波及北京时，林纾并没有马上离京，他想等一等，看看局势的进展再做决定。但妻子让他为孩子们着想，还是暂避一下为好，再加上此时张颉馑父子又来劝说，于是林纾终于被说动了，随后他封存好家中财物，携带着全家老小踏上了天津之旅。临行之际，他挥笔写下一首长诗，借以抒发离京的心情，从中不但能看出他此时的状况，而且还能窥视到当时京城的现状，其中云：

战声沸汉水，警报连燕都。达官竟南逝，荒悸如避胡。
仆妪半散走，家人声喁喁。我志亦舔犊，安忍听为俘。
璐子年十三，文笔已清腴。阿乔亦八岁，绁勒若会驹。
阿度方四龄，盈盈玉雪肤。二女尤可念，出入相抱扶。
焉能居危城，阖门殉志夫。舍我壁间画，委我橱中书。

草草挈之行，趁晓津门车。回恋手植柳，秋态含春姿。

再见当何时，或不成荒墟。

而这首长诗的题序，则为"九月十九日南中警报急挈姬人幼子避兵天津，回视屋上垂柳，尚凌秋作态，慨然书壁"。这里的"九月十九日"，乃是农历，公历应为 1911 年 11 月 9 日。正是在这一天，林纾依依不舍地走出家门，携全家随张厚载父子踏入了津门。

此时天津日租界旭街上的房屋都被租赁一空，林纾全家只能来到法租界的老西开南部赁居而住。[①] 此刻这里尚未完全开发，驻津的法国部队经常在此操练。对此，《林纾年谱简编》亦有相关记载："辛亥革命爆发，举国震动。一个月后，林纾携家眷到天津避难。"此间他目睹时局动乱，心情郁郁不乐，曾在《离恨天·自序》中写道："余自辛亥九月（1911 年 11 月），侨寓析津，长日闻见，均悲愕之事。

林纾与夫人及子女合影

① 王昀：《帘卷西风：林琴南别传》，华夏出版社 1999 年版，第 237—238 页。

西兵吹角伐鼓，过余门外，自疑身沦异域。"①

一天晚上，林纾摸黑走过墙子河上的浮桥，绕过高大阴森的法式天主教堂回到西开家中，见到几个儿女横竖躺在床上，形似逃难，不禁自发慨叹，再次感到有如身居异域，遂写下《西开》一诗以寄情思：

> 长安朝露危，挈子居西开。门前积潦明，昼夕惟风埃。
> 夜归若微茫，蹑步循水隈。高窗黯残烛，缭桓森枯槐。
> 每讶非故里，到门屡徘徊。诸儿卧纵横，灯影明绛腮。
> 而翁若丧乱，万念为之灰。安能语孺稚，晨兴已喧豗。
> 西兵晓过门，风高画角哀。脱身若异域，一夕数疑猜。
> 昨传陷金陵，炮轰雨花台。群公已束手，坐待南军来。

这一年的 11 月 17 日是农历辛亥年九月二十七，乃林纾 60 岁寿诞。刚刚落脚津门的林家没有往年的宾客前来贺寿，只是家人为林纾举行了简单的寿礼。当天晚宴上，除林家人外，唯一的外人便是林纾弟子张厚载。据说他认认真真地给恩师磕了三个响头。

三、闹市安家插班新学书院

今日天津和平路，在清末是法、日两国租界最为繁华的街道。据史料记载，以原秋山街（今锦州道）为界，其以南地区 1897 年沦为法租界，以北地区 1898 年沦为日租界。1905 年，一条简陋的马路横跨于两租界间。法租界地段称为梨栈街，又称 21 号路，后改杜总领事路；日租界地段取名旭街，其南面自秋山街始，北面与天津老城厢

---

① 张俊才：《林纾年谱简编》，薛绥之、张俊才编：《林纾研究资料》，福建人民出版社1983 年版，第 34—35 页。

清末正在修建中的天津日租界旭街

的东马路相连接。^① 1911 年 10 月下旬，来津躲避京城"兵变"的张厚载一家所租住的纯厚里，便在旭街北段的东侧（即今日裕德里街区）。

虽然他们避居津城时，旭街刚刚兴建几年，日后其南面法租界的国民饭店、天祥市场、泰康商场、浙江兴业银行、劝业场、交通旅馆、惠中饭店，以及日租界的中原公司等与西方接轨的摩登建筑尚未崛起，津沽隆盛的商业中心还在北面老城厢的估衣街、大胡同和东马路一带，但旭街作为连接沽上老商圈与租界新商城的黄金纽带，无论是地理优势还是商业价值，此时均已显现，并得到中日有关方面的开发。对此，法国当代历史学家皮埃尔·辛加拉维鲁在他一部研究清末民初天津的著作中写道：

1902 年，日本外交部^②在东京高调地推出了天津日租界城市

---

① 天津市和平区地名志编纂委员会编：《天津市地名志·和平区》，天津人民出版社1998 年版，第 88 页。

② 原译著如此。

发展计划，邀约其他强国开展竞争。1902 年 2 月 12 日，日本政府将日租界一部分交给一家日本大型私有企业——东京建物株式会社进行开发，其职责是"建造房屋，房屋不需要特别漂亮和高大，只要足够体面而且与其他租界的房屋处于相似水平就行"。（中略）东京建物株式会社 1903 年 5 月开工建设，1908 年 5 月完工。整个建造过程雇用了数以千计的中国人，最终有 1452 名日本人居住在日租界内的 385 幢房屋中。日本外交部的开发计划没有福岛街以西的区域，日本人希望中国的商人和企业家在这里落户并开展经济活动。为了吸引中国人，日本领事伊集院彦吉免除了当地的职业税。很快，一些中国公司在这里建造了住房、酒馆和戏院，其中曙街成为当地人主要的消遣街区之一。从 1900 年开始，日租界因妓院和烟馆众多而出名。[①]

这里所说的"福岛街"，便是今日仍带有很浓日式痕迹的多伦道。其"以西的区域"，就包括张厚载一家租住的旭街纯厚里，而且被称作"主要的消遣街区"的"曙街"（今嫩江路），与纯厚里只是咫尺之遥。由此可见，几乎与日本外务省在津开发计划实施同时，纯厚里所在的旭街地段，也已由中国人开始拓垦，1908 年以后则大兴土木，至张厚载一家来此"避难"时，这里已是民居、酒馆、戏院、妓院、烟馆齐备的"消遣"闹市了。不但整日间人流如织、车水马龙，而且昼夜灯红酒绿、纸醉金迷。

这种乌烟瘴气的环境让读书人出身的张颉箧十分不安，他担心首次踏入津门、刚刚 17 岁的长子张厚载被熏染，再加上不知此"难"要"避"到何时，于是他通过友人开始在津寻找合适学校，欲让张厚载和其弟尽快复课。

由于张厚载在北京五城中学堂还差一年即毕业，五城中学堂在北

---

① ［法］皮埃尔·辛加拉维鲁著，郭可译：《万国天津：全球化历史的另类视角》，商务印书馆 2021 年版，第 299—300 页。

当年的天津日租界寿街（今兴安路），张厚载一家避难天津时租住的纯厚里后面便与此街相通

京又是属于新式学堂，因此经过多方比较，他们最终选定了天津新学书院。该书院由英国基督教伦敦会于 1902 年在津创办，是一所开风气之先的新式教会学校，地处法租界海大道（今大沽路上已被拆毁的十七中学校址），与张厚载一家租住的纯厚里相距不远。关于该校，1909 年在日本出版的由日本"中国驻屯军"司令部所编《天津志》，有如下记载：

> （新学书院）在法国租界内，光绪二十八年（1902 年）为伦敦基督教传教团所建，由传教士哈特管理之。学生总数为三百六十人，分成十一个学级授课。教员有英国人七名，中国人五名。学科以英语为主，讲授初等及高等程度的普通学科及中文。学费每年分两期征收，每期十六元。①

---

① 侯振彤译：《天津志》（中文译为《二十世纪初的天津概况》），天津市地方史志编修委员会总编辑室 1986 年 4 月印行（内部发行），第 149—150 页。

1911 年，张厚载就读时的天津新学书院

　　该校建筑仿英国牛津大学，系青灰色古城堡式校舍。书院初建时为大学规模，学制四年，师资雄厚，设施完备。除设有格致科、博学科、化学专门科、大学专门科等学系外，还拥有礼堂、会堂、机械试验室、化学试验室、煤气储蓄室、理化讲室、学生阅报室、藏书室、篮球室、淋浴室、学生寄宿室、饭厅、体操房等，并附对外开放的华北博物院。此外，该院还附设中学班，学制也是四年，张厚载与其弟便是插班于附属中学班。

　　据戏曲名家许姬传回忆，其弟许源来晚于张厚载几年"考进了新学书院，这是英国教会办的学堂，招考学生很严格，成绩优异的可保送英国留学深造（名导演黄佐临与源来同学，他被保送英国留学）。除了国文教员外，大半是外国人，校长贺德博士是英国人，我曾见过一面，是位道貌岸然的教友"。[1]

　　当时的直隶总督兼北洋大臣袁世凯曾对书院有过捐款，院内因此建有"袁宫保堂"。辛亥革命爆发后，由于局势动荡，袁世凯便将

　　① 许姬传：《天津十年》，《天津文史资料选辑》第 38 辑，天津人民出版社 1987 年版，第 184 页。

四子克端、五子克权、六子克桓、七子克齐、八子克轸均送入该院读书，袁之心腹张镇芳之子张伯驹也曾前来"陪读"，只是不知张厚载兄弟与他们是否有过同学之谊。然而能够考入这样的学校就读，不但已体现出了张厚载昆仲的学习程度，而且也可看出其父张颐簏的能力和富有。

虽然插班于新式学堂，但张厚载仍是对传统文化眷恋有加，课余仍是坚持往同在津沽"避难"的林纾家学习古诗文。此时赋闲于津的林纾对时局深感忧虑，尽管随着辛亥革命爆发改良主义已成泡影，可他仍认为改良是国家中兴的唯一出路。因此，他对戊戌变法的失败抱有深深惋惜。当年12月6日他在感事诗中云："尽有人将时政议，从无才足国屯胜。景皇志事终难就，可亦回思戊戌曾？"不久，又赋《不眠》一诗抒发了他的不佳心绪："不眠中夜起，无计振时艰。冰气寒逾雪，楼峰暗似山。琴书屏人外，天地在兵间。累月尽无事，吾心未觉闲。"对他的这种心态，张厚载虽然不是完全赞同，但受其影响甚大，并体现在日后的诸多言行中。

就在插班新学书院期间发生的一件事，不但让张厚载产生了心惊肉跳般的惊悚，而且后来他将此事告诉了友人梅兰芳，还让梅氏记忆深刻。1951年，梅兰芳在对秘书许姬传口授《舞台生活四十年》时，曾讲述过以下故事：

那是在1915年11月下旬，梅兰芳与王凤卿、姜妙香等应津门名武生薛凤池之邀，到天津下天仙戏院公演。梅兰芳下榻乐利旅馆，姜妙香住在德义楼，两处均距旭街上的演出地点不远。三天"打炮戏"唱完，天津已然轰动。第四日梅兰芳贴出了新编时装戏《牢狱鸳鸯》，观众踊跃，一票难求。开演之际，前台经理孙三发现有几位没票者硬要看戏，遂将其赶了出去。岂料翌日晚间，当梅兰芳与跟包坐着马车去演出时，却被街上巡警以车夫违章为由拦下，并把他们带到"大日本帝国警察署"关了起来。此时下天仙的演出已经过半，即将轮到大轴梅兰芳的《玉堂春》，可是前后台均未见其踪影，众人焦急万分，后台经理赵广顺（名旦赵燕侠祖父）见状，急忙加了一场小戏《瞎子逛灯》垫场。

此时警局里的梅兰芳也是心急如焚，无奈之际，他忽听有人大喊"冤枉"，细一辨听，却是姜妙香的声音，原来姜在赴戏院途中也有了同样遭遇。好在这几声"冤枉"惊动了警局里一位薛凤池的朋友，其见状急忙给戏院打电话报信儿。后几经周折，薛凤池才将二人领出，并快速赶到观众已经骚动的戏院。演出结束，孙三再三向梅兰芳道歉说："这事是我闯的祸。昨晚上有几个听蹭的，让我给轰了出去，谁知这里面有两个警察署穿便衣的'白帽'。刚才楼上又有不少穿便衣的'白帽'买票带朋友看戏，据说还带了家伙，只要您不出台，他们就准备砸园子了。幸亏那位送信儿送得早，您要再晚来一步，兴许就出事了。"

在讲完以上故事后，梅兰芳又接着回忆道：

我从天津唱完戏回到北京，熟朋友有知道这件事的都来问我。这里面有一位张谬子先生，听完了也告诉我一桩惊心动魄的故事。他说：

"你这次是受了一点委屈。我在天津亲身遭遇到的，要比你危险得多了。那时我还在天津新学书院念书。有一天经过海光寺日本兵营的门口，看见地下画了一个半圆形的圈子，面积占得相当宽阔，旁边并没有用文字说明这圈子的作用。我也一时大意，打这圈子穿过去，让门口站的一个日本兵看见了。这还了得，他就跟野兽似的怪叫一声，把他拿的那支上好了雪亮的刺刀的步枪，横着端在手里，朝我面前冲过来。我看情势不妙，拔腿就跑。他在后面还紧追了几步，我一口气跑得老远的才敢停住脚。正巧路旁有一位本地的老先生冷眼旁观，把这一幕惊险的镜头看得清清楚楚。他拍着我的肩膀说：'小朋友，恭喜你。你这条命算是捡着的。我告诉你，是个中国人走进他的圈子，就给你一刺刀，刺死了好在不用偿命，所以死在他们的刺刀上的，已经有过好几个人了。这不是好玩的地方，你没有事还是少来吧！'我听他这么一说，想起刚才的情形，再回头看这日本兵，还露出那副狰狞可怕的面目，狠狠地望着我咧。我顿时觉得毛骨悚然，不寒而栗。后来住久了，才知道日本租界有两个最可怕的地方，一个是海光寺兵营的门前，一个就是警察署里边。"

这段故事是三十几年前张先生亲口说给我听的。现在回想起来，很可以看出日本人从庚子年来到中国驻军以后，处处在想显出他们的优越地位，不论大小机会，一贯的总要造了借口，用恐怖的手段来威吓我们，好达到侵略的目的。这班狐假虎威的"白帽"，是看惯了他们的主子，经常在表演如同海光寺兵营门口的那种野蛮行为，才灭尽自己的天良，甘心去做人家的爪牙的。[①]

张厚载当年就学天津新学书院时的这段鲜为人知的遭遇，若不是被梅兰芳写进书里，几乎就被湮没了。因为在张厚载所写的所有文字里，均未见有此记载。

1912 年元旦到了，中华民国在南京宣告成立，孙中山任临时大总统。2 月 12 日，宣统皇帝被迫退位。林纾闻此精神抑郁，对时局更加不满，他在《畏庐诗存·自序》中言："革命军起，皇帝让政。闻闻见见，均弗适于余心。"从此日起，他决计效法明末遗民孙奇逢，并誓以清举人终其身。[②] 2 月 14 日，孙中山辞职。翌日，中华民国参议院选举袁世凯为临时大总统。但袁不愿离开北京老巢而陷入南京革命势力范围内，故坚持以北京为首都。孙中山见状，遂派出迎袁专使蔡元培、汪精卫等人到北京，劝说袁世凯赴宁就职。

① 梅兰芳述，许姬传记：《舞台生活四十年》（第二集），中国戏剧出版社 1957 年版，第 50—58 页。

② 张俊才：《林纾年谱简编》，薛绥之、张俊才编：《林纾研究资料》，福建人民出版社 1983 年版，第 34—35 页。

就在此时，张厚载陪林纾回了一趟北京，结果又遭遇了一夜动魄惊魂的兵燹之乱。

原来老奸巨猾的袁世凯见迎袁专使已北上"接驾"，遂导演了一出兵变，意在吓走蔡元培等人，同时也好托词北京尚不安定，无法南下就任。于是，在 2 月 29 日（本年 2 月为 29 天）这天夜晚，他唆使亲信曹锟率部发动兵变。据经历此乱的梁漱溟回忆：

> 那天晚上，我正陪着母亲在大栅栏广德楼看戏。大家正看得热闹，突然间锣鼓停止了，台上出来一个人，他说："外边兵变了，到处抢东西，戏演不下去了，请大家各自回家去吧！"戏不演了，大家只好从园子里出来。我亲眼看见变兵朝天放枪，到铺子里来抢东西。街上碰见阔人就抢钱、抢表。热闹街道都放火烧，那次，东安市场就给烧着了。我当时住在崇文门外花市南边的缨子胡同，我们家的房子有个楼，上楼顶看到城里各处都起火了。①

与此同时，蔡元培等人客寓的东城煤渣胡同贵胄学堂也遭到袭击。

而恰恰就是在这一天，林纾在张厚载的陪伴下，回到北京察看寄存的书籍文物。当晚，碰到林纾"乡党"、后来官至熊希龄内阁海军部总长的刘冠雄，三人遂叫上林纾外甥高稔，到"小有天"酒楼三楼吃饭。饮酒间，外面突然枪声大作，他们既不敢出声又不敢下楼，结果被困酒楼一夜，好在有惊无险，几人并无任何损失。天亮后，张厚载便搀着林纾急忙返回了天津。途中林纾写诗一首，其中有"大帅充耳若弗闻，拥贼作卫谬铃束。利熏心痒那即已，都门行见一路哭"②之句。

---

① 梁漱溟：《辛亥革命前后我在北京的活动与见闻》，北京市政协文史和学习委员会编：《辛亥革命与北京》，北京出版社 2011 年版，第 137—138 页。

② 张俊才：《林纾年谱简编》，薛绥之、张俊才编：《林纾研究资料》，福建人民出版社 1983 年版，第 35 页。

清帝退位，袁世凯又在北京组成了"共和"政府，至此局势初定，北京的大中小学便也陆续复课。为了防止再次生变，林纾与张厚载两家仍是暂居天津。林纾每周都要进京一两次，为五城中学堂和京师大学堂上课。张厚载父亲张颉铦则单身返京复职，只是在周末假期来津全家团聚。此时理藩部已改制为隶属民国政府内务部的蒙藏事务处，不久又改为蒙藏事务局，张颉铦仍是在此为官。张厚载没有返回北京，因为他在天津新学书院已面临中学毕业，因此，他和母亲及弟弟仍租住在天津日租界旭街纯厚里。

学业虽然紧张，考入大学预科的压力也大，但这些对聪敏好学的张厚载已构不成负担，此刻他在念书之余，又走进了天津的戏园子，而且在赏戏之余，还有了"生财之道"。

四、在津走上"剧评"路

戏曲艺术在天津有着悠久历史，从相关史料可知，早在元代，天津便有了戏曲活动，明代已较为流行。明末祁彪佳在《归南快录》中，已有"官绅在家宴中以戏曲飨客"的记载。而到了清初雍正、乾隆年间，演艺活动在天津更是盛行。当时主要是一些盐商富贾修建园林，集纳文人墨客，并蓄私家戏班，以作飨宾和娱乐之用，演出的剧种多为昆曲、弋腔和老秦腔。

至于京剧，则是在北京形成过程中，于清嘉庆年间传入津门的。清道光初年（1821 年）崔旭在《津门百咏》中所云"只有儿童偏快乐，满街学唱二簧腔"，说的便是此时二簧已在天津广为传唱的情景。清道光二十三年（1843 年），京剧第一代名伶余三胜来津献艺，三津轰动。受此影响，当时沽上已有京剧票房在活动。沽上名丑刘赶三就曾在侯家后"群雅轩票房"学余派老生，同时参加票房演出的，还有郎八十、枸子刘、张三元等。

清咸丰三年（1853 年），楚调艺人谭志道由武昌来津搭皮簧班演出，其子谭鑫培工老生，约于清同治元年（1862年）在津开始登台唱戏，由此开创了京剧界鼎鼎大名的谭派艺术，后传数代而不衰。当时与谭鑫培齐名的孙菊仙亦为天津人，他由票友而下海，终成一代京剧名家，晚年被津沽观众昵称为"老乡亲"。

迨至清末民初，京剧更是在天津形成鼎盛。作为京剧发祥地，北京名伶荟萃，当年外埠约聘"京角"，多由津沽这个大码头中转，而南方伶人进京献艺，也愿先在津门"挑帘"亮相。故此，各类戏班南来北往过津演出频繁，并由此造成天津在戏曲行有"过路班"之称。清末伶界流传"北京学戏，天津唱红，上海赚钞"之说，这里的"唱红"，指的便是天津作为京剧第二发祥地的繁盛。①

如此热闹的舞台盛况，怎能不吸引客居津沽的"小戏迷"张

民初天津京剧舞台上的《黄鹤楼》

① 天津市地方志编修委员会办公室、天津市文化局编著：《天津通志·文化艺术志》，天津社会科学院出版社2007年版，第126—127页。

民国时期天津人喜欢京剧，拍戏曲照是一种时尚

厚载。于是上课之余，他又成了家门口几家戏园的常客。近30年后，他曾回忆说，1911年"避祸"津门期间，除了去学校外，"闲居无俚，日以听歌为乐，下天仙及丹桂、大舞台等剧园，常有余之足迹"。[①]

下天仙戏院（1954年易名人民剧场，今不存）离张厚载家租住的纯厚里最近，其开在旭街上的荣吉街口，与张厚载家几乎是正对门。此砖木结构戏园建于1903年，开业时名为天仙茶园，后为区别于先期开业的上天仙茶园，而改称下天仙茶园，不久又更名为下天仙戏院，是清末民初天津红极一时的京剧演出场所，名伶杨小楼、时慧宝、余叔岩、刘鸿升、尚和玉、李吉瑞等，均长期在此登台，坊间曾有"看好戏到下天仙"之说。

然而该戏院也并非总是"歌舞升平"，辛亥革命爆发前的1911年春天，已加入同盟会的戏曲演员王钟声，便率剧团来津在此公演《热血》《鸣不平》《秋瑾》《徐锡麟》《黑奴吁天录》《官场现形记》等剧，

---

① 聊：《津门偶忆》，《新天津画报》1939年11月29日。

辛亥革命前后天津日租界旭街上的天仙茶园（后改下天仙戏院），来津避难的张厚载一家租住的纯厚里便在其对面

宣传革命。为此，王钟声曾被京师警察厅递解原籍监管。武昌首义后，他再次来津筹划暴动。当年 12 月 2 日晚，当他在奥租界于家大院移风乐会会长刘子良家，秘密召集戏曲同行酝酿举事时，遭到当局逮捕，随后慷慨就义。此义举当时沽上家喻户晓，刚刚避居天津的张厚载肯定会听闻此事，但在他的著述中却未见记载。

丹桂茶园（1949年后易名南市影院，今不存）也离纯厚里不远，其位于旭街北部的南市平安街，建于 1910 年，以演出京剧、落子和杂耍为主。几乎与张厚载光顾此园同时，1912 年 6 月 10 日，鲁迅曾与齐宗颐来此"考察新剧"。[①]

大舞台竣工于 1915 年，张厚载一家避难天津时，该戏院尚未建造，他回忆此时于此观剧显系误记。但他几年后来津在此看戏则是事实，这在其"观后记"中曾有记载。该戏院建于旭街北部的南市荣吉街，为转动式舞台，以专演武戏为号召，是当年南市一带规模最大的

---

① 本书编写组编：《鲁迅年谱》，安徽人民出版社 1979 年版，第 99 页。

张厚载一家在津所租住所周围戏园、戏院众多

戏院，其开业标志着天津旧式戏园向现代戏院转变的开始。^①也许正因如此，其让少年张厚载记忆深刻，被他写入了少时"偶忆"中。

除以上三家戏园外，当时开在纯厚里张厚载家附近的尚有中华茶园（旭街南市口，后名中华戏院）、上天仙戏院（东马路袜子胡同，初名庆芳茶园）、天丰舞台（法租界樊主教路与福煦将军路交口，后名新中央戏院）、升平舞台（南市荣业街，初名升平茶园）、大观新舞台（北马路官银号，初名大观楼）、广和楼（南市东兴大街，后重建为第一舞台）、天福舞台（法租界福煦将军路，后名茂记天福舞台）、天喜茶园（南市东兴大街，后名上平安戏院），以及天乐茶园、凤鸣茶园、大乐茶园等。

当年这些演出场所可谓名伶大腕风云际会，红氍毹上争奇斗艳。再加上此时京剧改良运动已经兴起，天津先后出现了刘子良的移风乐会、蔡儒楷的戏剧改良社、林墨青的艺剧研究社等组织，而近代教育

---

① 天津市档案馆主编，周利成、周雅男编著：《天津老戏园》，天津人民出版社 2005年版，第 215—221 页。

民初天津戏院内景

家严范孙、林墨青、李琴湘等也投身于旧戏改造。此等文人雅士的参与，更是大大提升了京剧的艺术性和审美价值。

面对着如此好戏连台、群星璀璨的梨园盛景，少年张厚载真的是感到有些目不暇接、美不胜收了。为了记住看过的戏和"捧"过的角儿，他产生了用笔记录的想法。据他后来追忆，"余时年十七，喜弄笔墨，每以剧场所见，濡笔记之"。记忆较深的，是他"曾记谭鑫培一日在下天仙演《托兆碰碑》，前排座售价八角八分，余及余弟，趋往聆之。余叔岩，时艺名小小余三胜，亦常在下天仙露演，余侪亦常往顾曲，以《失街亭》一剧为最满堂"。①

关于谭鑫培这次在下天仙演《托兆碰碑》的盛况，天津档案馆相关史料亦有记载："民国元年，轻易不来津的谭鑫培在该园演出了《托兆碰碑》，远在乡村的戏迷闻讯后，带着干粮，赶着马车，星夜启程，午后到园，排队购票。"②两相参照，谭鑫培此次来津公演的售票情况便大致清晰了。由此可见，张厚载当时所记确可补今日戏剧史

① 聊：《津门偶忆》，《新天津画报》1939 年 11 月 29 日。
② 天津市档案馆主编，周利成、周雅男编著：《天津老戏园》，天津人民出版社 2005年版，第 215—216 页。

料之不足。这样的文字积累多了，他便有了向报馆投稿的想法，而且很快便付诸行动。据他后来讲：

辛亥革命前后的天津天仙茶园，彼时张厚载是这里的常客

　　因所寓与《天津日日新闻》报社密迩，遂以所作，投寄该社，常被刊登，嗣该社来函，嘱逐日写寄一小段，按月致酬十元。余以禀告先严先慈，似皆不信余之信手涂稿，乃能赚钱也。余自是每日写稿送去，一月后，取得酬资银币十元，举以奉先慈。先慈以余短浅之作，果尔得售，不觉溺喜，遂以此十元，畀余及余弟，作零星费用。余与余弟，乃更得遨游于歌台舞榭之间。（中略）观剧既多，取才亦众，下笔自易。《天津日日新闻》之副刊上，乃无日不揭载余作之评剧短文。此为余评剧之始，亦即与报界发生关系之始。而其时日日新闻社社长，则定海方药雨先生也。[1]

　　这段回忆披露的史实非常重要。

　　第一，它告诉人们，张厚载作为民国剧评家和报人，是从天津起步的。其处女作不但刊发在1911年底的《天津日日新闻》上，而且

---

① 聊：《津门偶忆》，《新天津画报》1939年11月29日。

正是受了该报有偿特约，他才坚持一路写了下去，并且从此与报界发生联系。而他之所以将剧评处女作投给《天津日日新闻》，乃是因为其租住的旭街纯厚里与该报馆"密通"。揆诸史料可知，《天津日日新闻》除经理部与发行部地处旭街中段与纯厚里近在咫尺外，其社长室与编辑部都设在旭街中孝里西口。而中孝里与纯厚里又是相邻的两条巷子，巷后有横胡同相通。因此，张厚载从家中出来穿过胡同便能到达报馆编辑部。有如此方便的"密通"条件，他方能每日不辍地自行"投寄"稿件。

第二，家庭的开明与母亲的奖赏，让学生时代的张厚载能够"名正言顺"地去看戏写剧评。正是母亲的"纵容"，方使他能够不间断地凭借"自食其力"而"遨游于歌台舞榭之间"，并成就他成了民国"最早"和"最小"的"剧评家"。深谙戏曲行的余苍1951年在媒体刊文称，"谬子先生是最早期的评剧家，和他并时的人物，现存的，不过周剑云先生等极少数的几位而已"。[1]周剑云年长张厚载一岁，也是自幼酷嗜戏曲，当年作为"最小的剧评家"，南有周剑云，北有张厚载，他们都被称为民国"最早的剧评家"。

方药雨

第三，1911年底至1912年间，张厚载在津观剧甚多写稿颇勤，而且越写越熟练。这期间的《天津日日新闻》副刊上，几乎每日都登载他的剧评短文。

第四，《天津日日新闻》之所以长期付酬约张厚载写剧评，是与该报社长方药雨有关。

方药雨原名方若，出生于1869年，字楚卿，后改药雨，号劬园，浙

---

① 余苍：《节录张谬子来信》，《歌舞春秋》附录之五，上海广益书局1951年版，第138页。

江定海人，清光绪年间秀才。1893 年到天津充任永定河工委员及北洋学堂文案，后因参与康梁变法，遭通缉出走日本。后经友人斡旋归国，进入同乡王修植与维新人士严复、夏曾佑等在津创办的《国闻报》，从事日文稿件翻译工作。据《定海县志》记载："清光绪二十六年（1900 年），八国联军入侵，方若引导日军攻入天津，接受日本'旭日'勋章。"

1900 年 6 月，《国闻报》因遭清廷保守派弹劾及报馆被义和团捣毁，被迫停刊，旋即便正式卖给日本驻津领事郑永昌。翌年 3 月 1 日，日本驻津领事馆将报纸易名《天津日日新闻》，委任方药雨为社长兼总编辑重新出版。方药雨又聘同乡张颐（字亦湘）为该报编辑，并将馆址移入日租界旭街中孝里西口。关于此报，1909 年在日本出版的《天津志》亦有记载：

大水中的天津日日新闻社

（《天津日日新闻》）光绪二十七年（1901 年）创刊。地址在日租界旭街。（前身《国闻报》）资金是中国人合资。作为《国闻报》的后身，由中国人合资设计而成。光绪二十六年（1900 年）五月二十日（公历 6 月 16 日）因义和团之变暂时停刊。光绪二十七年（1901 年）正月十一日（公历 3 月 1 日），改题为《天津日日新闻》。对这个报纸，先是俄国人想要收买。当时的日本领事郑永昌同（日本）华北日报社长西村博计议，遂以其名义投资数万元，收买其机器，举中国人方若任主编。以后，此报即属于日本人的支配之下。最初，报上刊登的是日文，以后全部废除日文，改为中文。记者除方若以外，还有一名中国人张某及一名日本人。其（初期）发行数量与《大公报》不相上下。[1]

当时报纸日出对开一大张，要闻主要来源于日本媒体，本埠新闻均采自日租界。而方药雨则每日必去日本领事馆，将欲发稿件送日方审核。日方指定与其接头者，为领事馆女职员汤小豹。汤乃日籍中日混血女，后来二人因接触频繁，日久生情，汤遂嫁与方药雨，并进而掌控报纸的编辑报道权。此后由于报纸浓重的亲日色彩，逐渐遭到读者鄙弃，发行量锐减，每日仅印1200份，发行范围也只局限于日租界，广告则靠各日本商行支撑，效益极差。

为扭转颓势，方药雨先是于1904年找到老友刘鹗，让其续写已经名声大噪的《老残游记》，在报上连载，借以吸引读者。刘鹗因此前商务印书馆擅改《老残游记》原稿，已终止了该馆《绣像小说》上的续稿，此时经方药雨一约，遂以"洪都百炼生"笔名将此书挪到《天津日日新闻》从头刊出。在小说连载为报纸拉来一大批读者后，方药雨又借着日租界旭街周边茶园、戏院众多的优势，于报端开设"评剧"专栏，每日凭着几位遗老遗少的三言两语与各演出场所互动，打着"广告"旗号敛财。然而无奈的是，此等人所写文字佶屈聱牙空洞无物，时间一长读者便不买账。

正当方药雨苦无良策之际，他接到了张厚载的投稿。看着不落窠臼尚有见地的剧评文字，方药雨欣喜不已，尤其是当他得知作者尚是一名在校中学生时，更是大呼"想不到"，于是在第一时间便向张厚载发去了"逐日写寄一小段，按月致酬十元"的"包稿"函。

对于这段经历，张厚载后来亦曾有所披露，因笔者未能亲睹原件，现转友人据张氏原文所撰文字如下：

---

[1] 侯振彤译：《二十世纪初的天津概况》，天津市地方史志编修委员会总编辑室1986年4月印行（内部发行），第333—334页。

　　后来得知，(《天津日日新闻》)报社之所以邀请张聊公(即张厚载)撰写剧评，完全是时任社长、著名学者方药雨的主意。据张聊公回忆，方药雨每日负责报社总务工作，当他看到张聊公的剧评后，非常欣喜，认为是个良才，于是亲笔向张聊公写下约稿函，对张聊公来说，方药雨的角色堪比伯乐，"故余于先生，殊知遇之感焉"。后来，张聊公乃举家迁回北京。临行前，张聊公还曾"乞得药雨先生墨宝以资存念"。及至1939年前后，张厚载已在平津戏剧评论界名声大噪，其剧评文章在天津报界、戏剧界之影响，已无人可比。每每谈及于此，张聊公念念不忘方药雨先生："饮水思源，皆清季在日日新闻社历练之效，亦即方药雨先生奖掖之赐，惭感之怀，其何能已。"[1]

　　然而正是这张曾经"历练"过张厚载的《天津日日新闻》，在此后的时日，依仗着日本驻津领事馆的庇护，完全变成了日方侵华的舆论喉舌，直至天津沦陷，方才终刊。而当年"奖掖"张厚载的方药雨，则在天津沦陷后出任了多种伪职，甚至充当了日伪天津特别市公署代市长，彻底地沦为了汉奸。

---

　　① 侯福志:《张聊公从天津走上剧评之路》,《中老年时报》2020年7月8日。

第三章

京城『玩票』跻身

『梅党』中坚

梅兰芳研究者张国强在《君子如党：梅兰芳与"梅党"》一书中，开篇便提出设问：辛亥革命前后的京剧界，前承"同光十三绝"之余绪，后启"四大名旦""四大须生"之发端，可谓名角如林、群伶荟萃。梅兰芳何以能够脱颖而出，超越前辈和同时代演员，进而继谭鑫培之后荣膺伶界大王，执剧界之坛坫。

随后他在举出梅兰芳锐意进取、顺应民初戏剧改良潮流、天赋太厚、气质清丽静婉、扮相雍容妩媚、唱腔甜美婉转、做工贴切细腻，以及谦逊好学、勤奋用工等诸多要素后，

风华正茂时的梅兰芳

写道："诚然，以上种种都对梅兰芳的成名起到了作用，却不是梅兰芳得享盛名的最根本原因。那么，在战争频仍、动荡不安的时代背景下，到底是什么造就了独一无二的梅兰芳？"

带此疑问，张国强"在阅读大量民国史料和梅兰芳相关著述的基础上，接近了谜题的答案，将目光聚焦到梅兰芳背后的神秘群体——'梅党'身上"。他认为，"除梅兰芳精湛演技、优美扮相、醇正唱腔等自身天赋和努力外，在他的背后有着这么一群'王的男人'，他们不像梅兰芳举世皆知，但若没有他们，梅兰芳或许只是个普通的伶人，泯然众人"。因此，梅兰芳的成功，实际上是与这些"梅党"的存在密不可分。对此，笔者颇感认同。

所谓"梅党"，其亦由来有自。辛亥鼎革，西风东渐，受西方民

主思潮影响,国人多以"结党""立团体"相号召,以致党派林立,党争愈烈。一时间,政客文士厌于政坛蝇营狗苟,失意落寞之余遂以听歌赏舞自娱。他们寄情于歌场声色同时,更是将梨园氍毹比作政坛名利场,划分派别,结党立社。而梨园党争,则始自民初樊樊山、狄楚青、孙玉声、包天笑等文人热捧名伶贾璧云的"贾党",以及诗人柳亚子与南社同人倾慕名旦冯春航的"冯党"。当时这两党在沪上报刊大打笔仗,互相攻讦,闹得沸沸扬扬尽人皆知。此风旋即蔓延京城,于是便有"朱(幼芬)党""梅(兰芳)党"之称。当年穆辰公在《伶史》中所云:

> 壬子夏,兰芳势益张,好事者为之结梅党,奉兰芳为党魁。

这里的"好事者",便是指当年围绕在梅兰芳周围,因"捧梅""赞梅""助梅"以及"倾心为梅"而结成"梅党"的那些中坚人物。[①]对此,梅兰芳在晚年亦曾有提及,虽然他未称"梅党",但说的正是这些"好事者":

> 我这几十年来,一贯地倚靠着我那许多师友们,很不客气地提出我的缺点,使我能够及时纠正与改善。这是了解我的人,都知道的。
>
> ……
>
> 对我有过帮助的朋友,除了本界的前辈以外,有外界的戏剧界、文学家、画家、考据家、雕刻家……他们尽了最大的努力,来教育我、培植我、鼓励我、支持我!这些人都具有不同的性格、独特的天才,为我作了种种的设计,无微不至。我得到了他们的启示与指导,使我的艺术一天天丰富起来,这都是我不能

---

① 以上详见张国强编著:《君子如党:梅兰芳与"梅党"》,知识产权出版社 2022 年版,第 1—13 页。

比张厚载年长的"梅党"中坚（前排左起：齐如山、李释戡、吴震修、舒石父；后排左起：李斐叔、梅兰芳、许伯明）

忘记的事。[①]

　　而张厚载正是梅兰芳这些师友和朋友中的一个典型代表。虽然他不是第一个"捧梅"的人，但他是"梅党"中较早的那批"好事者"，并且还是纸上留"芳"第一人。

一、"票戏"的北大预科生

　　1912 年夏天，张厚载以文科全优成绩在天津新学书院初中部毕业了。这年 7 月，刚刚成立的民国政府修订学制，北京五城中学堂成了北京高等师范学校附属中学堂。作为离开该校仅半年多的旧有学

---

　　① 梅兰芳述，许姬传记：《舞台生活四十年》（第一集），中国戏剧出版社 1957 年版，第 1—3 页。

生，张厚载本可以凭着初中毕业成绩，免试升入高等师范，而且管吃管住，不用交任何费用。但他没有享受这些福利，他家不缺钱，无论是父亲张颉篯还是恩师林琴南，都希望他能够在传统文化更为浓郁的京师大学堂继续深造。而他自己，也是怀抱着这个愿望。于是，在师长们的谋划下，他决计报考才由京师大学堂改名的北京大学预科。

辛亥革命爆发时，作为当时国内最高学府和第一所国立综合大学的京师大学堂，受到极大震动。校园内，无论是教师还是学生，均人心惶惶，更有大批师生先后离校返回原籍。1911 年 11 月 26 日，清政府任命劳乃宣为大学堂新一任总监督，但仅月余，其便托病请假，并要求学部关闭学校，遣散学生。

翌年 1 月 3 日，中华民国南京临时政府成立，蔡元培出任教育总长。2 月 25 日，临时政府委任严复掌管京师大学堂。5 月 3 日，教育部呈报临时大总统，欲将京师大学堂改名北京大学，大学堂总监督改称大学校长。袁世凯当天即批准并发布了严复为北京大学校长的任命。与此同时，学校内各学科监督也改称学长，原来附属的高等学堂则改为北京大学预科，学制三年。对此，当时在校任教授并担任预科学长的徐崇钦曾回忆说：

> 查北大之预科，即前清时代京师大学堂时名曰高等学堂，虽与本科同一地点，实则内部之组织完全独立。元年间，始变名预科，而事实上与独立之精神依然存在。二年夏，由西斋北部移至译学馆旧址，为预科地点。[①]

由此可知，张厚载报考的北大预科乃是首届。

1912 年秋天，北京大学首届预科招考，张厚载由津到京没费多少周折便顺利考中。

---

① 徐崇钦：《八年回想》，陈平原、夏晓虹编：《北大旧事》，生活·读书·新知三联书店 1998 年版，第 32—33 页。

此时北京的社会秩序已逐渐恢复，经历了改朝换代和"剪辫子"的京城百姓，惊恐不安的情绪也渐趋稳定。这年 10 月，林纾携家眷返回了北京，除继续在五城中学堂和已易名的北京大学任教外，还兼任了刚刚创办的《平报》编纂和梁启超在津所办《庸言》的特约撰述。因为北京大学预科已在 9 月初开学，故张厚载一家已于一个月前先由天津搬回了北京西河沿原住处。西河沿距北大预科所在的北河沿不远，从张厚载家步行过前门转东城便到了。

关于初办的北大预科，其学长徐崇钦还回忆道："内设二部，称一类、二类。一类即文科，复分英、法、德三系，二类即理科，均三年毕业，俱有文官考试资格。学生初时仅有二百余人。"对此，比张厚载晚一年入学的学弟张申府晚年也有追忆：

> 1913 年，我在北京高等师范学堂附属中学班（即五城中学堂）读书。秋天，跳班考入北京大学预科。当时的北大设文、法、理、工科和预科，本科设在地安门的马神庙，预科设在北河沿的清代译学馆旧址。
>
> 所谓"预科"相当于北大的附属高中，学制为三年（后改两年），毕业后可以免试升入本科。预科又分为两类：第一类预科毕业后升入文、法本科；第二类预科毕业后升入理、工科。[①]

据此，可以知道张厚载当年所上北大预科的学制和分科情况。而且从后来的结果看，张厚载上的肯定是能够升入文、法本科的预科第一类。

关于住宿与教学，晚于张厚载三年考入北大预科的陶希圣是这样回忆的，"北大本科与预科的宿舍有一种特色。在一间大房间里，每一同学都是利用床帐与书架自己隔成一个小局面"。在课程上，历史

---

① 张申府：《回想北大当年》，陈平原、夏晓虹编：《北大旧事》，生活·读书·新知三联书店 1998 年版，第 179 页。

教授是福建人杨先生，英文教授是郭先生，法文教授是贺知才先生。
"国学的讲授者沈尹默先生，和文字学的沈兼士先生，都是章太炎先
生的门下士"。沈尹默"指点我们读这样的几部书，就是《吕氏春秋》
和《淮南子》，太史谈《论六家要旨》，刘勰《文心雕龙》，刘知几
《史通》，顾亭林《日知录》，钱大昕《十驾斋养新录》，章实斋《文史
通义》与章太炎《国故论衡》。这几部书确能将中国文史之学的源流
及其演变，摆在读者的面前"。^①可以说，这些课程尤其是国学，对私
淑林纾的张厚载来说应该不是很难。一方面他喜欢，另一方面林纾以
前也肯定给他讲过。

　　学制和教学是这样，那当时北大预科学生们的素质又是如何呢？
与张厚载相差一年入学的顾颉刚的回忆则让人感到遗憾。据他说，
"一九一三年我考入北大预科时，学校像个衙门，没有多少学术气
氛。"不仅师资队伍参差不齐，而且学生们更是不堪，他们"多是官
僚和大地主子弟。有的学生一年要花五千银圆；当然，这样的富豪子
弟数量不多，大约不过两三人。至于一年花千把银圆的人就多了，少
说也有好几十"。而像他一年从家里只能拿二三百银圆来上学的，简
直就是"没有地位的穷学生"。

　　这还不算，更糟的是，那些"有钱的学生，带听差、打麻将、吃
花酒、捧名角，对读书毫无兴趣。那时的北大有一种坏现象：一些有
钱的教师和学生，吃过晚饭后就坐洋车奔'八大胡同'（和平门外韩
家潭一带）。所以妓院中称'两院一堂'是最好的主顾（'两院'指
参议院、众议院，'一堂'指京师大学堂）"。此外，"那时在学生中
还流行坏风气，就是'结十兄弟'"。具体而言，就是十个气味相投
的学生结拜成兄弟，毕业后大家钻营做官，谁的官大，其他九人就到
他手下混事，捞个一官半职。这个官如果是花钱买来的，那么钻营费
用则由十人分摊。因此，在"蔡元培先生来长校之前，北大搞得乌烟

　　① 陶希圣：《北京大学预科》，陈平原、夏晓虹编：《北大旧事》，生活·读书·新知三
联书店 1998 年版，第 189—191 页。

痒气，哪里像个什么'最高学府'？我当时比较注意读书，暇时看看京戏，就算是好学生了"。①

顾颉刚的回忆未免带有个人感情色彩，然而还是从一个侧面"再现"了当时北大预科学生的状况。

张厚载肯定属于"官僚"家庭的"富豪子弟"，他是否也曾"带听差、打麻将、吃花酒"、奔"八大胡同"，以及"结十兄弟"，因目前没见任何记载，不得而知。但从后来的人生轨迹和为人处世看，他不属于那种人。至于像顾颉刚那样的"穷学生"，平时"比较注意读书，暇时看看京戏"，倒是与他蛮对路。因此，他与顾颉刚一样，也应该"算是好学生了"。只不过他比顾颉刚更甚一些，除了"看看京戏"外，他还写剧评，还拜师学艺做"票友"，还"粉墨登场"去"玩票"，还常年厮混在"票房"。

所谓"票友"，按个中翘楚张伯驹的解释，即为"非伶人演戏者称票友，其聚集排演处称票房。其始在乾隆征大小金川时，戍军多满洲人，万里征戍，自当有思乡之心，乃命八旗子弟从军歌唱曲艺，以慰军心，每人发给执照，执照即称为票。后凡非伶人演戏者，不论昆乱曲艺，即沿称为票友矣"。②早于张伯驹的光绪年举人徐珂对此亦有解说：

> 凡非优伶而演戏者，即以串客称之，亦谓之曰"清客串"，曰"顽儿票"，曰"票班"，曰"票友"，日本之所谓素人者是也。然其戏剧之知识，恒突过于伶工，即其技艺，亦在寻常伶工之上。伶工妒之而无如何，遂斥之为外行，实则外行之能力，固非科班所及也。③

---

① 顾颉刚：《蔡元培先生与五四运动》，钟叔河、朱纯编：《过去的大学》，同心出版社2011年版，第32页。

② 张伯驹：《红毹纪梦诗注》，《春游纪梦》，辽宁教育出版社1998年版，第253页。

③ 徐珂：《清稗类钞·串客》，中华书局1986年版，第5057页。

据此可知,票房里玩票的票友,其水平非同一般,有些甚至比伶人有过之而无不及。张厚载课余厮混其间,其水平便可想而知了。对于此等经历,他在平津沦陷期间,因"落寞寡欢",亦曾有"拉杂记之":

> 民国初年,负笈都门,课余多暇,兼习戏曲,彩排清唱,时复参加。(下略)

> 余初学戏,系从老伶戴韵芳学小生,第一出为《辕门射戟》,其次为《叫关》《黄鹤楼》《飞虎山》《白门楼》等剧。时戴寓前门外汾州营,与著名武票赵子仪先生为比邻。余因戴之介,得识赵君,曾观其所置行头及刀枪把子,皆灿烂夺目,欣羡不置。后余登台彩唱,尝借用其行头。赵君系名武生董凤年之高足,拥资富厚,而笃嗜戏剧,九城票界,无不知其名也。

> 时余寓西河沿一九一号(在佘家胡同口外路南,今已归名医汪逢春所有),贴邻为正乙祠。老票友王劲闻、陈墨香诸公,借其地组织黄学会,余以地址密迩,亦加入为会员,追随诸老前辈之后,登台彩唱。然第一次公演,实系清唱。在余戟门师宅中,清唱《黄鹤楼》之周瑜。经此次清唱以后,对锣鼓稍有经验,始敢在黄学会彩唱,第一出即演《射戟》。

> 小生戏学数出后,又从老伶陈福胜学老生《卖马》《骂曹》《乌龙院》等剧。黄学会每有彩排,几无不登。陈墨香及其介弟两石,于文武各剧,几无所不通,偶缺配角,贤昆仲皆能胜任。余一日演《白门楼》,墨香为饰貂蝉,此事墨香遗著《活人大戏》中似曾述及;又一次演《南阳关》,两石为饰韩擒虎。贤昆仲提携后进,夙具热诚,殊可感佩。

> 从陈福胜学老生戏,仅三五出。又思涉猎武戏。时老友包丹庭方拜列老伶工王福寿之门墙,余不自揣浅陋,竟挽包君,转恳王四先生(都人称福寿为红眼王四)教授《探庄》。蒙其慨允,

每日至虎坊桥一米铺之后院内,从之学习。此即包君与王四先生日常用工之处也。《探庄》曲子拍完后,稍习身段,又学《挑滑车》及《借赵云》两剧,《探庄》与《挑滑车》,皆只勉能唱曲。

（中略）

《挑滑车》高宠所唱"石榴花""黄龙滚"两折,悲壮激越,余最喜诵之。杨小楼歌此,声出金石,每演余必往聆。后与小楼相识,曾乞其低声教授。声腔研练,与王四先生所授,不爽累黍,具见前辈法度。黄学会中,有武生果君仲宇唱白做打四者,追摹小楼,无不肖似,扮相亦殊英俊,颇似孙毓堃。某次彩排,果君演《青石山》,剧中马童须四人,尚缺其一,遂以余承乏。余于此角从未演过,勉强凑数,思之哑然。[①]

张厚载晚年的这段"聊以备忘"的"夫子自道",可以说是详尽地写出了他在北大预科时,课余学戏、"票戏"的经历。不但具体翔实,而且信息量极大。

信息之一:在学戏方面张厚载起点颇高,师出名门。

除"曾乞"一代名伶杨小楼"低声教授"外,教其小生的戴韵芳也是名青衣,曾在北京正乐社科班任教,梅兰芳、尚小云刚出道时,均受过他的指教。教其老生的陈福胜乃著名里子老生,为清光绪年间四喜班演员,曾给谭鑫培配戏。教其武戏的王福寿,小福胜科班出身,乃晚清武生兼老生名家,当年曾在宫里给慈禧唱过戏。包丹庭乃王福寿高徒,自幼学戏,曾习京昆各行文武剧目,当年声望与红豆馆主溥侗并称。而张文斌、陈德霖、裘桂仙,则更是清末民初响当当的名伶。

此外,借其"行头"的赵子仪虽于衙内供职并在前门外置办房产数十处,但却出自名武生董凤年与名武丑王长林门下,擅演武生及武丑戏,授徒甚多,为京城票房翘楚。王劲闻也是当年北京名票,曾

_____
① 聊公:《玩票琐忆》,北京《立言画刊》1944 年第 321 期。

任大理院书记官,而且是汪精卫刺杀摄政王未遂入狱后的主审官。陈墨香更是民初的戏曲行家兼著名票友,其自号观剧道人,除熟谙京剧外,兼通昆曲、梆子,与通天教主王瑶卿为挚友,向王学戏甚多。其晚年所著纪实长篇章回小说《活人大戏》《梨园外史》,披露了众多清末民初戏曲行秘闻轶事,其中多处涉及张厚载。

由此可见,课余天天和这些名家切磋实践,张厚载想不成为"名票"都难。多年后,他能够在梅兰芳等大腕跟前即兴票戏,应该就是这时打下的基本功。

信息之二:"戏痴"张厚载课余是偷着学戏"玩票"的。

张厚载虽嗜戏如命,是个不折不扣的"戏痴",但他作为北大预科学生,此时课余学戏"玩票"尚是有所顾忌。因他加入的"黄学会"鱼龙混杂,人员素质参差不齐,所以他是见"地址密迩",方才"加入为会员"的。

所谓"黄学会",按发起人陈墨香的描述,就是一个民间票房,其初设在魏染胡同,"很是发达,走了不少的局"。后因"票友渐渐增加,因嫌票房狭窄便搬入西河沿正乙祠,改名黄学会,又改熙春会"。其人员成分很杂,既有"下海"的又有"玩票"的,"程玉霜和姚玉芙演过一次《琴挑》,余叔岩演过一次《定军山》,孙菊仙演过一次《鱼肠剑》,包丹亭演过一次《翠屏山》。人才总算不少。不过那滥竽充数、一知半解的朋友也实在太多。每逢排演,他们总要闹些新鲜笑话。他们自命很高,自觉各名伶都不及他,一张嘴总是别人不行"。"因此正乙祠之票友人不敢惹,就是他们闹的。他们只知有己,不知有人"。"这是黄学会的事情,到了熙春会时代,票头加力整顿,饭桶一律淘汰,正乙祠的名誉渐渐恢复了好些"。

此外,"黄学、熙春两会的组织,会员分三等出钱。最多的每月十元,次等五元,下等二元。二元会员和名誉会员,不占戏码,只能扮配角,或是开场演唱。每月彩唱四次,完全与戏班的戏样一般,只没人家纯熟。龙套上下手仍用雇员,会员不扮的。那配角却是会员雇员都有，正角完全是会员。伶人有交谊的也可借台学戏，有时也请伶人加演。虽有规例，也有例外，不能拘定。会员家有喜事，大家凑款庆贺，分福、禄、寿三股，仍和每月的月钱价目等级一般。大锣大鼓倒也能热闹一日一夜。只戏的好坏不能十分讨论，好在主人也是要登台的。那个年月戏价虽已昂贵，还不曾贵到极处，一百元能唱一日夜，五十元三十元也能唱一日夜。大家花钱有限，足乐一气"。[①]

信息之三：张厚载家曾是京城繁华之地的豪宅大院。

按张厚载自述，他家当时住在西河沿余家胡同口外路南一九一号，紧邻正乙祠。据明代《京师五城坊巷胡同集》称，"西河沿，属正西坊"。因街巷位于北京内城城濠之南岸，地处正阳门以西，故此街道明清时期便已异常繁华。清代《燕都丛考》曾有"西河沿，与打磨厂相并峙，商户则较多，古迹亦较多"的记载。清末，该街金融机构已甚为发达，名气最大者为盐业银行和交通银行。民初，由于京汉铁路开通，街内又集中开设了东庆来、广生店、义成店等22家旅馆，曾被称为"旅馆街"。除此之外，街内还有陕西渭南会馆、浙江萧山会馆、浙江银号会馆等多所会馆。当然，最为著名者，则是浙江银号会馆内的正乙祠戏楼。

据史料所记，1712年之前，正乙祠只是一座财神庙，供奉正乙玄坛老祖赵公明。后浙江银号商人在此创办银号，遂将其买下，把财神和自己的祖先一起供奉。随后浙商出于交际考虑，便将此庙的一部分改建为戏楼。由于其紧邻大栅栏、八大胡同、琉璃厂，是南城三教九流聚集之地，所以后来徽班进京，便成了落脚点。据说梅兰芳祖父梅巧玲1881年率四喜班进京，就是在正乙祠唱戏，后程长庚、卢胜奎、杨小楼等名家，也都在此登台献艺。因此，正乙祠也可称为中国京剧的诞生地。

张厚载的家，便在这座古戏楼的隔壁，而且是一座宽阔豪奢的深

---

① 陈墨香：《观剧生活素描》（第五部、第六部），另见潘镜芙、陈墨香：《梨园外史》，中国戏剧出版社2015年版，第226、229—230页。

今日北京正乙祠外景，张厚载家当年就在其附近

今日北京正乙祠戏楼内景

宅大院。据其所言，他家的房舍后来"已归名医汪逢春所有"。

作为当年北京城四大名医之一，汪逢春的宅第曾在民国警方户籍档案中有所记载。当年汪逢春正式登记的姓名为"汪朝甲"，据北京市档案馆所藏《北平市警察局外二分局西河沿户口调查表》所示：民国三十七年（1948年）2月3日调查，汪氏住宅地址为"西河沿一九一号，公产。户主：汪朝甲"。而这个地址，恰恰与张厚载所回忆的"住在西河沿佘家胡同口外路南一九一号"相同。其所标示的"公产"，说明汪朝甲是租住这个宅院，他并没有房产权。那么张厚载一家在此居住时，这个宅院是公产还是私产呢，如果当年的房屋档案尚存，会是一目了然，否则便很难搞清了。

据近年自媒体考察汪逢春在西河沿191号住宅可知，此院落进深极深，乃四进四出的豪宅大院，院后曾有石头假山和滴水池塘。至于这个豪宅是怎样"归名医汪逢春所有"的，目前没有任何答案。能够知道的，仅是1926年张厚载双亲故去后，他便携家眷到天津谋职，从此便与这座豪宅没有关系了。

二、舞场初识小"梅郎"

张厚载在北京大学预科上学时，正值校长频繁更换、学校"风雨飘摇"之际。

1912年秋天他入学不久，校长严复便在10月7日因"原因复杂，难以一二语尽也"而辞职。随后北洋政府任命章士钊掌校，但章因自己年轻，怕对付不了那些老教授而"迟不赴任"。继而袁世凯指令马相伯代理校长，不久其又被学生指责"盗卖校产"被迫辞职。后来请来了浙江数学家何燏时，结果干了不到一年就被学潮赶跑了。此后便一直由工科学长胡仁源代理校长，直至1917年蔡元培正式到任。

这期间，学校还差点被停办。1913年北京大学预定9月25日开学，岂料23日突然接到教育部函，命暂缓开学并约校长次日到部面谈。随后得知，新任教育总长汪大燮竟以北大"费用过多，风纪不正，学生程度尚低"为由，拟将学校暂行停办。生死关头，在校长和师生强烈反对下，汪只好表示"并无撤废之心"，但又提出将北京大学合并到天津北洋大学。在再次遭到全体师生及国会议员、社会舆论的反对后，教育部才不得不暂停裁撤北大行动。

就在这种"风雨飘摇"中，张厚载开始了大学预科的学习。面对学校的"风云变幻"，作为学生他无能为力。能做的，只有将能上的课程认真学好，其余时间他便都投入看戏、票戏、写剧评中去了。结果不但迅速干出了成绩，于侪辈中脱颖而出成了京城著名"评剧"家，而且还很快跻身"梅党"之列，成了当时评论梅兰芳成就最高者。

民国初期，电影、话剧虽已传入国内，但在民众中间尚未普及，当时人们的娱乐活动，主要是看戏，而在京城，观看京剧表演更是成了市民休闲、娱乐的主项。普通百姓是这样，高等学堂的学生们也是如此。梅兰芳晚年在忆起他40年前的一位老观众时，曾说：

> 他是中国最早创办的外国语学校（译学馆）的学生。我在文明园演唱时期，这班学生课余常来听我的戏，都是我早期的忠实观众。那时池子里听戏的有一班纨绔子弟，脾气很是骄纵，经常包着当中几张桌子，在里面横行霸道，任意胡来。遇到演员出场，不是他们爱看的，就脸冲着墙，喝茶，抽烟，嗑瓜子。有时还毫无目的叫"倒好""打通"。场内有了他们，秩序就不能安静了。
>
> 译学馆的学生，在当时是比较热情而天真的。看不过这种怪样子，就在这一班捣乱的看客周围定了一圈桌子。遇到这些捣乱分子叫"倒好""打通"的时候，他们就大叫其好，盖过了"倒好"和"打通"的声音。这样才把那班纨绔子弟的气焰压下去了。①

---

① 梅兰芳述，许姬传记：《舞台生活四十年》（第一集），中国戏剧出版社1957年版，第115页。

由此可见，高等学堂学生课余看戏，不但是正常的休闲活动，而且捧名角也是他们的娱乐常态。以当时学生中"捧梅"最甚的译学馆为例，1913 年便出现了郭逌仙、言简斋、张孟嘉、张庚楼、于非闇等学子组成的"捧梅学生团"。此中的郭逌仙不但以"梅党"自居，而且还撰文《释"梅党"》，宣称"梅郎兰芳，色艺双绝，今日伶界之奇才异能也，党以显之不亦宜乎"？并进而提出"梅党"四标准：（一）非梅郎之剧不观；（二）对于梅郎之言论有褒无贬，永不诋毁；（三）不因梅郎开笔墨之阵以伤梅郎之心；（四）梅郎设有色艺衰落之一日，不因之改变宗旨。[①]

但张厚载与他们不同，同为高等学堂学生，他除了乐此不疲地光顾戏园子外，还超越了一般学生们的单纯"捧梅""捧角"，而是行诸笔端地写有大量"赏梅""评戏"文章了。

曾任国民党《中央日报》总主笔和蒋介石私人秘书的陶希圣，是晚于张厚载三年考上北京大学预科的。他入校时，张厚载刚刚升入法科政治门本科。三年后，他也步张厚载后尘转入法科。因此，二人应算是同时在校同系但不同届的同学。据他著文回忆，当时北大学生课余看戏属于正常消遣，他也"听戏不少，并不懂戏，虽不懂戏，却也有些见闻"，那便是在同学中有"捧角"者，但这也属于正常活动。他曾追忆说，当时"捧角家请客听戏，是奉送戏票和座位的，只有一个条件，就是跟随他们喊好。我不会也不愿喊好，到了大家都喊时，只是张嘴示意以为报销而已"。与他"同年级的捧角家有所谓四霸天，都是小一号的评戏者"。但与这些人不同，"北京大学的同学，在评戏之中，占很高地位的，有张聊子"。

张聊子即张厚载。因为时间相隔太久，陶希圣还加注说："也许是张寮子，现已忘记其字，只记其音。"[②]由此亦可看出，张厚载作为

---

①　转引自靳飞：《冯耿光笔记》，文津出版社 2022 年版，第 46—47 页。

②　陶希圣：《北京大学预科》，陈平原、夏晓虹编：《北大旧事》，生活·读书·新知三联书店 1998 年版，第 193—194 页。

北大学生中的"评戏"家,是与"捧角家"不同的。"评戏"家重在
"评";"捧角家"意在"捧"。而且在"评戏"家中,张厚载还是"占
很高地位"者,否则几十年后陶希圣便不会只记音不记字地记住他的
名号。其实,只要看过张厚载这一时期所写的"赏梅""评戏"文章,
便可发现,其已不同于几年前刊在《天津日日新闻》上的文字了,按
其友人李秩斋日后的评说:

> 盖京剧晚起,其词纯驳互见,士夫耻而弗事,洎谭梅杨余,
> 后先竞起,各以其艺术,著称于世,名作出演,九城为空,是为
> 鼎盛。鏐子先生,壮游北部,历观名家之作,不可胜数,凡有纪
> 述,举国传诵,一字之褒,荣逾华衮,故并世论京剧者,莫不以
> 鏐子为坛坫也。[①]

此文中的"凡有纪述,举国传诵,一字之褒,荣逾华衮",虽有
溢美之嫌,但也确实点出了张厚载"评戏"文章在当年的分量。而这
些被奉为"坛坫"的文字之始,则是来自对"初露头角"之"梅郎"
的评论。对此,在梅兰芳的《舞台生活四十年》一书中,记录者许姬
传曾写道:

> 民国以前,北京的观众,在行的真多。可是报纸上还没有剧
> 评。关于梅先生的戏,最早是陶益生先生在民初《亚细亚报》上
> 发表过一篇评论。到了民国二三年间张鏐子先生起来提倡,《公言
> 报》上常见到他的作品。所以剧评一道,他可以说是开风气之先
> 声。他评梅先生的戏最多,也就是从这出《孽海波澜》开始的。[②]

---

① 李秩斋:《歌舞春秋·序一》,上海广益书局 1951 年版,第 1 页。
② 梅兰芳述,许姬传记:《舞台生活四十年》(第二集),中国戏剧出版社 1957 年版,
第 5 页。

许姬传是早期著名戏曲评论家，略晚于张厚载涉猎京剧鉴赏与研究，曾任梅兰芳私人秘书，其所称张厚载开"剧评"这一行当"风气之先声"，并且"评梅先生的戏最多"，当是行内定论。但他说张厚载评梅剧，是从《孽海波澜》开始的，则不甚准确。早在《孽海波澜》公演前一年，也就是 1913 年 9月的一天，张厚载已在北京三里河织云公所欣赏完梅兰芳的演出后，便写有剧评发表了。是日乃交通总长周自齐伯父七十寿诞堂会，继谭鑫培、杨小楼、路三宝等名伶之后，后起新秀梅兰芳与孟小如、王蕙芳、胡素仙等合演《雁门关》。张厚载当晚曾写剧评云："此剧不重唱工，多看做派，梅兰芳表情已极精妙，惟其时白口尚稍嫌嫩弱，盖火候未到也。"[①] 寥寥数语，有褒有贬，实乃言之凿凿之评。

青年时期的梅兰芳

正是在这次堂会之后，1913 年 10 月 31 日，梅兰芳应上海丹桂第一台老板许少卿之邀首次离京，与王凤卿到上海演出。在沪期间，他观看了夏月润、夏月珊兄弟《黑籍冤魂》《新茶花》等京剧时装戏，以及欧阳予倩的《茶花女》《不如归》等新编话剧，深受其醒世影响，年底返京后，便思亦排时装新戏。翌年 7 月，他看中了一个根据北京

---

① 张聊公：《记周宅堂会戏》，《听歌想影录》，天津书局 1941 年版，第 1—2 页。

本地时事新闻编写的剧本，这便是《孽海波澜》。据他后来讲述：

> 故事是叙说一个开妓院的恶霸叫张傻子，逼良为娼，虐待妓女，让主编《京话日报》的彭翼仲把张傻子的罪恶在报上揭发出来，引起了社会上的公愤；由协巡营帮统杨钦三讯究结果，制裁了张傻子。同时采纳了彭翼仲的建议，仿照上海的成例，设立济良所，收容妓女，教她们读书识字，学习手工。最后这班被拐骗的妓女，由她们的家属到济良所领回，骨肉得以团聚。

梅兰芳在这出剧中扮演的主角是妓女孟素卿，"设计和排练了几个月，到了（1914年）十月中旬，才正式在翊文社把它分为头二本两天演完。地点仍旧是鲜鱼口的天乐园"。①许姬传所言张厚载评梅兰芳的《孽海波澜》，便是在这次演出之后。据张厚载所记："民国三年（1914年）十月天乐园以梅兰芳为台柱子，常排演新戏，如《孽海波澜》之类，极能叫座，此为梅伶舞台生活初步之转变，余曾连观两日，记之如下：（中略）兰芳之孟素卿，哀艳动人，张傻子逼奸一场，神情尤佳，王蕙芳之香云，平庸而已。"看过了头本，第二天他早早来到园子，接着看第二本，并作详评如下：

> 后本《孽海波澜》又登场矣。
> 一出场，刘景然饰彭翼仲，似乎太老古板。郝寿山饰杨钦山，于审问素卿时，滑头滑脑，言语涉于油腔，仿佛《玉堂春》问案，想当日情景，必不如此，又妓馆之妓女中，忽羼入一个奇形怪状的赛瑶卿，弄了一个大鼻子，真将瑶卿刻画苦矣。（此戏情节平平无奇，故不得不于此等处，点缀生趣。）统观全剧，郝寿臣之道白固可取，李敬山之张傻子，于游街时，鸣锣自唱，却

---

① 梅兰芳述，许姬传记：《舞台生活四十年》（第二集），中国戏剧出版社1957年版，第2—4页。

亦动听。梅兰芳与王蕙芳饰素卿、
香云，在济良所，做机器生活时，
最为动人，二人唱亦颇好。而梅兰
芳之一种温婉态度，更令人倾倒不
置。盖此种人物，最合兰芳身份也。
至与其老父相见时，唱作均沉痛可
观。（中略）此等关节，确足动人心
目，惜其中疵点，未能全改良者，
亦殊不少。然一班旧剧伶人，排演
新剧，有此成绩，已非易易矣。①

1912 年北京新报馆印行
的《孽海波澜》，1914 年梅兰
芳将其搬上了京剧舞台

　　这便是当年张厚载的剧评，岂能和一
般"捧角家"的文字相提并论。许姬传称
其为开剧评风气之先声者，实非妄言。如果说此等文字还仅是出于一
个戏迷对喜欢的伶人的一种评说，那么当有一天，张厚载与梅兰芳巧
遇并相识后，他除了迅速融入"梅党"外，更是利用其文笔和学识，
大力地"捧梅""赞梅"并"助梅"。应该说，梅兰芳后来能超越侪辈，
脱颖而出成为中国戏曲艺术的代表和符号，是和张厚载与他的"梅党"
团体的存在密不可分的。而这一切，都还要从张厚载初识梅兰芳说起。

　　清末民初，梅兰芳于菊坛异军突起，其俊美的扮相和妩媚的表演，
让所有观剧者都过目难忘。当时的名士易顺鼎曾在诗中将他与另一走
红的男旦贾璧云热捧，其中有句"谁知艳质争娇宠，贾郎似蜀梅郎
陇"。由此，时人便将梅兰芳唤作"梅郎"。按照张厚载的回忆，他早
在幼年时，便随父亲在广德楼看过刚搭班喜连成的"梅郎"唱戏，并
对当时初露头角的这位同龄人印象颇佳，但他与"梅郎"初识，则要
到 1914 年前后。当时他两均为弱冠之年，在一次赈灾舞会上，二人碰

---

① 　张聊公：《梅兰芳之〈孽海波澜〉》，《听歌想影录》，天津书局 1941 年版，第 5—6 页。

风华绝代的梅兰芳

面了。对于这次"舞场邂逅",张厚载后来曾有过十分具体的描述:

> 余与梅相识,远在民国三四年间。时都中名流淑媛,为江淮水灾,借外交大楼开赈灾跳舞大会。余入场观舞,偶一回首,则梅适立余侧。因不揣冒昧,与谈跳舞与旧剧身段之异同,梅不知余为何人,乃不嫌唐突,亦述其所见。余喜出望外,归后立草一文,题曰《跳舞会中之梅兰芳》,长数千言,刊之《亚细亚报》。其后该报主笔黄哲维先生,乃设宴于东兴楼,为余介见梅及冯(耿光)氏,暨李释戡、齐如山诸公。时哲维已与梁众异合办《公言报》,乃约余为任剧评,余曾作一诗赠梅,有"长忆繁华跳舞场,并肩小立看红妆,斌时笑语今皆记,此夜容华永不忘"等句,此为余与梅订交之始。

从回忆中可以知晓,除张厚载与梅兰芳当年都曾涉足舞场,而且二人初识便探讨戏曲表演外,张厚载还曾写有数千言的"赞梅"文章刊于报端,并因此而受邀与"梅党"要人们欢宴。这不仅意味着"党魁"梅兰芳对他的认可,而且还表明了冯耿光、李释戡、齐如山、黄秋岳等"梅党"巨头们对他的接纳。[①]

---

① 详见张国强编著:《君子如党:梅兰芳与"梅党"》,知识产权出版社 2022 年版,第 152—154 页。

张厚载与"梅党"中人合影(前排左起:许伯明、齐如山、沈亮超、村田、张厚载、李释戡、吴仲言;后排左起:萧紫庭、姚玉芙、梅兰芳、胡伯平、罗瘿公)

这是他与"梅党"要人们的首次接触,这些人在当时非富即贵,而他则只是个尚在读书的学生。能够得到这些资深"梅党"巨头的认同,20岁出头的张厚载之见解与文笔,可谓老到不凡。也正是通过这次欢宴,张厚载便正式加入了"梅党"。自此之后,他便对"梅郎"的表演格外垂青,除频繁观赏梅剧外,还写有一系列"捧梅"文章,并不吝"赞梅"之辞。

三、"梅党"中的"健将"

1915年秋天,张厚载在北京大学预科毕业,直接升入本科,他选择的是法科政治门。据今日北京大学政府管理学院教授金安平著文披露，"先为旁听生，后转为正式生"。①

当年北大的法科，共设政治门、法律门和经济门。选择政治门，应该是张厚载之父张颔镂奉行的"学而优则仕"使然，因为这个专业的毕业生是可以直接进北洋政府当官的。对于做官，张厚载虽然兴趣不大，但他认为毕竟是个安稳职业，而且按照读书人的传统思维，寒窗苦读后谋个一官半职也是理所当然的出路。因此，他并无异议，随后便参加了本科新生的开学典礼。

同在这一年，冯友兰也考入了北京大学，据他追忆，"一九一五年进北大的时候，没有校长，由工科学长胡仁源兼代校长"。他也参加了开学典礼，并有回忆说：

> 1915 年 9 月初，我到北京大学参加开学典礼。胡仁源主持会场，他作了一个简短的开幕词以后，英文门教授辜鸿铭从主席台上站起来发言。我不知道这是预先安排好的，还是出于辜本人的临时冲动。他的发言很长，感情也很激动，主要的是骂当时的政府和一些社会上的新事物，大意是说，现在做官的人，都是为了保持他们的饭碗，他们的饭碗跟咱们的饭碗不同，他们的饭碗大得很，里边可以装汽车、姨太太。又说，现在人作文章都不通，所用的名词就不通，譬如说"改良"吧，以前的人都说"从良"，没有说"改良"的，既然已经是"良"了，你还改什么？你要改"良"为"娼"吗？他大概讲了一个钟头，都是这一类的谩骂之辞。他讲了以后，也没有别人发言，就散会了。②

① 金安平：《〈觉醒年代〉与觉醒年代中的北京大学》，《北京大学校报》2021 年 5 月 14 日。关于张厚载转为正式生的时间，网上有"1918 年 12 月 10 日，因学年考试均在 70 分以上，张厚载从法科三年级政治门听讲生转为正科生"的说法，但不知所据为何。

② 冯友兰：《我在北京大学当学生的时候》，陈平原、夏晓虹编：《北大旧事》，生活·读书·新知三联书店 1998 年版，第 198 页。

　　当年新旧交替中的北京大学状况，从这一典礼中便可窥见一斑。张厚载此刻肯定也在台下就座，耳闻目睹了全过程。当时的感觉如何，目前没见他有任何文字表述。但他对辜老夫子没有丝毫恶感应该是肯定的，这与其恩师林纾和辜鸿铭的"同声相应，同气相求"有关。作为新文化运动中的保守派，林纾与辜鸿铭在辛亥前都主张学习西方，是政治上的君主立宪派，而在辛亥后，当众人都向西转时，他们又成了主张旧学的代表，被认为是保皇派。因此，在进北大之前，林纾应该带张厚载拜见过辜鸿铭。电视剧《觉醒年代》中，便有这样的镜头。

　　在法科政治门做旁听生半年后，张厚载感到学业比预科要轻松许多。此时北大本科的教学，既不紧张也不严谨。蔡元培后来曾说，在他1917年掌校之前，学生们"平日对于学问上并没有什么兴会，只要年限满后，可以得到一张毕业文凭。教员是自己不用功的，把第一次的讲义，照样印出来，按期分散给学生，在讲坛说读一遍。学生觉得没有趣味，或瞌睡，或看看杂书；下课时，把讲义带回去堆在书架上。等到学期、学年或毕业的考试，教员认真的，学生就拼命地连夜阅读讲义，只要把考试对付过去，就永远不再去翻一翻了。要是教员

当年的北京大学法科所在地

通融一点,学生就先期要求告知他要出的题目,至少要求表示一个出题目的范围;教员为避免学生的怀恨与顾全自身的体面起见,往往把题目范围告知他们了。于是他们不用功的习惯,得了一种保障了"。①

哲学家张申府是 1914 年升入北大本科的,他以自身感受证明了蔡元培之说:当时学校里"不少学生以上大学为晋升的阶梯,对研究学问没有兴趣,上学不读书,而是想方设法混资历,找靠山,还有的人打麻将、逛八大胡同。与我同宿舍的几个学生,就很少读书,而是聚在一起打牌"。②

身处这样的学习环境,张厚载虽然依旧用功,但课余拥有大量时间则是事实。于是,他便把这些时间用在了于黄学会"票戏"和看戏、写剧评上。

此时的北京城内,到戏院、茶楼"捧角",已成了有钱有闲者的时尚。他们凭着自己的喜好,结党结社,党同伐异,各捧自己中意的伶人。一时间,诸如"痰迷"(捧谭鑫培者)、"黄病"(捧黄润甫者)、"羊迷"(捧杨小楼者)、"瑶痴"(捧王瑶卿者)、"梅党"(捧梅兰芳者)、"尚党"(捧尚小云者)、"白社"(捧"白牡丹"荀慧生者)、"尝鲜团"(捧鲜灵芝者)等"党社",层出不穷。当然,这其中人员最多,势力最大,成分最高者,便是大捧特捧梅兰芳的"梅党"。据记载,1913 年 10 月国会选举总统,各党派大显身手,袁世凯见此颇为恐慌,竟派军警包围会场,强迫议员给自己投票。结果不知哪位议员有意搅局,居然投了梅兰芳一票。此讯传出,更使"梅党"之名不胫而走。

正是在这"党社"丛生之际,张厚载与梅兰芳相识了,而且很快便融入了"梅党",并受到冯耿光、李释戡、齐如山、黄秋岳等"梅

---

① 蔡元培:《我在北京大学的经历》,钟叔河、朱纯编:《过去的大学》,同心出版社 2011 年版,第 5 页。

② 张申府:《回想北大当年》,陈平原、夏晓虹编:《北大旧事》,生活·读书·新知三联书店 1998 年版,第 182 页。

党"巨头和"党魁"梅兰芳的垂青。前文已述，东兴楼上的一顿酒席，觥筹交错间，已表明了他们对张厚载的认可与接纳。当时一同欢宴的数人，可谓是"梅党"中的顶级，他们因对梅兰芳呵护至深，曾被时人谑称"梅毒"。

在"梅党"巨头中，冯耿光（1882—1966）是无可争议的"领袖"。冯耿光字幼伟，出生于广东番禺一个官绅之家。早年留学日本，1902年毕业于日本陆军士官学校。归国后历任讲武堂总办、练兵处

"梅党"领袖冯耿光

监督、测绘学堂总办等职。民国后出任总统府顾问、参谋本部高级参议。1918年中国银行商股股东正式成立，他被选为董事，旋任中国银行总裁。此后，其人脉与影响力辐射国内金融界。因他与梅兰芳伯父梅雨田熟稔，故经常出入梅宅。据梅兰芳晚年回忆，在"梅党"中，"我跟冯先生认识得最早，在我十四岁那年就遇见了他。他是一个热诚爽朗的人，尤其对我的帮助，是尽了他最大努力的。他不断地教育我、督促我、鼓励我、支持我，直到今天还是这样，可以说四十余年如一日的。所以在我一生的事业当中，受他的影响很大，得他的帮助最多"。[①] 而且这些"帮助"，都是实打实的。

1907年14岁的梅兰芳搭班喜连成正式登台时，冯耿光就以半月收入助其添置行头，包场订座。1915年报人穆儒丐在《国华报》连

---

① 梅兰芳述，许姬传记：《舞台生活四十年》（第一集），中国戏剧出版社1957年版，第133页。

载纪实小说《梅兰芳》，将风头正健的梅兰芳置于舆论旋涡之中。此说部杜撰隐私，极度渲染梅兰芳与译学馆"梅党"学生郭遒仙的所谓同性恋情，并把冯耿光也牵涉进来，说他"每日除了嫖赌，没有正事"。冯耿光见此迅即采取手段，勒令报馆停刊，并买下所有报纸一把火烧光。随后，他见穆又写有《选举伶王记》，再次贬损梅兰芳，遂动用关系将穆逼出京城。

他促成了梅兰芳与福芝芳的婚姻后，福芝芳"发现梅的财产全是银行股票，统统归冯六爷保管"。[①] 作为"财神爷"，他曾资助了梅兰芳 1919 年和 1924 年的两次访日，以及 1930 年与 1935 年的访美访苏。甚至有传言说，梅兰芳赴美交流时，他曾变卖房产予以襄助。此外，他除了将煤渣胡同豪宅让给梅兰芳彩排《嫦娥奔月》等新戏外，

年轻时的冯耿光（右）与梅兰芳

还将新购置的东四九条硕大院落让与梅兰芳拍摄电影《黛玉葬花》。也正因此，冯氏成为"梅党"领袖后，张厚载曾赋诗赞其曰："磊落英多孰与同，眼中人物独推公。文章经济寻常事，扶起孤雏不世功。"这其中的末句，便是高度称赞冯耿光全力提携四岁丧父的梅兰芳。

与冯耿光、许伯明同为北方"梅党三巨头"的李释戡（1888—1961），字宣倜，福建闽侯人。早年负笈日本，入陆军士官学校步兵科。归国后从事军事教学。民国后历任财政

---

① 丁秉鐩：《菊坛旧闻录》，中国戏剧出版社 1995 年版，第 509 页。

部秘书、帮办，以及国府参军、行政院秘书等职。他倾心"捧梅"，曾是梅兰芳的诗词老师，并参与了梅氏演出中的许多决策。1920年上海《申报》曾云，"李十三素为畹华御前大臣，并为皖华之秘书长"。1923年他作《梅兰芳小传》，首次打出"梅派"旗号，从此天下响应。然而他却大节不保，抗战全面爆发，梅兰芳蓄须明志息影舞台，他却附逆汪伪成了汉奸。

齐如山（1877—1962），字宗康，出生于河北高阳诗书之家，曾任京师大学堂、北京女子文理学院教授，后出国游历法、德、英等国。他与梅兰芳订交，乃是因为给梅写信褒贬其剧艺，遂被梅引为知己。从1915年至1928年，他参与了《牢狱鸳鸯》《一缕麻》《嫦娥奔月》《黛玉葬花》《霸王别姬》《天女散花》《太真外传》等七部梅兰芳新戏的创作，成为名副其实的梅兰芳专职编剧。在梅兰芳赴美演出期间，他作为顾问全程陪同，并竭力将"梅派"艺术和中国戏曲翻译、介绍给海外观众。1949年后，梅兰芳出任了中国京剧院院长和中国戏曲研究院院长，并加入了中国共产党，而他则取道香港去了中国台湾地区。

黄秋岳（1890—1937），名浚，号哲维，福建侯官人。出身书香门第，幼称"神童"，15岁来京就读于京师译学馆与京师大学堂，深受陈宝琛、严复、林纾等乡贤赏识。毕业后授七品章京，任职邮传部。北洋时期任财政部佥事、总统府秘书、国务院参议等职，同时兼任《亚细亚报》和《公言报》主笔，并主持文苑专栏。1928年后出任《新申报》主笔和《京报》总编辑，同时担任国民政府秘书。其在梅兰芳崛起过程中，曾为梅编写剧本、分析剧情、润色词章、担当文案，有梅兰芳"秘书"之称。1937年8月，他与其子黄晟因受日本女特工南造云子引诱，泄露国民政府机密，而被蒋介石下令处决。

除以上四人外，当年的"梅党"中坚，尚有许伯明、吴震修、舒石父（电影明星舒适之父）、张彭春、罗瘿公、赵叔雍、文公达、许姬传、许源来等。而"后来居上"的张厚载，则是这些"中坚"中

梅兰芳京宅"缀玉轩"中的"梅党"同人（左起：梅兰芳、冯耿光、许伯明、张厚载、李释戡、齐如山）

当仁不让的"健将"。1951年余苍在张厚载所著《歌舞春秋》附录中云："此君（指张厚载）对于梅兰芳的舞台艺术，鼓吹最早，是当时所谓'梅党'的中坚。"① 当年更有署名"太史公"者，在追忆梅兰芳早期演艺生涯时写道：

> 民国初，梅畹华方露头角，实力捧场集团，有梅党之称，若冯幼伟、李释戡、齐如山诸先生，皆为主力分子，聊公张先生亦其中健将焉。或谓梅之成功，实梅党同仁之功，当无疑问。②

据梅兰芳研究者张国强介绍，张厚载对梅兰芳的艺术不但推崇

---

① 余苍：《林纾与张厚载》，《歌舞春秋》，上海广益书局1951年版，第135页。

② 转引自张国强编著《君子如党：梅兰芳与"梅党"》，知识产权出版社2022年版，第155页。

备至，而且如痴如醉，有人说，"曾见到每本他看过的书上，都有他亲笔所画的朵朵梅花，他写稿子或写信给熟识的朋友，常喜爱在末一页纸尾空白的地方画上几朵梅花"。此外，"他平日同人会面时，只寒暄一下就算了，若遇到有人同他谈起梅兰芳的艺术或京戏来，不仅他感觉津津有味，他还能使你亦感觉津津有味。或许因为他爱用'津津'作笔名吧"。可以说，张厚载与梅兰芳自相识到终其一生，始终交往密切。张厚载不但一直关注着梅兰芳的艺术发展，梅凡有新戏问世，他都有剧评文章随之刊出，而且每当谈及戏曲艺术时，他都无不赞誉梅兰芳。因此，称其为梅兰芳舞台艺术发展的见证者，绝非过誉。①

其实，在梅兰芳崛起的过程中，于报端"捧梅""赞梅"的"梅党"中人，并不少见。早在1913年张厚载尚未加入"梅党"时，剧作家罗瘿公便作《观梅郎登场戏占四绝》以"捧梅"，其中有诗云："车子当筵意态新，梅花占断九成春。石头老去瑶卿倦，法乳传衣此替人。"在未来难卜的情况下，将初露头角的梅兰芳捧为继陈德霖、王瑶卿之后的"名旦"传人，可见其对"梅郎"之青睐。

其次，民国后曾任国务院佥事、秘书的文公达，不但在沪上主《新闻报》与《时报》笔政期间大力"捧梅"，而且在梅兰芳30岁生日时，更是于媒体赋长诗为之祝寿，全诗开篇便云："长安人事乱如麻，长安人物如淘沙。凝然不动强台上，十二年来一畹华。"

此外，在"梅党"中与冯耿光共享"北冯南赵"之称的赵叔雍，于1918年进入上海报界后，便不遗余力地"捧梅"，甚至在《申报》特辟"梅讯"专栏，长期报道梅兰芳消息，他也因此被人们称作"捧梅宣传部长"。

对此，戏曲掌故大家陈墨香当年曾撰文说，"兰芳有兰芳的一班信徒"，"那久听兰芳的，却是好弄笔墨，梅郎歌梅郎曲梅郎小传，篇

---

① 张国强编著：《君子如党：梅兰芳与"梅党"》，知识产权出版社2022年版，第156页。

篇锦绣,字字珠玑"。"到如今兰芳姓名无人不知,虽是梅郎美貌超群,技艺出众,也全亏诸大文豪生花彩笔歌咏赞叹"。[①]

然而时间不长,他们便都有了变故。

罗瘿公"捧梅"不久便"移情别恋",在拼全力将程砚秋推入"四大名旦"后,便于1924年故去。文公达也是寿命不长,在成为鼓吹梅兰芳的"忠臣"十余年后,便以52岁寿终。赵叔雍虽曾为梅兰芳的"吹鼓手、宣传员",但在抗战初期便陷入汪伪政权充任要职,与梅兰芳的民族大义已成云泥之别。"梅党"中,不折不扣陪伴梅兰芳走过四十余年,并"始终不渝"地在书报刊上写文章"捧梅""赞梅"者,唯张厚载一人而已。

作为同龄人,早在他们尚未相识的1913年,张厚载便开始在报端"褒贬"当时"火候未到""稍嫌嫩弱"的小梅郎,彼时他们刚刚19岁。此后,在长达四十年的交往中,张厚载始终"情有独钟"地宣传梅兰芳。直至20世纪50年代初,他在重病中,仍是将梅兰芳照片放到他的《歌舞春秋》与《京戏发展略史》两部书的封面上,并在多次的访谈和回忆中,大谈"梅派"表演艺术。1955年,张厚载魂归道山;六年后,梅兰芳也羽化登仙。二人于1894年先后出生,1914年20岁相识订交,到1955年"雁行折翼",相知相交凡41载。而这期间,张厚载"捧梅""赞梅"的文章层出不穷,其可谓"梅党"之中名副其实的"健将"。

四、成了梅兰芳的"左右史"

民国初年,北京戏曲舞台姹紫嫣红,生旦净末丑各行当云起龙骧,凤鸣朝阳。此前京剧初成之时,生角独霸天下的局面已不复存在。虽然此时老生"后三鼎甲"谭鑫培、孙菊仙、汪桂芬的余威仍

---

① 陈墨香:《观剧生活素描》(第四部),另见潘镜芙、陈墨香:《梨园外史》,中国戏剧出版社2015年版,第220页。

民国初年,谭鑫培
(右)与杨小楼在北京
戏院合演《阳平关》

在,开创"无腔不学谭"奇观的谭鑫培,还是以"伶界大王"的地位领袖群伦,但毕竟廉颇老矣。此时除新人济济、后起之秀竞相崛起外,在行当上也是争奇斗艳,流派纷呈。这其中,尤其是以旦角的异军突起最为突出。究其原因,梅兰芳曾给出过如下答案:

从前的北京,不但禁演夜戏,还不让女人出来听戏,社会上的风气,认为男女混杂,是有伤风化的。仿佛戏是专唱给男人听的,女人就没有权利来享受这种正当的娱乐。这真是封建时代的顽固脑筋。民国以后,大批的女看客涌进了戏馆,就引起了整个戏剧界急遽的变化。过去是老生武生占着优势,因为男看客听戏的经验,已经有他的悠久的历史,对于老生武生的艺术,很普遍地能够加以批判和欣赏。女看客是刚刚开始看戏,自然比较外行,无非来看个热闹,那就一定先要拣漂亮的来看。像谭鑫培这样一个干瘪老头儿,要不懂得欣赏他的艺术,看了是不会对他发生兴趣的。所以旦的一行,就成了她们爱看的对象。不到几年工夫,青衣拥有了大量的观众,一跃而居戏曲行当里重要的地位,后来参加的这一大批新观众也有一点促成的力量的。[①]

作为一家之说，梅兰芳所言确实新颖，但他在这里其实只是给出了原因的一半，另一半则是此时"坤伶班"的出现。

京剧形成初期，都是男艺人在表演，直至清光绪二十年，上海方才出现京剧最早的职业女艺人。当时沪上有名为"美仙茶园"的坤班正式挂牌营业，引起轰动。随后，此风便传到了天津、武汉。

北京最早公开露演的女伶，是民初从天津来的著名梆子、皮簧两门抱名角刘喜奎。其色艺双绝的旦角表演，可谓令人眼界大开，颇有"秀色可餐"之感。据张厚载当时所记，"民国初年，女伶闯入旧京，新进势力，盛极一时"。当时大栅栏内各戏园几乎全被女伶所占，而刘喜奎则为个中翘楚。除女艺人外，此时新老男旦亦竞相妩媚，争奇斗艳，京剧旦角尤其是青衣行当，遂因势而兴，既吸引着男看客的眼球，又满足了女看客的好奇，以至让"伶界大王"谭鑫培也不得不感叹"我男不及梅兰芳，女不及刘喜奎"！[②]

对于此番景致，既是张厚载朋友又是当时梨园中文人的陈墨香，当年则有文学化的描述："京中戏班，久无女子，大概已经一百多年了"，如今"女人虽已在京唱戏，男旦脚势力一毫不减。前两年，三庆园庆寿，从河南约了个梆子花旦贾璧云，模样很好，一般文人天天去看"。而"到得现在，他们又看重了（梅）兰芳，也亡命去捧。那兰芳真是应运而生，模样儿太好了，一干真女人谁也赶不上，故此前台宁可丢下真娘们，不丢他这假妇人"。而且此刻"贾璧云走后，兰芳势焰更盛"，人们"益发只捧兰芳了，那兰芳真个是：颠倒英豪多

---

① 梅兰芳述，许姬传记：《舞台生活四十年》（第一集），中国戏剧出版社 1957 年版，第 112—113 页。

② 张辙子：《中和园之〈宦海潮〉》《刘少少赞美刘喜奎》，《歌舞春秋》，上海广益书局 1951 年版，第 1、52 页。

梅兰芳戏装照

少人，欲从画里唤真真。风鬟雾鬓颜如玉，谁道红裙是幻身"。①

　　这是陈墨香在北京沦陷后，连载于《369画报》上的纪实小说《活人大戏》中的文字。陈墨香虽然年长张厚载十岁，但作为民初同在黄学会"票戏"的文人，他和张厚载一样，不但与梅兰芳很早便结为知己，而且也是眼看着梅氏从一个"孤雏"变身为世人景仰的"梅郎"的。因此，他的这段描写应该是当时的真实写照。

　　与陈墨香异曲同工的是，民国初期，张厚载也用他的笔墨记录下了梅兰芳崛起时的"势焰"。如果说陈墨香是用小说家笔法，"过去时"地再现了异彩初放时的梅兰芳的话，那么张厚载则是用记者之眼，"现在进行时"地报道了后来居上的梅兰芳。而他的这些"报道"，均是刊发在当时北京的《亚细亚报》与《公言报》上。

　　《亚细亚报》是袁世凯出任民国大总统时，由"筹安会"于1912年6月在北京创办的一张鼓吹帝制的报纸，由薛大可（薛子奇）主持，樊增祥、易实甫等任撰述。其副刊多为剧评或菊坛花边，除该报记者刘少少的稿件外，张厚载和署名"马二先生"的冯叔鸾，也经

───────────────

　　① 陈墨香著，李世强编订：《活人大戏》，中国戏剧出版社2015年版，第117页。

常为之撰稿。1915 年该报移至上海发行，因舆论倾向"君主"，报馆曾两次遭到炸弹袭击。1916 年 3 月随着袁世凯被迫取消帝制，报纸停刊。

《公言报》为著名报人林白水在好友林纾帮助下，于 1916 年 9 月与王士澄、梁鸿志、黄秋岳等友人，在京创办的一张时政报。其鼓吹"武力统一"，资金来自皖系军阀段祺瑞的心腹徐树铮，因此该报被时人称为"安福系"喉舌。其副刊倒是办得古朴无华，经常有林纾的诗文发表。《亚细亚报》关门后，张厚载的剧评也多移此刊出。后来报纸因揭露政府欠薪、中饱私囊等内幕，于 1920 年 7 月被直系军阀勒令终刊。

张厚载在这两张报纸上的发稿情况，他在 1951 年 4 月付梓的《歌舞春秋》中曾有自述："余少时夙有剧癖，观后必记其剧目，系以评述，自民元（1912 年）及民九（1920 年）所记，均刊登于《亚细亚报》及《公言报》。"其中"民二（1913 年）至民七（1918 年），《亚细亚报》及《公言报》所载，已编为《听歌想影录》，（1941 年）由天津书局出版"。①

据此可知，《听歌想影录》是张厚载在平津沦陷后，整理出版的一部早年观剧评论集。因所收篇目均来自他当年投稿的《亚细亚报》与《公言报》，故从所收篇目即可大致看出他在 1913 年至 1918 年间的看戏频次。这其中：1913 年仅收 1 篇，其中涉及"稍嫌嫩弱"的梅兰芳，这大概和他刚刚升入北大预科学习用功有关；1914 年他因学业并不紧张，又开始流连戏园，故书中收有 10 篇，其中涉及梅兰芳的，仅有评其新戏《孽海波澜》1 篇；1915 年他由预科升入本科时，正值北大频繁换校长的"多事之秋"，因教学松懈，他便跑戏园较多，所写剧评也多，故书中收录 20 篇。而且此时他已和梅兰芳订交，于是这 20 篇中，不但有半数以上涉及梅兰芳，而且更是对其赞

① 张谬子：《歌舞春秋·自序》，上海广益书局 1951 年版，第 5 页。

誉有加。因这一时期《公言报》尚未创刊，所以这三年的剧评均是发表在《亚细亚报》上，现择其要点摘引如下：

1915年2月5日，"旧京广德楼夜戏，有王凤卿、梅兰芳、余叔岩、陈德霖、俞振亭、时慧宝诸人，联合登台，名伶荟萃，允为一时盛会"。张厚载闻此，急急赶去。见《四郎探母》中，"梅兰芳之公主，唱工大见进步，做工始终不懈，非常细致，回令时之求情，作派尤觉妩媚动人"。此时他对梅兰芳的关注已十分仔细，一招一式，或人或事，他都记录在案。

同年2月，"值旧历之新年初一，各剧团好戏亮台"。张厚载发现，文明园因"以梅兰芳之《贵妃醉酒》为号召"，故与杨小楼、王凤卿领衔的第一舞台相比，其"卖座，亦尚不恶"。

同年春节期间，张厚载来到吉祥茶园观剧，在依次看过姜妙香、路三宝等人表演后，"再下系梅兰芳、孟小如之《汾河湾》，为全场所最注意之戏。盖梅郎之魔力，实足以号召社会。而梅演此剧之神情，忽悲忽喜，忽嗔忽笑，演来无不恰到好处，犹之神妙之笔，意到笔随，细腻已极，故座客无不为之目动神往焉"。

同年3月，张厚载到江西会馆看交通部陆宅之堂会戏。是日有梅兰芳的《贵妃醉酒》，该剧"为花旦中不易演之戏，身段极多，含杯折腰，尤为难能"。而"梅兰芳以青衣，兼演此剧，亦殊可取。唱'玉石桥斜倚栏杆靠'句时，一手打扇，一手斜叉腰间，神态煞是美观，身段亦颇柔软，醉后眼神，亦甚微妙，含杯折腰之舞，尤见稳练。下场时唱'冷清清独自回宫去也'句，露出一腔幽怨无可如何之神情，表演之细，允称难得"。

同年4月29日，北京"军政各界人物，在织云公所，为姚石泉（名锡光）参政，暨德配史夫人六旬双寿，称觞庆祝，且召菊部演戏"。其时梅兰芳受邀出演《宇宙锋》，其"聪明绝顶，一颦一笑，倾国倾城。金殿装疯一剧，有极妙之神情。极佳之唱调，极媚之身段，处处足以使人倾倒。盖美人断不会有疯癫行动，今美人偏欲装出疯癫

民国初年，京剧舞台已美轮美奂，这是名伶杨小楼（右）与钱金福合演《长坂坡》剧照

状态，则其穷美极丽之意态，自有不易想象者矣。"不足百字之中，接连用了多个"绝对化"字词，可见热捧之甚。

同年 5 月 29 日晚，张厚载应《亚细亚报》记者刘少少之约，前往第一台看戏，临近结束，忽听"楼下人声喧沸，来看救国储金义务夜戏者，已蜂拥而至"。他们退场时，"大门竟至关闭，只许出而不许入"。他在感慨"此种救国热心，在歌台舞榭更易表见"的同时，"则又不能不佩当日一班名伶，如谭鑫培、梅兰芳、杨小楼等号召社会之力量也"。① 称菊坛新秀梅兰芳为名伶，并不过誉，而将其与梨园耆宿谭鑫培、杨小楼并列"一班"，则可见他置梅兰芳地位之重和对其评价之高。

同年 7 月 23 日，友人邀张厚载往文明园观看梅兰芳、王凤卿的《四郎探母》。"梅兰芳之公主，著旗装，淡雅宜人。猜心事时，几句西皮慢板，珠圆玉润，宛转幽扬，作派亦极灵活，较之去年（民国三

---

① 张聊公：《听歌想影录》，天津书局 1941 年版，第 30—34 页。

年）在广德楼夜戏演此，又
大见进步矣"。足见他对梅兰
芳观察之细。

　　同年 8 月 7 日，"细雨乍
霁，凉风吹面，闲居无俚，偶
见剧报，梅畹华演新排佳剧
《邓霞姑》于文明茶园，遂往
一观"。看后他将梅兰芳在这
出新戏中的表演，逐幕记下，
并详加评论，予以褒赞：

　　（梅兰芳）将霞姑之
天真烂漫、温柔婀娜，以
及奇智侠情，种种美德，

梅兰芳饰演的时装新戏《邓霞姑》造型

形容尽致。媒婆为雪姑议婚时，霞姑从旁作娶语，自是闺中憨态。
及避乱时，随雪姑侍父母踉跄奔走，仿佛依人小鸟，楚楚可怜。
其后窃听得郑琦欲谋杀姐夫丁润璧之消息，急往告雪姑，语气急
促，格格不吐，神情极妙，姐妹商量一番，霞姑遂献奇计，表情
亦均细腻。至伪为抱病一种做作，想见西子捧心而颦之美态，及
装疯时，忽而微笑，忽而斜睨，迷离恍惚，做的逼真。唱几句
《宇宙锋》，虽调门不高，而曲尽其妙，唱至"摇摇摆摆"一句，
杨柳腰肢，一唱一舞，娉娉婷婷，好看极矣。后穿孝吊祭，明知
舅氏之荒谬，而又屈其于专制之力，只得委曲依从，一腔心事，
于眉黛双锁中婉委传出。至周廷弼来开棺验尸之后，一番骚攘，
举家紊乱，独霞姑镇定如恒，挺身出陈原委，声调如莺啼鸟语，
娓娓动听，霞姑之智力魄力，梅伶能曲曲写出，洵有足多。最后
行婚礼一场，为全剧大结束，盖剧中最后之一幕也。兰芳装饰之
美丽，态度之娴雅，更可使座客皆心旌摇摇不能自主矣。

同年 10 月 16 至 17 日，时任外交次长曹汝霖借金鱼胡同那宅，"为其尊人及太夫人，称觞祝寿，并召梨园演剧"。张厚载躬逢其盛，他发现"十六日之戏，多系中西音乐会学生所演，而外约王凤卿、梅兰芳两名伶，加演《汾河湾》及《尼姑思凡》两剧，故亦大有可观。王、梅二伶承应堂会戏，最为频繁，兰芳尤为当日堂会戏断不可少之人物，盖假使堂会戏而无兰芳，必将使座客为之不欢也"。是日梅兰芳本拟上演《佳期拷红》，但因配角未到，故改演《尼姑思凡》。"据老曲家言，兰芳演此剧之轻歌曼舞，朱福寿（即名伶朱莲芬）后，一人而已"。随后梅兰芳又与王凤卿合演《汾河湾》，"兰芳饰柳迎春，眉黛间表现一种幽怨之色，思夫望子之表情，面面俱到。盼子一场唱工，珠圆玉润，宛转有致，进窑后，作派处处入神，其细腻熨帖，除瑶卿外，殆无人可与比肩"。

梅兰芳演出《嫦娥奔月》剧照

翌日，"剧目益见繁缛，名角如林，各演佳构"。其中的《嫦娥奔月》片段，"又以色艺双美之梅兰芳为之表演，故其婉妙之声调，幽雅之词句，玲珑之身段，处处皆有特别动人之点"。故此，"座上鼓掌之声，不绝于耳。接演'庆贺''思凡'两场，观者亦多为心醉，盖即此三场，缓歌慢舞，穷妙极美，已为歌台舞榭中，向所未有之大观矣"。

与 1915 年相比，1916年张厚载写剧评不多，《听歌想影录》中仅收进 7 篇，即使加上他后来付梓的《歌舞春秋》补入的 1 篇，目前也才见 8 篇。而且这一年他评论梅兰芳的文字也少见，8 篇中仅有 2 篇涉及"梅郎"。在《一月听歌日记》中，先是记有 1 月 8 日"至后孙公园安徽会馆，为《亚细亚报》经理薛子奇君之尊人祝寿"，当晚堂会上，有"梅兰芳之《虹霓关》与《奔月》双出"；随之又记 1 月 11 日"午后至吉祥园观剧"，看了梅兰芳之《尼姑思凡》及与李顺亭等合演的《长坂坡》，感觉"戏码甚硬"。此外，在《洪宪时代之吉祥园》中，他写道，"梅兰芳之《尼姑思凡》，清歌妙舞，独步一时，不特唱工宛转悦耳，身段璀璨可观，且其绮年玉貌，亦歌场绝无仅有之美少年，以如此美貌，扮演妙尼，恰合'辜负青春美少年'（《思凡》剧中诗句）之意境"，因此"有说不尽之美丽光彩矣"。①

之所以出现这种"报道"减少的状况，应该和这一年上半年《亚细亚报》停刊，以及随后的袁世凯病故、梅兰芳赴沪等事件有关。

1916 年春，袁世凯"皇帝梦"遭到国人强烈抵制，鼓吹帝制的《亚细亚报》随之被迫关门。就在失去了这个发稿平台，而《公言报》还未创刊之际，6 月 6 日，袁世凯因尿毒症不治身亡。当时北洋政府为了表示哀悼，规定京城限制戏曲演出等娱乐活动。虽然此举很难奏效，如辜鸿铭过生日便不管不顾，请来戏班到家里大办堂会，并由此惊动了警察局，但在数月之内北京城的戏曲演出受到影响，则是事实。等到 9 月份林白水的《公言报》创刊，京城也恢复了正常的戏曲演出，张厚载在恩师林纾的牵线下，开始为《公言报》撰稿时，梅兰芳又应上海丹桂第一台老板许少卿之邀，于当年 10 月至 12 月，第三次赴沪演出去了。

因此，这一年张厚载除了在年初写有梅兰芳演剧"报道"外，其余时间虽偶尔能看到"梅郎"出演，但却苦于稿件没有合适的媒体可发。迨至 9 月《公言报》面世，梅兰芳又暂别北京，南下申城三个

---

① 详见张聊公：《听歌想影录》，天津书局 1941 年版，第 31—32、32—34、36—40、41—42、47—51、56—58、63—64、68—71、71—73、75—76、79—80 页。

月。这也正是这一年他所刊发稿件与此前"报道"有异，内容或为菊坛综述或为梨园掌故，甚至还有票房内幕之原因。对此，从《一月听歌日记》《嘉乐集之彩唱》《洪宪时代之吉祥园》《春阳友会顾曲记》《雅乐会之彩排》《尚小云与吴铁庵》《刘少少赞美刘喜奎》《谭鑫培之〈击鼓骂曹〉》等8篇文章的标题，亦可看出。

正是这种对京剧的痴迷和对梅兰芳的"情有独钟"，不但让张厚载成为当时"梅党"中"捧梅""赞梅"的"健将"，而且其对梅兰芳有剧必评，有评必赞，每评每赞又都不吝笔墨的癖好，更是被同人誉为梅兰芳的"左右史"。

其友人著名戏曲家兼作家陈墨香当年便著文说，在京城，"评戏文章，是光绪年间就有人做的，不过入了民国更为热闹。有个陈优优，在民三、民四时代评戏极负盛名"。这时期，还"出了一个周瘦庐，到处投稿，胆子真蠢，真敢说话"。与此同时，在京还有"浙人裴子元、吴人潘净源也做了不少戏评稿件"。此外，"天津各新闻纸，登载许多嫂子我的稿件，只因梨园有一种旦角，张嘴自称嫂子我。这几篇文字专评这一派的戏，所以署名嫂子我"。

但这些人与张厚载比起来，或文笔欠佳，或浅尝辄止。如北京那四位，"过了些时，优优回南，子元入了历史博物馆，净源皈依佛教。三个人评戏之文陆续搁笔"，剩下那个周瘦庐，则"因为热天出门搜觅稿件得了霍乱，夭寿而亡"。而张厚载不但始终情系梨园笔耕不辍，而且对梅兰芳更是凡事必录，堪称梅氏的"左右史"。对此，陈墨香是这样说的：

> 张聊止也是评戏的健者，笔墨是很好的。优优、子元等人都佩服他。聊止又同畹华一派朋友十分联络。凡畹华一举一动，聊止都打听得清清楚楚，明明白白，一点也不啰唆，每作戏评总要谈到畹华的事迹。当日人们把畹华比作皇帝，聊止比作史官，左史右史，聊止一身兼任，简直是梅氏创业起居注。要考察二十年

以来畹华在梨园势力并戏剧变化，聊止的稿件大有关系，虽有
人反对，到底是打不破的。聊止总算评剧界里面一位特别重要
人才。①

　　将梅兰芳比作"帝王"，把张厚载喻为"史官"，而且还是左史右
史一身兼，这虽是陈墨香的戏语，但张厚载对梅兰芳的成长和其艺术
发展过程中的关注与研究，已是不言而喻了。

---

　　①　陈墨香：《观剧生活素描》（第五部、第七部），另见潘镜芙、陈墨香：《梨园外史》，
中国戏剧出版社 2015 年版，第 228、235 页。

第四章

迎战『文学革命』风云人物

　　1916 年 6 月，袁世凯病故，其名义上的儿女亲家黎元洪继任大总统，皖系军阀段祺瑞出任国务总理，实际总揽实权。是年冬，身居海外的蔡元培，"接教育部电，促回国，任北大校长"。[①] 此时已无心为官的他，正在法国从事美学美育研究，后几经斟酌，在教育救国理念支使下，遂在 10 月 2 日与吴玉章由马赛乘船，于 11 月 8 日抵达上海。当年 12 月，北洋政府批准北京大学代校长胡仁源递交的辞呈，并于 26 日任命蔡元培为北大正式校长。

　　在蔡元培回国前的 1915 年 9 月 15 日，一份名为《青年杂志》的期刊在上海面世。其创办者是悄然回国的安徽人陈独秀，他因"讨

1915 年 9 月《新青年》在上海创刊，当时还叫《青年杂志》，此为创刊号

《青年杂志》从第二卷第一号易名为《新青年》

---

　　① 蔡元培：《我在北京大学的经历》，陈平原、夏晓虹编：《北大旧事》，生活·读书·新知三联书店 1998 年版，第 35 页。

袁"失败曾流亡日本。一年后，由于《青年杂志》与上海基督教青年会所办《上海青年》在刊名上有雷同之处，被迫易名。1916年9月，《新青年》取代《青年杂志》第2卷第1号首次推出，旋即便在民初的苍茫天际，吹散沉沉暮霭，显露出理想的星斗和青春的光芒。而作为刊物的创办人和主编，陈独秀很快便被蔡元培慧眼所识，招至麾下。

1917年1月4日，49岁的蔡元培就任北京大学校长。到校第5天，他便向全校师生发表了著名的《就任北京大学校长之演说》。其开宗明义地指出：大学是研究高深学问的场所，"大学学生当以研究学问为天职，不当以大学为升官发财之阶梯"。他要求学生"抱定宗旨，为求学而来。入法科者，非为做官；入商科者，非为致富。宗旨既定，自趋正轨"。随后，他本着"思想自由、兼容并包"的原则，首先从文科进行教学改革。在辞退一批不称职的中外教师①，续聘刘文典、陈垣、黄节、马裕藻、沈尹默、沈兼士、朱希祖、马衡、康心孚、辜鸿铭、刘师培、黄侃等固有儒士的同时，他还求贤若渴，广纳海内外拔新领异之才。

1月13日，在蔡元培的"包装"和游说下，北洋政府教育总长范源濂签发教育部第三号令："兹派陈独秀为北京大学文科学长。"携带着正办得红红火火的《新青年》，38岁的陈独秀走进北大，成为文科领头人。

4月，经鲁迅举荐，蔡元培邀约曾留学日本、时年32岁的周作人，到北

陈独秀

---

① 被开除的教员中，中方有当时以"探艳团"团长而闻名红楼内外的英文教员徐佩铣等。外方则有多位，其中一个英国教员甚至把他们的驻华公使朱尔典请来进行干涉，但蔡元培依旧不予理会。

大国史编纂处任编纂，五个月后被聘为文科教授。

8月，在陈独秀力荐下，26岁的胡适从美国学成归来，受聘北大文科哲学系教授。其时他尚未获得哥伦比亚大学博士学位，但惜才的蔡元培不惜帮其伪造了一份假学历。

8月，在中华书局任编译的中学肄业生刘半农，因呼吁"文学改良"引人注目，被蔡元培破格聘为北大预科国文教授，这一年他26岁。

8月，在教育部供职，时年36岁的鲁迅，应蔡元培之请，设计出了颇有寓意的北京大学校徽。三年后，他又应蔡元培之邀，出任了北大中文系兼职讲师。

9月，时年30岁，此前已在北大帮沈兼士代课的章太炎弟子钱玄同，被蔡元培正式聘为北大文科教授兼国文门研究所教员。

12月，憧憬着"青春之国家，青春之民族"的29岁留日青年李大钊，经章士钊举荐，蔡元培安排他接替章出任北京大学图书馆主任。

正是这些志趣相投意气风发的中青年才俊们的风云际会，为未来中国的走向奠定了基础。他们在新任校长蔡元培的聚合与默许下，旋即便在北京大学将颇具锋芒的以文学革命为突破口的新文化运动推向了高潮。而作为他们眼中"选学妖孽"与"桐城谬种"[1]的总代表，已辞去北京大学教习的林纾，自然成了"革命"的目标。但想不到的是，在林纾等"封建复古派文人"尚未"接招"之前，林纾的"爱徒"张厚载却先"单兵上阵"，去和这些"文学革命"的风云人物"短兵相接"了。而"导火索"，便是双方因对戏曲理解不同而导致的褒贬存废之争。

---

[1]　钱玄同：《钱玄同致陈独秀信》，《新青年》1917年6月1日第2卷第6号。

一、受到蔡元培的鼓励

蔡元培

作为当时北京大学二年级的学生，张厚载应该知道蔡元培履新第一天，发生在校门口的"新闻"。因北大校长是大总统直接任命的要员，过去进校门时校役都需对其行礼，校长大人则是目不斜视而去。然而1917年1月4日蔡元培到校第一天，在校门口见到排列整齐、恭敬行礼的校役，他却下车脱帽鞠躬回礼。此等举动立刻成为"新闻"，在北大师生中扩散。

而在张厚载就学的法科政治门，当这一"新闻"的余波尚未平息之际，1月9日蔡元培就职演说中的"入法科者，非为做官"之语，更是有如惊雷般地震呆了"门里"的师生。

张厚载虽然对毕业后当不当官，抱着无所谓态度，但他身边那些已在找门子寻仕途的同门，此刻都已惊慌起来，这种情绪对他影响很大。随着学校与法科的改革举措不断出台，他和那些原本准备当官的同学们一样，也在考虑着自己毕业后的出路。因此，这一年的上半年，他看戏不多，剧评写得更少。这从他后来结集的《听歌想影录》中可以体现出来。

1917年春节来得早，1月23日便是正月初一。这天早上，林纾在其大门贴上了自书的"戒慎恐惧"四个大字。随后他对前来拜年的张厚载解释说，寓意是"深患浮名"。[①]虽然他没有往下深说，但张厚

---

① 张俊才：《林纾年谱简编》，薛绥之、张俊才编：《林纾研究资料》，福建人民出版社1983年版，第45页。

载却觉得恩师好像有说不出口的苦衷，而且感到似乎有什么事情将要发生。因此，无论是元旦还是春节，甚至整个 1 月份，他都没有走进戏园。

2 月尚在春节期间，又加上学校还在放寒假，他也只进了一次戏园，那是北京部分慈善人士为安徽筹赈，约请名伶在第一舞台演唱义务戏。他去看了，而且也写了评论，在登台的十出折子戏中，他对压轴的梅兰芳等人作出了佳评：“梅兰芳、姜妙香、姚玉芙之《黛玉葬花》，系演《红楼梦》中‘西厢记妙词通戏语，牡丹亭艳曲警芳心’之一回，梅扮黛玉，姜扮宝玉，唱做两项，均极婉妙，盖亦当时新排之佳构。梅于后场，有反调一大段，哀感顽艳，曲尽其致，尤足使座客拍手叫绝。”

3 月他没有看戏的记录。4 月下旬，他在第一舞台看了杨小楼、高庆奎、姜妙香、路三宝、梅兰芳等人的表演。因杨小楼当天首演《安天会》，故他评论较多，其余仍是关注梅兰芳。在《银空山》中，梅兰芳饰王宝钏，“兰芳唱工浑脱浏亮，而尤以见公主后一段‘流水’为最”。随后他评价道，“兰芳作戏，无一出不能使人称快，即以此剧而论，乍见代战公主时，一种惊疑神情，娇羞态度，便足使其他旦角，望而惭沮也”。①

从目前留存的史料看，1917 年上半年，他去过几次戏园不可得知，但剧评却只有这两篇。此外，他应该还写有一篇评论谭鑫培一生成就的文章，后被收入《歌舞春秋》一书中。关于这篇文章的缘起，1951 年他曾回忆说，“民国六年五月十日，（丁巳三月廿日）老生一代宗匠谭鑫培，病逝于北京大外廊营寓中。先是是年四月十四日，（旧历闰二月廿五日）京中军政各界，借金鱼胡同那家花园，演唱堂会戏，老谭以抱恙辞勿往，军阀陆荣廷遣其部下，强挟之行，力疾登场，归而病剧，遂致不起。逝世后，各报竞刊其平生轶事，余于

---

① 《安徽筹赈义务戏》《杨小楼〈安天会〉之初演》，详见张聊公：《听歌想影录》，天津书局 1941 年版，第 89—91 页。

北京大学红楼，也即现在的中国共产党早期北京革命活动纪念馆所在地

《公言报》，亦述其剧艺与人品"。[1] 这里指的，便是这篇名为《谭鑫培盖棺论定》的文章。

蔡元培主校后的又一重大举措，便是将吴稚晖、李石曾、汪精卫等人于 1912 年在上海发起的"进德会"章程，带进了北大。其主旨便是在大学里提高"私德"，加强个人约束。章程最低限是不嫖、不赌、不娶妾，这是甲种会员的资格。乙种会员要在甲种会员基础上再加不当官、不当议员。丙种会员则要继续追加不吸烟、不饮酒、不吃肉。日本学者樽本照雄认为，"不当官、不当议员"对法科学生应该无效，因为"这两条规定将封住专业学生毕业后的去向，所以法科学生除外"。[2] 其所本为何，不得而知。但不可否认的是，这两条对法科学生的影响还是蛮大的，因为无论如何，这都是将来的大势所趋了。

当年法科学生陶希圣后来便说，"'不作官'的戒条有很大影响。蔡先生来了之后，所谓'不作官'，把作学问的学术和从政的作官分开，而所谓作官，就是当时北京的政客和官僚的那种官。当时北大学生与政客和军阀，在蔡先生的教导下分家了"。[3] 也正因此，从这时

---

① 张谬子：《谭鑫培盖棺论定》，《歌舞春秋》，上海广益书局 1951 年版，第 2 页。

② ［日］樽本照雄：《林纾冤案事件簿》，商务印书馆 2018 年版，第 85 页。

③ 陶希圣：《蔡先生任北大校长对近代中国发生的巨大影响》，陈平原、夏晓虹编：《北大旧事》，生活·读书·新知三联书店 1998 年版，第 47 页。

起，北大法科便由"官府"变成了"学府"。

面对这样的规定，张厚载仍是觉得无所谓，此时让他感到不适和不安的，倒是学习的骤然紧张和学校将要调整法科的传闻。这期间，他谨记着林纾对他的嘱咐，谨言慎行，好好念书。因此，继4月下旬看过一次戏后，他有四个多月没再进戏园，直至8月29日，北京伶界联合在吉祥园为天津水灾举行义演，不但演员阵容强大，剧目"有叫座力量"，而且"卖座办法甚严密"，"包厢包桌满坑满谷"。这样的阵势实在诱人，张厚载最终没有抵住诱惑，"特往观之"。在依次看过高庆奎、裘桂仙、俞振亭、程继仙、王凤卿、姚玉芙、迟月亭等名伶的剧目后，"大轴子，梅兰芳之《黛玉葬花》"登场了。观后他曾有如下高度评说：

> 此剧梅郎享名已久，梅自有"奔月""葬花"，而乃名益著，盖此类戏剧，皆经富有文学与美术上知识之通人，指点润色，故其价值，自高出普通一般之戏剧。即以"葬花"论，意境之高远，声容之优美，深为社会欢迎赞叹。是日梅郎唱至末段反二簧，剧将闭幕，钟鸣八下矣，而座上客无一动者，必俟其唱完之后，娉婷之影，掩入绣帘，始纷纷兴起，此等魔力，自谭叫天逝后几曾见耶。切尝谓晚近中国戏剧界人物，能使世界震骇者，惟一谭叫天，叫天逝后，其能具此力量者，不过一梅兰芳。盖兰芳声容之美，夙经外人称道，其"奔月""葬花"等剧，尤为外交宴会上必须之妙品（吾国政府宴各国公使，常令梅郎演剧，已数见不鲜），其为吾国戏曲界增光放彩，殊不让谭叫天专美于前也。

将梅兰芳与"伶界大王"谭鑫培的地位并列，并称谭故去后，作为对国粹的弘扬，也仅有一"梅郎"矣。其评价之高，实为不虞之誉。此外，在评价的最后，他还写道，"是日梅兰芳捐洋二百元，俞振亭捐洋百元，既牺牲剧艺，卖尽十二分气力，复捐巨款，以资提倡，伶界具此热心，吾人对之，倍滋惭恧，惟有濡豪伸纸，志其善举而已"。[①]不仅赞艺，而且赞人赞德，其"赞梅"可谓尽心尽力矣。

很快，他的这篇1600字的剧评便传到了蔡元培手中。同时，蔡元培还听说了法科这位常年光顾戏园，既"捧角"又在报上写剧评的学生，在梨园界甚至在戏迷中颇有影响。在反复看了文章并进一步对张厚载有所了解后，蔡元培决定找这位"年少才高"的学生谈一次话。对此，张厚载后来曾有披露。1951年4月15日上海《亦报》刊出了署名余苍的一篇文章，其文云：

> 镠子先生来信，述及一九一九年他在北大被开除的经过，他认为我上月所写《林纾与张厚载》一文，大体上是正确的。他其时替北京报纸写剧评，最初还得到蔡孑民校长的称许，蔡先生找他去讲话，告诉他：大学生应该有这样的校外活动。不过劝他要旷观域外，对欧美戏剧的源流和发展，也应作一研究。[②]

据此可知，具有"兼容并包"思想的蔡元培，认为课外观剧写评论是大学生的正常活动，而且应该提倡。他不但不反对张厚载课余看戏写剧评，而且还鼓励他要开阔视野，除了中国戏曲之外，还要研究国外尤其是欧美的剧艺。曾经走出国门，接受了西方文化洗礼并在法国从事过美学美育研究的蔡元培，能够有此表态，完全符合他的想法和做法。

非但如此，为了让学生们能够正确地欣赏中国戏曲，蔡元培随后还将当时的戏曲史专家吴梅礼聘到校，专门讲授戏曲和词曲。周作人

① 张聊公：《天津水灾义务戏》，《听歌想影录》，天津书局1941年版，第92—95页。
② 余苍：《节录张镠子来信》，《歌舞春秋》附录之五，上海广益书局1951年版，第138页。

在回想录中所云，蔡元培"于旧人旧科目之外，加了戏曲和小说"，①
指的便是此事。对此，吴梅在 1919 年北京大学出版部刊行的《词馀
讲义》自序中曾云："丁巳（1917 年）之秋，余承乏国学，与诸生讲
习斯艺，深惜元明时作者辈出，而明示条例，成一家之言，为学子导
先路者，卒不多见。又自逊清咸同以来，歌者不知律，文人不知音，
作家不知谱，正始日远，牙旷难期，亟欲荟萃众说，别写一书。"②

对于蔡元培在北大开设戏曲课程，当时社会上议论纷纷，贬多
于褒。感受蔡元培知遇之恩的陈独秀，则在 1918 年 4 月于《新青年》
第 4 卷第 4 号上反击道：

> 上海某日报，曾著论攻击北京大学设立"元曲"科目，以
> 为大学应研求精深有用之学，而北京大学乃竟设科延师，教授戏
> 曲；且谓"元曲"为亡国之音。不知欧美、日本各大学，莫不有
> 戏曲科目；若谓"元曲"为亡国之音，则周秦诸子、汉唐诗文，
> 无一有研究之价值矣。至若印度、希腊、拉丁文学，更为亡国之
> 音无疑矣。（中略）国人最大缺点，在无常识；新闻记者，乃国
> 民之导师，亦竟无常识至此，悲夫！③

本来忐忑不安去见校长的张厚载，得到蔡元培的鼓励并听了其建
议，应该是意外地感到兴奋，否则他也不会在时隔 30 多年后，还能
清晰地忆起蔡校长的话语并写信告诉他人。但兴奋归兴奋，1917 年
的下半年，他还是以"好好念书"为重，对于戏园去的仍是很少。

① 周作人：《北大感旧录（十一）》，《苦茶——周作人回想录》，敦煌文艺出版社 1995
年版，第 406 页。

② 吴梅：《曲学通论·自序》，《吴梅戏曲论文集》，中国戏剧出版社 1983 年版，第
259 页。

③ 陈独秀：《随感录》，赵家璧主编，郑振铎编选：《中国新文学大系·文学论争集》，
上海良友图书印刷公司 1935 年版，上海文艺出版社 2003 年影印，第 403 页。

9月初，他不慎摔伤了右腿。在家调养几日后，外出路过东安市场时，发现刚刚离开桐馨社第三次搭班双庆社的梅兰芳在吉祥园登台。已多日未见"梅郎"的他，忍不住走了进去，"时已演高庆奎之《击鼓骂曹》"。随后，便是"大轴《银空山》，梅兰芳之代战公主，靓装玉貌，依旧丽都，别来无恙，可胜快慰"。而且"嗓音珠圆玉润，亦不减昔日，真天纵之骄儿哉"。尤其是"不但唱工动听，且身段亦极好看，与高士杰一场大战，手法敏捷，而毫不努力作态，虽其工夫已深，亦足见其人之无所不能也"。但可惜的是，"以下演《回龙阁》，余以体创未痊，不耐久坐，遂出园，固知梅郎此下，尚有妙文，只徒呼负负耳"。

转眼中秋已至，是日晚，第一舞台上演应节戏《天香庆节》，他"闻是剧编排，悉照前清大内所演，故欲观其内容"。但看后觉得，"扮相光怪陆离，情节滑稽异诡，皆莫可稽诘，以视梅兰芳之《嫦娥奔月》，同一应节戏，而雅俗之判远矣"。此后，在10至11月，他仅在庆乐园等戏院看了两场京剧。① 这一年他看得最过瘾也是他最想看和必须看的戏，是年底梅兰芳首演的《天女散花》，而且他是带病去看，结果看后即刻痊愈。

《天女散花》的创意，来自一幅古画。当年梅兰芳偶尔在朋友家看到一幅《散花图》，天女风带飘逸、体态轻灵的样子，深深地打动了他，于是在"梅党"中坚李释戡、齐如山等人帮助下，经过八个多月的编排，终于面世。② 由于此剧场面和服装均华丽多彩，再加上婉转的唱腔和优美的舞蹈身段，故在首演之前，便已被各报广为宣传，吊足了戏迷的眼球。

对于此剧，张厚载观后曾言，"梅兰芳之《天女散花》，于民国六

① 《吉祥园顾曲记》《观〈天香庆节〉记》《庆乐园顾曲记》，详见张聊公：《听歌想影录》，天津书局1941年版，第89—91页。

② 梅兰芳述，许姬传记：《舞台生活四十年》（第三集），中国戏剧出版社1981年版，第44页。

年十二月一日初演于吉祥园，有万人空巷之盛。是日老鹤（李释戡）先生来束，趣余往观，余病浃月矣，是日尚能起行，竟强往。到场时，凤卿、妙香之《兴鼎》将终。少坐，《天女散花》遂开幕，余于是剧渴望已久，先睹为快，负病来观"。在对全剧逐幕分析、评论一番后，他写道："是剧余希望其出现，已非一日，是日竟抱疾强往观之，至天女散花一场，病乃若失，然则余亦可谓维摩善病矣，志此以谢老鹤先生，并感其为梅郎制此妙剧，为余祛疾也。"看戏治病，此方也只能用在张厚载这样的"戏痴"身上。

就在病愈的12月，他还同戏曲家陈彦衡一同在第一舞台观看了白牡丹（荀慧生）、尚小云的表演，但他评论不多，记下的多是陈彦衡的议论。没有梅兰芳，他的笔下也少了赞语。

就在这种校园风云变幻和观剧志忑纠结中，1917年过去了。在1918年到来的时候，前一年看戏不多的张厚载写下了《民六戏界之回顾》。其开篇云，"民国六年，又过去矣。彼一年中，政界之风云突兀，瞬息万变，有不堪回首者，吾人亦不敢妄有所论列，而戏界上变化不测，关系甚大之事，乃亦以去年为独多"。随后，他便"述其尤要者三事如下"：

一为"名伶宿工之凋谢"，除"伶界大王"谭鑫培外，尚有"无所不通之姚增禄，英俊有为之李库儿（鑫甫），须生作手之贾洪林，穷生第一之陆杏林，皆于去年溘逝，戏界人才之凋落，以去年为最多"。因此"至今思之，有余痛焉"。

二为"《天女散花》之演出"。他认为，"谭叫天为中国旧剧界结局之英雄，而中国旧剧处此世界潮流荡决之日，岂能故步自封，亘古不变，苟欲蕲进于高尚优美，合于世界艺术的眼光，发挥国剧而益光大之，则此新局面之展开，当必以梅兰芳为其主动，溯自梅兰芳创演《奔月》《葬花》诸剧，我剧界放一异彩，而去年更有《天女散花》一剧，露演于舞台。艺术之进步，原无止境，梅之古装歌舞剧，实为改良剧曲之初步尝试，推陈出新之一大枢机，其一身出处，关系剧界前途之巨，自可推想而知也"。

三为"昆曲弋腔之突起"。"昆弋并为中国旧剧上之老古董，久已绝响于北京，去年梅兰芳常演昆曲，于是有自牛郎山来之昆弋班演于广乐园"。并由此引发顾曲界"研究昆曲之兴味"。

最后，张厚载写道，"以上三端，皆去年戏界之大事，吾人追怀既往，瞻念前途，谨于岁纪更新之际，一祝名伶宿工多寿考，二祝梅兰芳之革新剧艺，进取不息，三祝昆曲自此复兴，使剧曲上之国粹，永永保守而勿坠"。①

祝福是美好的，然而已经到来的 1918 年，对张厚载来说，却是不那么好过，甚至是拉开了一场"灾难"的序幕……

二、为胡适、钱玄同、刘半农"指谬"

经过近一年的谋划和准备，1918 年初，蔡元培对北京大学学科的改造开始了。晚于张厚载三年考上北大预科的陶希圣，在这一年升入法科法律系，与已上大三按原先学制即将毕业的张厚载成了本科同学。他曾在一篇怀念蔡元培的文章中讲：

> 民国六年蔡先生来了之后，他就把制度改了。他认为北京大学应该注重理论的科学，设文、理、法三科（学院）就好了，把北大的工科移交（天津）北洋大学，而把北洋大学的法科挪到北京大学。中国大学的法科也归并起来。这是民国七年的事。我那时由预科升法科法律系一年级。

除此之外，陶希圣还追忆说："法科原来三年，这时改为四年。预科则改为二年。预科一改为二年，它的独立性就取消了，附到本

---

① 《〈天女散花〉之初演》《与陈彦衡观剧所记》《民六戏界之回顾》，详见张聊公：《听歌想影录》，天津书局 1941 年版，第 100—107 页。

科里面来。这是北大学制的一次大改革"。①

在北京大学上学时的张厚载

这样的改革对张厚载来说，有些不划算。按照新学制，他不但多上了一年预科，而且还要多上一年本科。此外，这时法科的教师和学生也流动较大。课程拉长了，师生间的熟悉程度也有了变化。这些都让张厚载感到郁闷，于是他便将精力更多地又转向了看戏和写剧评。进戏园的频次明显增加了，文章见报的频率也明显增强了。而且在课外他还有了兼职，成了北京《晨报》《公言报》戏曲栏目的特约撰述，同时还被上海《神州日报》《新申报》聘为驻京通讯员。好在由于延长一年毕业，此时的课程并不那么紧张，他有足够的时间看戏写稿。

当然，促使他这样做的更重要原因，是校长蔡元培对他的支持和鼓励。从他这一时期所写的有关戏曲文章看，可以明显感觉到捧角的内容明显减少，代之以业态述评和戏曲知识的讲解。而且他还以"法科政治门张厚载"的署名，在校报《北京大学日刊》上连载了文艺述评《善与美》和《希声室杂话》。② 如果照此发展下去，他很有可能成为日后任中敏、卢前、钱南扬、王季思、周贻白那样的戏曲研究大家。

但可惜的是，正是由于对戏曲的熟稔与热爱，在一次偶然的冲动下，他给如日中天的《新青年》写了一封长信，在对"文学改良"做了一番褒贬后，还顺带为老师辈的胡适、刘半农、钱玄同等人对戏曲

① 陶希圣：《蔡先生任北大校长对近代中国发生的巨大影响》，陈平原、夏晓虹编：《北大旧事》，生活·读书·新知三联书店 1998 年版，第 44—45 页。

② 详见《北京大学日刊》，1918 年 3 月 15—16 日、4 月 9—11 日、13 日、15—16 日。

的"误解",进行了指谬,结果不但遭到"文学革命"风云人物的群起"围攻",而且还阴差阳错间卷入了中国现代文坛第一公案之中,并最终落得个在毕业前夕被北京大学开除的结局。

而这些"后果"的出现,都需从具有思想光芒和青春力量的《新青年》说起。

陈独秀将《新青年》带进北大后,在蔡元培的支持下,任教于文科的胡适、钱玄同、李大钊、刘半农、沈尹默等,也相继加入了编辑阵营,使得杂志无论是内容还是形式,都有了显著变化。1918年1月出版的第4卷第1号,堪称杂志"改头换面"的开始。从此期起,整个刊物只登载白话文,并且听从钱玄同的建议,采用了新式标点。同时不再接受外界自由来稿,成为一份只采纳内部稿件的"同人刊物"。因此,"所刊登的文章基本上观点接近,讨论的问题也比较集中,可以'同仇敌忾'地发言论战"。① 随后,编辑部还实行了轮流编辑制度,每出一期就召开一次编辑会议,商定下一期稿件内容和主要撰稿人。

但出人意料的是,在当年6月15日出版的《新青年》第4卷第6号上,"通信"栏罕见地刊载了一篇两千五百字的长信《新文学及中国旧戏》,其作者则是既为北大学生又兼知名剧评家的张厚载。更让人想不到的是,在此文的后面,还分别登出了胡适、钱玄同、刘半农、陈独秀四位"文学革命"斗士,每人所写数百字的跋语。

其实,《新青年》编者不惜打破惯例,拿出如此大篇幅刊载并非"同人"的张厚载长文,四位编委肯屈尊与一位在校学生"同日而语"新文学及中国旧戏,绝非一时动议,更不是常规的学术讨论,而是渴望多时的一次有准备的论战。

对此,还需将时钟拨回到一年前。

提倡新文学并掀起新文化运动的《新青年》同人们,是将中国

---

① 熊权:《〈新青年〉图传》,陕西人民出版社2013年版,第87页。

旧戏作为封建文化的一部分，对其率先发起抨击的。最早的发难来自钱玄同。1917 年 3 月 1 日出版的《新青年》第 3 卷第 1 号，在"通信"栏刊出了他于当年 2 月 25 日写给陈独秀的信，其中讲道：

钱玄同

> 今之京调戏，理想既无，文章又极恶劣不通，固不可因其为戏剧之故，遂谓为有文学上之价值也。（假使当时编京调戏本者能全用白话，当不至滥恶若此。）

又中国旧戏，专重唱工，所唱之文句，听者本不求甚解，而戏子打脸之离奇，舞台设备之幼稚，无一足以动人情感。夫戏中扮演，本期确肖实人实事，即观向来"优孟衣冠"一语，可知戏子扮演古人，当如优孟之像孙书敖，苟其不肖，即与演剧之义不合；顾何以今之戏子绝不注意此点乎！戏剧本为高等文学，而中国之旧戏，编自市井无知之手，文人学士不屑过问焉，则拙劣恶滥。①

紧随钱玄同之后，刘半农在《新青年》第 3 卷第 2 号上，刊文认为："吾所谓改良皮簧者，不仅钱君所举（中略）一节已也。凡'一人独唱、二人对唱、二人对打、多人乱打'（中国文戏武戏之编制，不外此十六字）与一切'报名''唱引''绕场上下''摆对相迎''兵卒绕场''大小起霸'等种种恶腔死套，均当一扫而空。另以合于情

---

　　① 钱玄同：《寄陈独秀》，赵家璧主编，胡适编选：《中国新文学大系·建设理论集》，上海良友图书印刷公司 1935 年版，上海文艺出版社 2003 年影印，第 51—52 页。

理、富于美感之事代之。"①同期刊物上，胡适也发表了谈"文学观念"的文章。他总结中国戏曲自元曲、明清传奇之后，逐渐走上了一条衰落之路。"词曲如《牡丹亭》《桃花扇》，已不如元人杂剧之通俗矣。然昆曲卒至废绝，而今之俗剧（吾徽之'徽调'与今日'京调''高腔'皆是也。）乃起而代之。今后之戏剧或将全废唱本而归于说白，亦未可知。此亦由文言趋于白话之一例也"。②

1917 年 5 月，归国前夕的胡适

胡适是留美归来者，因他欣赏过西洋近代话剧，故而他"全废唱本而归于说白"的期望，其实是一种将中国文化融入西方文化，将中国戏曲逐渐欧化成西洋话剧的建议。他是希望用当时风行欧美的"drama"（指 19 世纪中叶到 20 世纪初在欧洲流行的一种社会问题剧）模式，来改造中国传统戏曲。须知这二者本来就是表现形式与欣赏情趣相迥异的表演艺术，其区别也正是中外戏剧在源流与形成上的本质差异，实属风马牛不相及。但作为理论探讨与学术研究，胡适之说亦属正常。与胡适"学问"化的平和阐释不同，钱玄同与刘半农对中国戏曲的无知尚且不论③，只是语言上的激烈程度，便难以让深谙中国传统戏曲的人士所接受。

---

① 刘半农：《我之文学改良观》，赵家璧主编，胡适编选：《中国新文学大系·建设理论集》，上海良友图书印刷公司 1935 年版，上海文艺出版社 2003 年影印，第 71 页。

② 胡适：《历史的文学观念论》，赵家璧主编，胡适编选：《中国新文学大系·建设理论集》，上海良友图书印刷公司 1935 年版，上海文艺出版社 2003 年影印，第 57 页。

③ 钱玄同在《答胡适之》的信中便说："皮簧之说，我不过抄了半农先生的话，老实说，我于此事全然不懂。"见赵家璧主编，胡适编选：《中国新文学大系·建设理论集》，上海良友图书印刷公司 1935 年版，上海文艺出版社 2003 年影印，第 89 页。

　　然而当时的事实却是，虽然北京不乏研究、钟爱中国旧剧的文人雅士，除北大学贯中西的吴梅教授外，民间也有陈墨香、刘筱珊、冯叔鸾、徐彬彬、樊樊山、李释戡、罗瘿公等一干行家里手，而且他们也确实感到愤愤不平，但能够挺身而出同几位风头正劲的"文学革命"风云人物进行论辩者，却是没有。这不免让欲与拥护旧剧旧文学之流展开争论，并进而将其打倒的钱玄同等人感到很是无奈。1918年3月钱玄同与刘半农假造"王敬轩"所合演的"双簧戏"，便是与此有关。但就在新文学家们郁闷之际，时年24岁的大学生张厚载却站了出来。

　　痴迷戏曲又钟情文学的张厚载一直在关注着"文学革命"的进展，尽管他把"文学革命"仅仅理解为"文学改良"。而对于校内出版的《新青年》，他更是始终在阅读。对于新文学家们的观点和言论，他有的赞同，有的则不认同。而对于钱玄同、刘半农、胡适等人全盘否定中国戏曲的说法，他更是不但不能苟同，而且强烈反对。因此，他有些话真的有如骨鲠在喉，颇感不吐不快。

　　正是在此驱动下，1918年3月初，他执笔给《新青年》编辑部写了一封长信，将自己对"文学革命"的看法一一道来，同时还分别给胡适、刘半农、钱玄同三人有关旧剧的论述挑出了毛病。

　　在这封长信中，张厚载开篇便表态说："记者足下：仆自读《新青年》后，思想上获益甚多。陈（独秀）胡（适）钱（玄同）刘（半农）诸先生之文学改良说，翻陈出新，尤有研究之趣味。仆以为文学之有变迁，乃因人类社会而转移，决无社会生活变迁，而文学能墨守迹象，亘古不变者。"故而"文学之变迁，乃自然的现象，即无文学家倡言改革，而文学之自身，终觉不能免多少之改革；但倡言改革乃应时代思潮之要求，而益以促进其变化而已"。随后，他提出之所以"极表赞成"文学改良，是因为其有三大益处：一是"能绝窒碍思想之弊"；二是"使文学有明确之思想，真正之观念"；三是"为文、言一致之好机会"。但是对于文学改良，他也有不解之处：

　　仆尤有怀疑者一事，即最近贵志所登之诗是也。贵志第四卷第二号登沈尹默先生《宰羊》一诗，纯粹白话，固可一洗旧诗之陋习，而免窒碍性灵之虞。但此诗从形式上观之，竟完全似从西诗翻译而成，至其精神，果能及西诗否，尚属疑问。中国旧诗虽有窒碍性灵之处，然亦可以自由变化于一定范围之中，何必定欲作此西洋式的诗，始得为进化耶？（中略）先生等作中国诗，乃弃中国固有之诗体，而一味效法西洋式的诗，是否矫枉过正之识。

　　（中略）胡先生之《尝试集》，仆终觉其轻于尝试，以此种尝试，（中略）究竟能得一般社会之信仰否，似现在情形论，实觉可疑。盖凡一事物之改革，必以渐，不以骤；改革过于偏激，反失社会之信仰，所谓"欲速则不达"，亦即此意。改良文学是何等事，决无一走即到之理。先生等皆为大学教师，实行改良文学之素志，仆佩服已非一日。但仆怀疑之点，亦不能不为胡（适）沈（尹默）诸先生一吐，故敢致书于贵记者之前，恳割贵志之余白，以容纳仆之意见，并极盼赐以明了之教训，则仆思想上之获益，当必有更进者。

　　其实从张厚载对"文学革命"的态度上看，他所说的"文学之变迁，乃自然的现象"，与胡适所强调的"历史的进化的"文学观念是暗合的。即使是对胡适、沈尹默的新诗提出异议，也是有一定的道理。对于这些，胡适等新文学倡导者们是可以理解的。但糟糕的是，在倾诉完上述意见后，张厚载似乎感到话说得还不过瘾，接着阐述道：

　　又，戏剧为高等文学，钱（玄同）胡（适）刘（半农）三先生所论极是。胡适之先生更将有戏剧改良私议之作，刘半农先生亦谓当另撰关于改良戏剧之专论，仆皆渴望其发表，以一读为快。但胡适之先生《历史的文学观念论》中，谓"昆曲卒至废绝，而今之俗剧乃起而代之。"俗剧下自注云，"吾徽之'徽调'，与今日'京调''高腔'皆是也。"此则有一误点。盖"高腔"即所谓"弋阳腔"，其在北京舞台上之运命，与"昆曲"相等。至现在则"昆曲"且渐兴，而"高腔"将一蹶不复起，从未闻有"高腔"起而代"昆曲"之事。又论中所主张废唱而归于说白，乃绝对的不可能。此言亦甚长，非通讯栏所能罄。刘半农先生谓"'一人独唱、二人对唱、二人对打、多人乱打'，中国文戏武戏之编制，不外此十六字"，云云。仆殊不敢赞同。只有一人独唱，二人对唱，则《二进宫》之三人对唱，非中国戏耶？至于多人乱打，"乱"之一字，尤不敢附和。中国戏之"打把子"，其套数至数十种之多，皆有一定的打法；优伶自幼入科，日日演习，始能精熟；上台演打，多人过合，尤有一定法则，决非乱来；但吾人在台下看上去，似乎乱打，其实彼等在台上，固从极整齐极规则的工夫中练出来也。又钱玄同先生谓"戏子打脸之离奇"，亦似未可一概而论。戏子之打脸，皆有一定之脸谱，"昆曲"中分别尤精，且隐寓褒贬之义，此事亦未可以"离奇"二字一笔抹杀之。总之中国戏曲，其劣点固甚多；然其本来面目，亦确自有其真精神。固欲改良，亦必以近事实而远理想为是。否则理论甚高，最高亦不过如柏茂图之"乌托邦"，完全不能成为事实耳。近有刘筱珊先生，颇知中国戏曲固有之优点，其思想亦新，戏剧改良之议，仆以为可与彼一斟酌之也。[①]

可想而知，当张厚载这封信寄到《新青年》编辑部后，几位编委的神情和态度。从后来刊出的信件与几位编委的跋语看，他们是在讨论、研究后，分工作答的。胡适、钱玄同、刘半农分别对张厚载的指谬进行回应，虽然他们的态度和文风大为不同，而且似乎几人间还

---

① 张厚载：《新文学及中国旧戏》，赵家璧主编，郑振铎编选：《中国新文学大系·文学论争集》，上海良友图书印刷公司1935年版，上海文艺出版社2003年影印，第405—407页。

意见不一。而未被张厚载指名"挑毛病"的陈独秀，则是在"高屋建瓴"地否定中国旧剧的同时，也间接地否定了张厚载的言论。

首先作答的是胡适，他仍是保持着一贯的学术风范和做学问态度，话说得平和、客气。其开篇便言："谬子君以评戏见称于时，为研究通俗文学之一人，其赞成本社改良文学之主张，固意中事。但来书所云，亦有为本社同人所不敢苟同者，今就我个人私见所及，略一论之。"他先是对张文所言诗歌的"西洋式"概念提出异议并加以纠正。语言上虽多有袒护，但中西文化均有造诣的胡适讲得却是有理有据。随后他便针对张文对自己的指谬进行了回应：

> 来书谓吾之《尝试集》为"轻于尝试"，此误会吾"尝试"之旨也，《尝试集》之作，但欲实地试验白话是否可以作诗，及白话入诗有如何效果，此外别无他种奢望。试之而验，不妨多作。试之而不验，吾亦将自戒不复作。吾意甚望国中文学家都来尝试尝试，庶几可见白话韵文是否有成立之价值。今尝试之期仅及年余。尝试之人仅有二三：吾辈方以"轻视尝试"自豪，而笑旁观者之不敢"轻视一试"耳！（中略）来书末段论戏剧，与吾所主张，多不相合，非一跋所能尽答，将另作专篇论之。惟吾《历史的文学观念论》中所谓"高腔"，并非指"弋阳腔"，乃四川之"高腔"。四川之"高腔"与"徽调""京调"同为"俗剧"，以其较"昆腔""弋阳腔"皆更为通俗也。

与胡适的绅士风度不同，钱玄同的回应则充满了不屑与挖苦：

> 我所谓"离奇"者，即指此"一定之脸谱"而言；脸而有谱，且又一定，实在觉得离奇得很。若云"隐寓褒贬"，则尤为可笑。朱熹做《纲目》学孔老爹的笔削《春秋》，已为通人所讥讪；旧戏索性把这种"阳秋笔法"画到脸上来了：这真和张家猪

肆记卍形于猪鬣，李家马坊烙圆印于马蹄一样的办法。哈哈！此即所谓中国旧戏之"真精神"乎？

刘半农不但仍坚持己说，而且说得更甚：

> "二人对唱"一句话，仅指多数通行脚本之大体言之；若要严格批驳，恐怕京戏中不特有《二进宫》之三人对唱，必还有许多是四人对唱，五人对唱，……以至于多人合唱的。且"唱"字亦用得不妥：——戏子登场，例须念引子报名，岂可算得唱；淫戏中的小旦小生，做了许多手势，只用胡琴衬托，并不开口，岂可算得唱；《下河南》中，许多丑角打混，岂可算得唱；（中略）诸如此类，举不胜举。是足下所驳倒者，只一"二"字；鄙人自为批驳，竟可将全句打消。然我辈读书作文，对于所用字义，固然有许多是一定不可移易；却也有许多应当放松了活看的。这句话，并不是鄙人自为文饰，汪容甫的《说三九》，早就辩论得很明白了。至于"多人乱打"，鄙人亦未尝不知其"有一定的打法"；然以个人经验言之，平时进了戏场，每见一大伙穿脏衣服的，盘着辫子的，打花脸的，裸上体的跳虫们，挤在台上打个不止，衬着极喧闹的锣鼓，总觉眼花缭乱，头昏欲晕，虽然各人的见地不同，我看了以为讨厌，决不能武断一切，以为凡看戏者均以此项打工为讨厌。然戏剧为美术之一，苟诉诸美术之原理而不背，（是说他能不背动人美感。足下谓"但吾人在台下看上去，似乎乱打"，似即不能动人美感之一证。）即无"一定的打法"，亦决不能谓之"乱"；否则即使"极规则极整齐"，似亦终不能谓之不"乱"也。

继以上三人之后，陈独秀出场了。其俨然是以教训的口吻，为张厚载引起的这场有关中国旧剧的争论，做了"一面倒"的总结：

缪子君鉴：尊论中国剧，根本谬点，乃在纯然囿于方隅，未能旷观域外也。剧之为物，所以见重于欧洲者，以其为文学、美术、科学之结晶耳。吾国之剧，在文学上、美术上、科学上果有丝毫价值邪？尊谓刘筱珊先生颇知中国剧曲固有之优点，愚诚不识其优点何在也，欲以"隐寓褒贬"当之邪？夫褒贬作用，新史家尚鄙弃之，更何论于文学、美术，且旧剧如《珍珠衫》《战宛城》《杀子报》《战蒲关》《九更天》等，其助长淫杀心理于稠人广众之中；诚世界所独有，文明国人观之，不知作何感想。至于"打脸""打把子"二法，尤为完全暴露我国人野蛮暴戾之真相，而与美感的技术立于绝对相反之地位，若谓其打有定法，脸有脸谱，而重视之邪？则作八股文之路闰生等，写馆阁字之黄自元等，又何尝无细密之定法，"从极整齐极规则的工夫中练出来"，然其果有文学上、美术上之价值乎？演剧与歌曲，本是二事；适之先生所主张之"废唱而归于说白"，及足下所谓"绝对的不可能"，皆愿闻其详。①

1918年6月出版的《新青年》（第4卷第6号）是"易卜生号"

1918年6月15日出版的《新青年》第4卷第6号，是"易卜生号"。在此号的"通信"栏中，刊出了以上文字。

对此，日本学者樽本照雄撰文说："这给我的印象是，张厚载受到了《新青年》成员的群殴。就算胡

---

① 胡适、钱玄同、刘半农、陈独秀的"跋语"，均见《中国新文学大系·文学论争集》中张厚载《新文学及中国旧戏》一文附录，上海良友图书印刷公司1935年版，第407—410页。

适没有攻击，但因为钱玄同、刘半农、陈独秀都是否定旧剧的，所以与张厚载讨论戏剧的事情根本就不能成立。"①而胡适后来在《新文学的建设理论》一文中所言，"这时候，我们一班朋友聚在一处，独秀、玄同、半农诸人都和我站在一条路线上，我们的自信心更强了"，说的便是此事。

三、写剧评最多的一年

1918年对张厚载来说，是命运转折的一年。

这一年，他出于维护传统戏曲的初衷，"自投罗网"般地向刊载否定中国旧剧的《新青年》写了一封"商榷"信，结果不但遭到几位编委"分工合作"式的回击，而且还为转年"罹难北大"埋下了伏笔。

其实，仅就写信这件事情来说，他假如能够接受"教训"，从此埋头学业，将看戏只是作为一种业余消遣，他应该能和身边的同学一样，顺利毕业后再凭着北大招牌找个不错的差事。但这对于"戏痴"张厚载来说，则是很难。对中国传统戏曲的痴迷，已让他沉湎其中难以自拔。即使是读过了《新青年》几位编委对自己的"回击"，他不但不是知"痛"而退，反而还慨然接受了胡适的"约请"，拉开架势，准备"一吐为快"地阐述他的"中国旧剧观"。

与此同时，他仍是将课余时间更多地用在了跑戏园和写剧评上。从《听歌想影录》和《歌舞春秋》所收篇目可以发现，1918年他发表的剧评稿件最多，高达63篇，而这还仅是刊发在《公言报》上的篇目，其兼职《晨报》《新申报》《神州日报》的文章尚未统计在内。在发表这些稿件时，他最常用的笔名便是"张谬子"。此名由于字音字义之怪和见报频率之高，在北京知识界的知名度已是颇高。这从一个例子便可看出：他以学名"张厚载"投书《新青年》，而胡适、陈

---

① ［日］樽本照雄：《林纾冤案事件簿》，商务印书馆2018年版，第88页。

独秀的"回信",则在抬头处均称他为"謬子君"。而且胡适更是知根知底地明言,"謬子君以评戏见称于时,为研究通俗文学之一人"。

然而不可否认的是,此时期张厚载所写的戏曲文章,已不单单是"捧角"和"舞台记录",而是在蔡元培的鼓励与启发下,他将题材拓宽了许多。举凡当年享誉京华的菊坛名角,如梅兰芳、刘喜奎、杨小楼、余叔岩、孙菊仙、程砚秋等,无不点评精当,妙论迭出。辨析《听歌想影录》和《歌舞春秋》所收 1918 年其所写篇目可知,这 63 篇文章大致可分四类,即"社会观察""戏曲常识""观剧杂感"和"捧角赞梅"。因其中多涉史料性与揭秘性,兹分别举例说明如下——

1. 社会观察类

此类文章虽然写的仍是戏曲,但已走出戏院,将笔触伸到了社会,在写旧剧的同时,也反映了市井万象。较典型者,便是《旧历新年之剧场概况》。其开篇便讲:

> 民国成立以后,旧历虽经废置,而因习惯上之关系,社会对于旧历之观念,恒较新历为深切,至民国七年二月间,适值旧历新年,社会各方面更有极显明之印象,如戏报之但书吉祥新戏,商家之大敲锣鼓,北京新筑之新世界游艺场,亦于元旦开幕,厂甸亦有海王村公园之开放,甚至官方弛爆竹之禁,街头设书春之摊,种种点缀,为旧历新年,生色不少,而戏馆营业则在此时期,乃转受影响,吉祥园上座比较为多,亦不过数百人,天乐园唱两天夜戏,座客尤形寥落,加以商家闭户,报馆停版,市面乃益形消沉。盖不完备之新世界,不规则之年锣鼓,不涨价之钞票,不上座之戏馆,——皆反映社会对旧年之关切。总之,民国以来之旧历新年,当以是年印象,最为深刻,此亦谈北京风土者,所应知者也。①

---

① 张聊公:《旧历新年之剧场概况》,《听歌想影录》,天津书局 1941 年版,第 113 页。

此段文字不啻一篇旧京典故散记，无论是知识性、史料性、趣味性，都应是个中佳品。又如，梅兰芳恰于此时出演《祭塔》，因此戏"为青衣唱工最重之戏，近年一般旦角，大都视为畏途"，故观众尚能坐满，"吉祥院楼下座客，犹为包桌，其最前一排，稍向左偏之一桌，有一人据案而坐，器宇轩昂，则当时已在政治舞台上，崭露头角之徐又铮氏也。其最前正中之一桌，则为捧梅最力之冯幼伟氏"。① 而在谈到坊间戏迷时，他说"自戏迷激增以后，谑者每以病名，区别戏迷，如痰迷（老谭）、梅毒（小梅）、流行病（刘喜奎）之类，人所习闻者也，而最近乃又有所谓伤寒病者，则对于天乐园之韩世昌而言，韩寒音同故也，是亦足征迩来昆曲发达之一斑矣"。②

此类篇目中，最具文史价值者，则是他对恩师林纾看戏的记录。那是当年 9 月的一晚，"名流夏蔚如君，在江西会馆，邀集名伶演唱堂会，戏目甚佳"。其中"贾璧云为梆子花衫中之翘楚，其演《辛安驿》《打花鼓》等剧，最为精妙。是晚演《打花鼓》，盛鬓丰容，素妆淡抹，别饶一种风韵，意态言笑，无一不媚，做作亦温润缜密，对之如饮醇醪。林琴南师，尝对人称道璧云之色艺，是晚先生以特莅场，观璧云演剧，且极注意也"。③

除以上所举文章外，此类篇目还包括《达仁堂开业剧目》《记〈童女斩蛇〉》《〈狮吼记〉之初演》《袁寒云氏之消夏社》《袁寒云氏之筱秋社》《袁寒云氏之延云社》《袁寒云氏之温白社》等。

2. 戏曲常识类

此类文章重在讲解戏曲知识及演艺掌故，在为读者介绍各类演出背景与内幕的同时，也兼带着叙述了梨园行的发展变化。《戏台上的服饰》为其中之代表：

---

① 张聊公：《吉祥、丹桂两院胜会》，《听歌想影录》，天津书局 1941 年版，第 126 页。
② 张聊公：《昆曲之发展》，《听歌想影录》，天津书局 1941 年版，第 113 页。
③ 张聊公：《夏蔚如宅堂会戏》，《听歌想影录》，天津书局 1941 年版，第 182 页。

衣裳服饰，因趋时而有变迁，戏台上之装扮，虽为形容古人，而趋时之处，亦所不免，花衫一角，尤有迎合社会眼光之必要，其服饰更不能不趋时式，故三十年前之花衫，多布衣大袖，今则平金而窄袖矣。惟戏台上之行头，因演作上之关系，有万万不能趋时者，一为彩裤，一为袖口。演戏所穿之裤，谓之彩裤，其色非红即黑，此外之色，称为下色。近来戏衣，因迎合社会而有改小之倾向，惟彩裤则不能趋时，裤脚裤裆，均需肥大，始便于舞台上之抬腿动脚。至于花衫装翘，又需藏足，则彩裤更不能改小，若改小则不能装翘矣。戏衣之袖口，若欲改小，则演戏抖袖之时，水袖翻不上来，于做派上亦大有障碍，故社会衣服若何变迁，而彩裤水袖，总不能变也。近来社会衣服，又有放大之趋向，去年（按系民国六年）上海妇女裤脚已形放大，今年北京之南方妇女，以渐尔。即男子衣服，亦多肥大，则今日戏衣，即欲趋时，亦不能改小矣。

舞台上所演官员，皆戴纱帽，惟其帽翅，分为长圆、尖形、圆形诸种，此中亦颇有意思。某君谓此亦戏上分别邪正之标准，与脸谱同一用意，故《二进宫》之杨波，与《一捧雪》之严世蕃，同为兵部侍郎，而一则长帽翅，一则尖形帽翅。《捉放曹》之陈宫，与《打面缸》之县官，同为县令，而一则长圆，一则圆形，并其显例也。①

像此等内行不屑讲而外行又看不出的掌故与知识，通过张厚载的剧评式随笔披露出来，既有情趣又达观剧指南之效，对于提高人们赏戏水平颇有裨益。与此能达同等功效者，则是下面的这段文字：

《连升三级》一剧，为科举时代剧场之产物。科举时代，乡

① 张聊公：《戏台上的服饰》，《听歌想影录》，天津书局1941年版，第115—116页。

会试后，例有团拜之举，必召梨园演剧，且必演《连升三级》，
丑角于此时，可以大出风头，而其本科试题之滑稽解释，尤为当
时丑角最讨好之一事。当年之刘赶三、罗百岁等，无不以妙解科
题，为上流所欣赏。盖彼等对于一科之试题，每勾心斗角，必欲
以极诙谐之意义解释之，务使座上之科举中人，轩渠抚掌而后
已。不独于团拜堂会为然，即在宫廷演此，亦必以最近科场之题
目，为滑稽的诠解。近日剧场偶演此剧，尚有"童子六七人，冠
者五六人"及"素富贵行乎富贵，素贫贱行乎贫贱"等经文之妙
解，盖皆当时科举社会所艳称，而至今剧场演之，尤称道勿衰
者也。①

在张厚载 1918 年所写戏曲文章中，此类篇目除以上两例外，还
有《戏班杂说》《票友杂话》《武生闲话》《票友义务戏》《诚庆社之角
色》《旧历年底之封箱戏》等。

3. 观剧杂感类

这是张厚载剧评文章的保留"节目"，亦即其所言"凤有剧癖，
观后必记其剧目，系以述评"②的结果。此类有代表性的篇目，是
《记〈牢狱鸳鸯〉》。他于 1918 年"三月某夕，至吉祥园观剧"。在欣
赏过俞振亭、程继仙、李寿山等名伶表演后，他写道：

大轴子为《牢狱鸳鸯》，此戏系吴敬修君所编，情节穿插，
均甚可观，徒以扮相化妆，悉遵旧式，遂致叫座力量，不及其他
之新编各剧。梅兰芳饰邓珊柯，其形容"娇羞""悲伤""惊喜"
各种态度，（梅在此剧中，应有此三种态度）皆能适如其分，决
无太过之处，惟其做工能有"适宜"与"和谐"之优点，所以为
美。盖美学上之理想的美，不过"适宜"与"和谐"而已。二簧

---

① 张聊公：《连升三级》，《听歌想影录》，天津书局 1941 年版，第 116 页。
② 张谬子：《歌舞春秋·作者自序》，上海广益书局 1951 年版，第 5 页。

慢板"自那日在街上"一段，唱得非常凄恻，其中好腔，尤为一般青衣所没有。其后见县令时，唱二六，见按察时，唱快板，皆幽怨恻叹之音。（中略）惟此剧系采自旧小说，故亦为"落难公子中状元"及最后之大团圆等滥套，在梅郎新排诸剧中，自不得目为佳剧也。是日罗瘿公先生，挈程郎艳秋（砚秋）来观，程郎双瞳翦水，风仪修整，谈吐亦俊爽可喜，余尝聆其唱"彩楼"各剧，循规蹈矩，声容并佳，固知其必将出人头地也。梅郎演《牢狱鸳鸯》之翌晨，往天津唱堂会，演毕归京，于广德楼演《佳期拷红》。盖是时俞五至双庆社，以梅郎为唯一之台柱，而以吉祥、文明、广德三戏馆，为其轮流之地点，其手段之优胜，非其他之后台老板，所可及也。[1]

有褒有贬有评有论的现在进行时讲述，是其一贯风格。不同者，则是引入了美学与文艺学原理，实为开剧评新风气之先。须知此等杂感写于 1918 年，彼时美学、文艺学在中国刚刚萌芽。

此外，当年夏历四月十七，"中国银行总裁冯幼伟氏，为其太夫人七秩大庆，称觞祝寿，并借金鱼胡同那宅，召梨园演剧，以乐嘉宾。是日裙屐纷纶，气象繁缛，而所召诸伶，尤极一时之上选，所演各剧，更极一时之胜会，盖近来堂会戏中所未有之大观也"。亲临其盛的张厚载赏戏后，曾作杂感曰：

（一）名伶之齐集。名伶齐集，则配合自更有精彩，此固堂会戏固有之特色，而冯宅此次堂会，则当代名伶，搜罗殆尽，更为民国以来绝无仅有之大堂会。

（二）《麻姑献寿》之开演。梅兰芳之《麻姑献寿》，为专应堂会之新制，而此次适第一回开演，与《天女散花》异曲同工，

---

[1] 张聊公：《记〈牢狱鸳鸯〉》，《听歌想影录》，天津书局 1941 年版，第 139—141 页。

尤觉一新耳目。

（三）派戏之精审。冯君左右，多富有剧曲经验之士，故不独《麻姑献寿》一剧，曾经名士润色，对于各角之支配，如令刘鸿升唱《上天台》、田桂凤演《拾玉镯》、贾翰卿演《打花鼓》、余叔岩唱《虮蜡庙》等，皆非常精审，且取长护短，含有深意。

（四）戏单之讲究。戏单印制甚美，而大名士罗瘿公手书小楷，尤属难能可贵。①

在当年所刊 63 篇戏曲文章中，此等观剧杂感类篇目尚有《观剧杂话》《第一台观剧记》《王梅合演〈武家坡〉记》《记〈木兰从军〉》《天乐园之昆乱佳剧》《裕庆社之〈天河配〉》《会贤堂之堂会戏》《孙慕韩氏宅堂会戏》《两园奔波记》，以及"言乐会观剧系列"等。

4. 捧角赞梅类

此亦为张氏剧评之传统"节目"。但他此时的"捧角"，则是内行的眼光，专业的角度。该捧之处则捧，该贬之处则贬，外行看了受益，内行看了叹服。而他的"赞梅"，则言之有物，恰到好处，不过誉不溢美，不庸俗不肉麻。

据他所记：当年初露头角的程艳秋还未易名程砚秋，其"演《桑园寄子》于中华舞台。此戏虽非青衣重戏，而艳秋唱来，无可指摘，且唱时非常用心，尤属难得。是日罗瘿公、陈彦衡、王孝慈诸公皆在座，对于艳秋之唱，均极端注意。又同座名画家徐悲鸿赠艳秋一簏，绘古装美人像，观者多谓颇肖程郎。盖其时程虽初出茅庐，而色艺优美，一班顾客，固早已识为大可造就。越一日，丹桂园又有程艳秋之《武家坡》，孝慈以电话招余往观，是日艳秋饰王三姐，帘内倒板及上场之慢板，均稳妥已极，而'那一旁站定了一位军官'之军官字，行腔尤极婉妙"。随后他又看了程之《二进宫》，"程艳秋唱工甚平正，

---

① 张聊公：《冯幼伟氏宅大堂会》，《听歌想影录》，天津书局 1941 年版，第 155—160 页。

始终无疵可摘,吾人对童伶之批评,但求其无疵已足,童伶时代,能平正无疵,即有可造之希望"。因此,他"希望再过十年,程艳秋能继兰芳而起,如兰芳全盛时也"。[①]后来的"程砚秋",为其所言作了实证。

而对于梅兰芳,他则继续保持着极度关注和高度赞赏。如当年旧历二月二十二日,是吉祥园春节前的封箱戏。"是日梅郎特演《天女散花》,余入座时,已纷纷加凳矣"。未几:

> 梅兰芳之《天女散花》登场矣。此固梅郎此时最新排之戏,为年底封台而一演之,其极受欢迎,自无待言。其中唱工,则二簧慢板、西皮慢板、二六板,以及最难唱之十字快板,又有"赏花时""风吹荷叶煞"之两段昆曲,一字一句,无不绵妙。至于作工,则云路、花舞两场之身段,一举一动,尤非一般旦角所能梦想。花舞一场,散花时所吹曲牌"锦庭乐""望吾乡"两节,铿锵之乐音,与蹁跹之舞态,互相呼应,更极视听之美。故自始至终,台下鼓掌喝彩之声,常不绝于耳,可云盛矣。是日电灯,于花舞场,忽然失明,全场皆甚咎此电灯之恶作剧,幸旋即放光,天女色相,映射眼帘,分外美丽,众皆大悦。[②]

除此篇外,这一年张厚载所写"捧角赞梅"类文章,尚有《沈宅堂会戏》《梁众异氏宅堂会戏》《那宅之堂会戏》《丹桂园之芙蓉草》《吉祥园之两剧》《同乐园观剧记》《贾璧云一出昆剧》《谭小培之〈盗魂铃〉》《孙菊仙与程艳秋》《孙菊仙演谭派名剧》《杨小楼之〈楚汉争〉》《吉祥园之双出梅剧》《双十节之梅剧》《梅王合演之〈汾河

---

① 张聊公:《初露头角之程艳秋》《程艳秋之〈二进宫〉》,《听歌想影录》,天津书局1941年版,第141—143页。

② 张聊公:《吉祥园之〈天女散花〉》,《听歌想影录》,天津书局1941年版,第128—130页。

湾〉》《全本〈木兰从军〉》等。

赏戏写稿的日子是快乐的，也是张厚载乐于为之的。但他不知的是，自1918年6月以后，一场灾难正一波一波地向他逼近，而他在浑然不觉中，则一步一步陷入噩境。

这都是当年3月他寄给《新青年》的那封长信惹的祸。此信在6月与《新青年》几位编委的"跋语"一同刊出后，旋即便在学界引发热议。钱玄同、刘半农等人对此既不屑又气愤，故而继续在《新青年》撰文抨击甚至是咒骂中国戏曲。如钱玄同便在7月付梓的《新青年》第5卷第1号上发文质问："中国的旧戏，请问在文学上的价值，能值几个铜子？"他希望"中国有真戏，这真戏自然是西洋派的戏，决不是那'脸谱'派的戏"。因此，他呼吁要把"扮不像人的人，说不像话的话"的旧剧"全数扫除，尽情推翻"。①

胡适表现得颇为绅士，他"欢迎"不同意见，先是给张厚载写了第一封信，让其撰文把中国旧剧的优点和"废唱用白不可能"的理由充分阐释清楚。当张厚载遵嘱将这篇文章写好并刊于《晨钟》报后，旋即又接到了胡适在病中写来的第二封信，针对其观点，胡博士再次阐明了旧剧"不能叫人感动"和必须"废唱用白"的理由。张厚载阅后立即给胡老师回信，在重申旧剧"废唱用白"是"绝对的不可能"的同时，又对胡适所言"废唱工，用说白"的"白话"提出质疑。

虽然他们师生的这两封信当年都曾刊登在北京《晨钟》报上，但1935年编辑《中国新文学大系》时，郑振铎既没将其收入《文学论争集》，胡适亦未编进《建设理论集》，再加上《晨钟》报已尘封经年，故而后人便很难再见到他们师生二人的此番"高论"。

万幸的是，1932年7月，张厚载在兼职天津《大公报》副刊编辑时，不知出于何等考虑，竟将他与胡老师往还信函以"十五年前的笔墨官司"为题，重新刊登出来。鉴于其内容已将他们的观点充分阐

---

① 钱玄同：《随感录》，赵家璧主编，郑振铎编选：《中国新文学大系·文学论争集》，上海良友图书印刷公司1935年版，上海文艺出版社2003年影印，第410—411页。

释，并且还为后来事态的进一步恶化埋下了伏笔，同时还因为此两信今已很难寻觅，故特转录于下：

（一）胡适之致张聊止函

聊止君足下：前天写信请足下作一篇文章，详详细细的说明中国旧戏的好处，和废唱用白所以绝对的不可能之故。我的意思，正为这个问题太大了，决不是开口乱骂的论调所能讨论的，故心想寻一个旧戏的"辩护士"正正经经的替中国旧戏作一篇辩护文，不料足下已在《晨钟》报的剧评里，和我辩论了。我这两天病的很厉害，今天始能执笔写家信，但足下既指名回答我的"废唱用白"，我可不能不勉强回答几句。第一，我且先贺我们提倡白话的人，足下虽不赞成我们的剧论，却肯宣言以后要用白话作戏评，这是我们所极欢迎的。第二，足下的"废唱用白绝对的不可能"论，此次所出只有两层理由：①拿现在戏界情形论，却是绝对的不可能，那么将来到底可能不可能，是一个很可疑的问题了。依此看来，足下已取消"绝对的"三字，但可说"现在不可能"，或是"暂时不可能"，可不是"绝对的不可能"了（绝对的含有"无条件的"之意）。我的意思也以为现在的戏界情形很不配发生纯粹新戏，但是戏剧改良的运动，可不能就因此中止。戏剧改良运动的目的，正在改良现在戏界情形，凡是改良，都是要改良现在某界情形，所以足下这个理由，似乎不能成立。我们现在正当研究（现在戏界情形），有多少层是应该改良的，我所讲的"废唱工，用说白"，不过是这些应该改良许多事之中的一桩，若因为现在戏界情形不适宜于纯粹新剧，就说是凭空说白话，不肯去研究改良这些现在情形的方法，那就是守旧的议论了，足下以为然否？②足下的第二个理由，是"戏剧与音乐，虽不可并为一谈，然戏剧却非借音乐的力量，不能叫人感动。……要叫社会容易感动，也有不能废唱而用说白之势"，这个理由，依我看来，也不能成立。我在外国看了许多很动人的戏，如 Haudtmann 的《织工》，当场竟有许多人大哭，但是这都是说白的戏。我且不说外国戏，且说中国戏。我在家乡看徽班戏时，每日的正本四出，都是唱工戏，妇女们最不爱看，十二三岁以上小孩子，也不爱看，他们最爱看的是正本以后的"杂戏"。徽班每日夜各有正本四出，正本团圆之后，另有"杂戏"两出，多者三出。因为杂戏，大都是做工和说白的戏，如《骑骡看女》《杀狗劝妻》之类。我随便写了两出戏，不料竟成一副戏名对，一笑。都最容易懂得，平常的小孩子最爱看的是《战垓下》《破柳州》《水漫泗州》等等武场戏，正本的唱工戏，他们毫不懂得，还有什么感动可说。后来我在上海、北京看的戏，也有这个道理，最感动人的戏，都是说白和做工的戏，如《四进士》之类，淫戏如《遗翠花》亦是此类。那些完全唱工的戏，如《二进宫》即使听了一千遍，也不能感动人。我听了十几年的戏，《二进宫》至少也看了二十次，我老实说，我直到今日还不知道这出戏说的是什么，那些"听"戏的人，去听某旦某生某净合演的《二进宫》，他们何尝是去受感动的，诸位评戏家，平心问一问自己听《二进宫》的时候，可当真是去受感动吗？所以我的意思，以为诸位评戏的人，若真要替唱工戏作辩护士，应该老实说唱工戏唱得好的，颇有音乐的价值，不该说唱工戏是最能感人的。其实唱工戏懂得的很少，既不能懂得，又如何能有感化的效力呢？足下把说白戏，比演说，这又错了。戏不单靠说白，还需有做工，说白与做工两项还不够，还需有情节，即如《四进士》一出戏，情节是好的，若全改为说白，加上一个有做工的宋士杰，自然更会感人的。演说的力量，所以不如戏剧，正因为演说的人，不能加入戏台上的做工，他的题目，又未必有戏的情节，故不如戏之动人，若如足下的话，难道把演说都改成了二簧西皮，便可感动人了吗。以上所说，不过略答昨日的白话剧评，还要请足下指正。至于我对戏剧改良的积极主张，说来话长，且等我病好时再谈吧。

胡适

（二）张聊止复胡适之函

适之先生：足下的来信很好，我是非常的欢迎。足下学问很富，又是天生学问的脑子，无论主张能行不能行，然而定有学问在内，决不是信口胡说的，所以足下的废唱用说白，我也只能说是不可能，却没有说过不赞成。到底我良心上赞成不赞成，那是别一问题，而且不在本题范围之内，可以不必论他。至于我所谓绝对的不可能，完全是由于社会现象的观察，并且由中国戏剧以音乐感触为原则道理看来，自信足下这种主张，是绝对的不可能。足下说我已经取消了"绝对的"三字，其实我一向就说是现在的绝对不可能，至于将来如何，我们如何就能晓得，所谓"后事还须问后人"，就是这个意思。所以将来可能不可能，无论如何，我们总不敢拿无条件的语调来武断。我所说的绝对不可能，是专指现在而说，不问可知。至于现在既不可能，而足下必要如此主张，那是要改良戏剧的意思，亦不待说。足下既认废唱用白，为改良的一种方法，而不问现在可能不可能，那我也就不用多说了。足下说白话戏，感动的力量也很大，这话我也深信不疑，但是我所说唱工感动的力量，完全是音乐上的感触。中国戏剧，向来是以音乐为主脑，戏剧上感化的力量，也全靠着音乐表示种种的感情。拿戏来论戏，譬如《四郎探母》的杨延辉，在番邦思念他的母亲，要用白话表示他思念的苦情，那就说一番想念的话，便是毫无情致。如今用唱工加上西皮慢板，唱"杨延辉坐宫院自思自叹……"一大段，就可以把思念母亲的情感，用最可以感触的方法，表现出来，这岂不是唱工戏最容易感人的一端么。至于足下说《二进宫》一出戏，听一千遍也不能感动人，足下须要分别看来。《二进宫》这出戏的情节，是没有丝毫趣味的，他是纯粹的唱工戏，宋春舫把他当作欧美正当的歌剧 Ohera，可见这出戏的不能感动人，是他的情节不能感动人，至于他的唱工，却是很有音乐和美术上的感触力，所以足下不能拿一出《二进宫》，就说是唱工没有感动人的力量，要晓得像《二进宫》这一类的戏，拿白话来演那就更干燥无味了。可见戏的感动人，一半在剧本的构造与情节，一半就在音乐与唱工。必定要说唱工不能感人，我却实在不敢相信。足下问，听《二进宫》也是去受感动吗，《二进宫》这出戏的情节，本来没什么趣味，听《二进宫》的人，决不是去受感动，（除非是一二位忠臣元老受点感动）乃是去听唱工，去研究音调的，足下若以为《二进宫》的唱工，不能感动人，那么把《二进宫》这出戏的唱工，完全改为说白，你说一句，他说一句，就可以感动人了么？我恐怕不但不能感动人，而且连本来音乐上的感触，也丝毫都没有了。

中国戏剧的发源，是在歌舞 Dance And Song，中国的戏在古时本也有不歌而单舞的，然歌的一部分，渐渐发展，成了戏剧上的元素，所以现今一般人，把"歌"跟"戏"两种观念，联络起来。俗称"唱戏"两个字，就可以算是"歌""舞"概念联络的表示。我如今敢说中国真正的戏剧，从历史上遗传到今，完全是"歌""舞"两种组合而成，好比化学上水的成分，为 HO_2，中国戏的成分，也可以作"歌舞一"的格式，与"轻（氢）养（氧）二"一样的道理，歌两分，舞一分，为中国戏的成分，就等于"轻（氢）养（氧）二"为水的成分。如今要把这重要分子的"歌"废去，那就是中国的戏不能成立。我有这么样一种理想，所以说废去唱工，是绝对的不可能。白话戏，有做工，演说是没有做工，两件事本来是两样的。但是中国演纯粹新戏的，艺术上的练习，做工上的讲究，远不如中国旧戏的精到，外国所谓 Artof Acting，那是纯粹新戏万不能及纯粹旧戏的，纯粹新戏既没有什么做工，只靠一张嘴说话，那岂不是变相的演说吗？以上多是我读了足下来信之后,随意写出几段,并不是要与足下辩驳,不过我既发生这种种的感想和意见,不能不告诉足下。足下的思想很高,学问又博,我晓得足下看了我的回答,或者还有别的教训,那是我最希望的事情了。至于足下著书作文写信,一切多要用白话,这种白话主义,我还有根本上的疑问,现在国语还没有标准,白话自有种种的不同,广州、杭州的话,北京、上海的话,都是白话,《水浒》《红楼》的白话,《九尾龟》的苏白,也是白话,而足下所主张通用的,又是哪一种呢?是否即可作为一种标准白话呢?这个问题,岂不是很难解决吗?昨天何一雁(何海鸣)君告诉我说,"胡适之的白话主张,将来他自己必定有深感其痛苦的一日",我如今也很有些相信他这句话呢。

张聊止白 ①

师生当年"温文尔雅"背后的"针锋相对",于此清晰可见。尽管今日人们可以发现,他们争辩的理由和所下的结论,都过于偏颇和武断,而且有些论点说的根本就不是一个话题,其中的概念也多次被"偷换",可是当年 24 岁的大学生张厚载,与 27 岁的留美博士胡适之老师,在旧戏的辩论中,可谓秋色平分不落下风。

也正因此,遭遇挑战的胡适,认为可以展开一场有更多人参与的关于中国旧剧的讨论。因当年 10 月出版的《新青年》第 5 卷第 4 号恰逢他轮值责编,于是便组织了一批俨然是"戏剧改良专号"的稿件,除"文学革命"阵营里的人之外,他还给张厚载写了第三封信,"礼贤下士"地约其再撰长文为中国旧戏作辩护。接此信后,张厚载认为正好可以将此前未能详述的一些观点讲深讲透,于是他便开始了那篇后来招致更多新文学家"围攻"的文章的写作……

---

① 胡适、张聊止:《十五年前的笔墨官司》,天津《大公报》1932 年 7 月 9 日、11—12 日。

四、遭到新文学家"围攻"

1918 年 8 月 7 日，刘半农给"玄同吾友"写信说："昨天晚上有个朋友来说，有署名'马二先生'者，对于我们上次答张镠子的信，（载'易卜生号'）大加驳难，适之、独秀、你、我，四人个个都攻击到了，以其文登于上海《时事新报》，我是向来不看《时事新报》的，不知究竟讲些什么话，你那边如有此报，望借我一阅，以便答复。"

刘半农

旋即，钱玄同便给"半农吾友"回信说，"我也是向来不看《时事新报》的。但我以为这种文章，不但不必答复，并其原文亦不必看"。因为"此等人所做的东西，虽然种种不同，而其价值则一；要之皆是脑筋组织不甚复杂的人所做的事业而已。我们是还想做'人'的，应该爱惜自己的脑力与时间，用于当用之地；若与此辈辩难，殊不上算"。随后，他又针对中国旧剧和张厚载写道：

中国的戏，本来算不得什么东西。我常说，这不过是《周礼》里"方相氏"的变相罢了，与文艺、美术，不但是相去正远，简直是"南辕北辙"。若以此为我辈所谓"通俗文学"，则无异"指鹿为马"；适之前次答张镠子信中有"君以评戏见称于时，为研究通俗文学之一人，其赞成本社改良文学之主张，固意中事"。这几句话，我与适之的意见却有点反对。我们做《新青年》的文章，是给纯洁的青年看的，决不求此辈"赞成"。此辈既欲保存"脸谱",保存"对唱""乱打"等等"百兽率舞"的怪相,一天到晚,什么"老谭""梅郎"的说个不了。听见人家讲了一句戏剧要改良,于是断断致辩,说"废唱而归于说白乃绝对的不可能"。什么"脸谱分别甚精,隐寓褒贬",此实与一班非做奴才不可的遗老要保存发辫,不拿女人当人的贱丈夫要保存小脚同是一种心理。简单说明之,即必须保存野蛮人之品物,断不肯进化为文明人而已。①

这两封信随后便被刊发在 1918 年 8 月出版的《新青年》第 5 卷第 2 号上。此时正应胡适第三封信之邀,埋头写"论文"的张厚载,读后愈发觉得对方粗暴过甚,因此他笔下对中国传统戏曲的"辩护",也就越写越多,足足写了近 5000 字。但他不知,这里面其实有诈。这个"诈",则是来自胡适。1919 年 2 月中旬,钱玄同致信胡适,对他此番约张厚载写文章进行指责:

> 至于张厚载,则吾期期以为他的文章实在不足以污我《新青年》(如其通信,却是可以);并且我还要奉劝老兄一句话:老兄对于中国旧戏,很可以拿他和林琴南的文章、南社的诗一样看待。老兄的思想,我原是很佩服的,然而我却有一点不以为然之处:即对于千年积腐的旧社会,未免太同他周旋了。平日对外的议论,很该旗帜鲜明,不必和那些腐臭的人去周旋,老兄可知道外面骂胡适之的人很多吗?你无论如何敷衍他们,他们还是很骂你,又何必低首下心,去受他们的气呢?②

---

① 刘半农、钱玄同:《今之所谓"剧评家"》,赵家璧主编,郑振铎编选:《中国新文学大系·文学论争集》,上海良友图书印刷公司 1935 年版,上海文艺出版社 2003 年影印,第 411—412 页。

② 《钱玄同文集·书信》第六卷,中国人民大学出版社 2000 年版,第 93—94 页。

写罢上述话语，钱玄同还觉得不出心中之气，遂又言明，《新青年》如若再刊发张厚载之文，他便脱离该刊物。面对钱玄同的责难与摊牌，胡适再也不能隐瞒，遂将他当初设套约张厚载写文章的秘密和盘托出。在 2 月 20 日回复钱玄同的信中，胡适说道：

> 至于老兄以为若我看得起张缪子，老兄便要脱离《新青年》，也未免太生气了。我以为这个人也受了多做日报文字和少年得意的流毒，故我颇想打救他，使他转为吾辈所用。若他真不可救，我也只好听他，也决不痛骂他的。我请他做文章，也不过是替我自己找做文的材料。我以为这种材料，无论如何，总比凭空闭户造出一个王敬轩的材料要值得辩论些。老兄肯造王敬轩，却不许我找张缪子做文章，未免太不公了。老兄请想想我这话对不对。——我说到这里，又想起老兄是个多疑的人，或者又疑我有意"挖苦"。其实我的意思只要大家说个明明白白，不要使我们内部有意见就是了。①

这便是胡适的圈套。日本学者樽本照雄认为，"胡适利用张厚载，只是出于表述自己的主张的目的，并没有真正讨论的打算。张的意见如何，从一开始就是无所谓的，只是装作讨论而已"。因为在此之前，胡适有关戏曲的论述反应不大，"不能形成讨论。可以理解，当真实存在的活人张厚载出现之后，胡适是多么的高兴"。②

对张厚载的策略是这样，但对钱玄同，胡适的态度是认真的。针对钱玄同所言"外面骂胡适之的人很多"，以及"你无论如何敷衍他们，他们还是很骂你"的劝告，胡适回信说："这句话是老兄的失言，恕不驳回了。"

因此，从上述文字中已不难发现，到了 1919 年春天，在新文学

---

① 《胡适全集·书信（1907—1928）》第 23 卷，安徽教育出版社 2003 年版，第 238 页。
② ［日］樽本照雄：《林纾冤案事件簿》，商务印书馆 2018 年版，第 90 页。

阵营里，胡适与钱玄同的矛盾已爆发到互相指责和互怼了。而其中的焦点之一，便是如何对待张厚载。其实他俩的这番变化，也是逐渐升级的，对此，还需从二人初识说起。

早在文学革命发轫之际，胡适虽然是发起人之一，但他只是将自己的宣言称为"改良刍议"，并未提出"革命"二字。其观点也是"谓之刍议，犹云未定草也，伏惟国人同志有以匡纠是正之"。并在1917年4月9日回国前夕，于纽约还给陈独秀写信就钱玄同的异议反驳说："此事之是非，非一朝一夕所能定，亦非一二人所能定。甚愿国中人士能平心静气与吾辈同力研究此问题！讨论既熟，是非自明。吾辈已张革命之旗，虽不容退缩，然亦决不敢以吾辈所主张为必是而不容他人之匡正也。"[①] 可见其对文学革命自始便是有所顾虑。

与胡适相比，钱玄同对文学革命却是态度坚决。他在1917年7月2日曾写信给胡适表态说，改造中国文学，"对于用白话说理抒情，最赞成独秀先生之说，亦以为'其是非甚明，必不容反对者有讨论之余地，必以吾辈所主张者为绝对之是而不容他人之匡正。'此等论调，虽若过悍，然对于迂谬不化之选学妖孽与桐城谬种，实不能不以如此严厉面目加之"。[②]

此外，钱玄同说话善作惊人语，例如他为了维护进化论，竟说人过四十都该枪毙。对此，胡适亦不能苟同，他后来曾对友人说"钱说未免霸道"。为了反驳，他甚至在钱玄同41岁那年，曾揶揄般地给"亡友钱玄同"写"纪念歌"，责问"该死的钱玄同，怎么至今不死！一生专杀古人，去年轮着自己"。由此可见，从相识起，二人之间无论是在学术见解还是为人处世方面，分歧已然形成。

---

① 胡适：《文学改良刍议》《寄陈独秀》，赵家璧主编，胡适编选：《中国新文学大系·建设理论集》，上海良友图书印刷公司1935年版，上海文艺出版社2003年影印，第43、53页。

② 钱玄同：《寄胡适之》，赵家璧主编，胡适编选：《中国新文学大系·建设理论集》，上海良友图书印刷公司1935年版，上海文艺出版社2003年影印，第82页。

也正因此,当张厚载来信于《新青年》刊出时,胡适的跋语是平和包容的,钱玄同则在反击张厚载的同时,话锋一转,又"弦外有音"地阐明,"金圣叹用迂谬的思想去批《水浒》,用肉麻的思想去批《西厢》,满纸'胡说八道',我看了实在替他难过。玄同虽不学,然在本志上发表之文章,似乎尚不至与金氏取'同一之论调'"。① 此段文字的"话里有话",已是不言而喻。那时钱玄同对胡适在新文学运动中的动摇、软弱便已相当不满,二人在一些问题上的分歧也已显而易见。但作为《新青年》的同人,他们都在有所隐忍罢了。

然而想不到的是,就在他们为张厚载写"跋"月余,1918 年 7 月,胡适执编的《新青年》第 5 卷第 1 号,竟转载了复古派文人汪懋祖于《国学季刊》上致《新青年》的一封信,其矛头直指钱玄同说,"贵报方事革新",然"开卷一读,乃如村妪泼骂,似不容人以讨论者,其何以折服人心"?并指出"贵报固以提倡新文学自任者,似不宜以'妖孽''恶魔'等名词输入青年之脑筋,以长其暴戾之习也"。而胡适则在此文之后回信说,"此种诤言,具见足下之爱本报,故肯进此忠告"。并表示"本报将来的政策,主张尽管趋于极端,议论定须平心静气。一切有理由的反对,本报一定欢迎,决不致'不容人以讨论'"。②

在这里,胡适不但将汪懋祖对钱玄同的指摘视为"诤言""忠告",而且还表态说决不能像钱玄同那样"不容人以讨论"。同时,他还在写给张厚载的信中,阐明关于旧戏的争论,"决不是开口乱骂的论调所能讨论的"。明眼人一看便知,此语否定的,亦是钱玄同。

面对胡适的公开叫板,钱玄同也不再绕弯子,于是便出现了1918 年 8 月 7 日刘半农写信借《时事新报》,他在回信中公开亮明

---

① 见《中国新文学大系·文学论争集》中张厚载《新文学及中国旧戏》一文附录,上海良友图书印刷公司 1935 年版,第 409 页。

② 汪懋祖:《读〈新青年〉》,赵家璧主编,郑振铎编选:《中国新文学大系·文学论争集》,上海良友图书印刷公司 1935 年版,上海文艺出版社 2003 年影印,第 45—47 页。

"与适之的意见却有点反对"的观点。而这次的矛盾焦点，则是完全聚焦在张厚载身上，已没有"之一"。

然而可叹的是，对于老师辈的"矛盾"和所下圈套，作为学生，张厚载却是浑然不觉。此刻，他已将胡适第三封信所约为中国旧戏辩护的长文写好寄了出去。

1918 年 10 月 15 日，《新青年》第 5 卷第 4 号如期推出。除张厚载五千字长文《我的中国旧戏观》外，还刊发了胡适近万字的《文学进化观与戏剧改良》，以及傅斯年的两篇长文《戏剧改良各面观》《再论戏剧改良》。此外，在"通信"栏还登出了张厚载的来信《"脸谱"—"打把子"》。可以说，论辩的双方都充分地发表了意见。

张厚载的文章显得心平气和，其开篇写道：

> 上回我因为《新青年》杂志胡适之、刘半农、钱玄同诸位先生，多有对中国旧戏的简单批评，我就写了一封信去略说些我个人的意思。因为两方面意思不同，所以我也不便多说。前些天胡适之先生写信来要我写一篇文字，把中国旧戏的好处，跟废唱用白不可能的理由，详细再说一说。我因此就先在《晨钟》报上略略说些，跟胡先生颇有一番辩论。现在胡先生仍旧要我做一篇文字，来辩护旧戏，预备大家讨论讨论。我也很赞成这件事，就把我对于中国旧戏的意思，挑几条重要的，稍微说说。至于说的对不对，还希望诸位要切实指点才是。

随后，他便将中国戏曲与西洋戏剧作比较，找出两种不同演剧体系的根本区别，具体为：

第一，"中国旧戏是假象的"。中国"旧戏第一样的好处就是把一切事情和物件都用抽象的方法表现出来。抽象是对于具体而言。中国旧戏，向来是抽象的，不是具体的"。并举例说，"有人讲笑话，说天下的东西，只有戏台最大。什么缘故呢？因为曹操带领八十三万人马，在戏台上走来走去，很觉宽绰。这就可见中国旧戏用假象会意的方法，是最经济的方法。我曾经看见某小说杂志上，照美国最大戏馆的像，下面小注说这种戏馆，演唱陆军剧，很合适。我想中国戏台上可以容八十三万人马，外国演陆军剧却必须另筑大戏馆，这就可以恍然明白唱戏这件事，是宜于抽象，而万万不能具体的了"。所以，"假象会意"与"自由时空"是"中国旧戏的根本好处"，只有如此，"才有游戏的趣味，才有美术的价值"。

第二，"有一定的规律"。他认为"中国旧戏一切唱工做派，都有一定的规律"，并举例说，"外国戏悲剧有悲剧的演法，喜剧有喜剧的演法，也决不是'漫无纪律'的"，而且外国戏剧"三一律"理论，"岂不是跟中国旧戏上的'身段''台步'都有一定规律，是一样的道理吗"。

第三，"音乐上的感触和唱工上的感情"。对此他讲得较多，概括起来，便是"音乐于人类性情，最有关系。所以于社会风俗，也最有关系"，故而旧戏"音乐上的感触，是很有'移风易俗'的力量"。同时，"中国旧戏是以音乐为主脑，所以他的感动的力量，也常常靠着音乐表示种种的感情"。也正因此，中国旧戏"废唱用白"，他认为"拿现在戏界的情形来看，是绝对不可能的。将来如何，要看诸位提倡的力量如何"，但"那是不能预言的"。

文章最后他总结道："我们只能说中国旧戏用假象的地方太多，却不能说用假象就是不好。只能说他用规律的地方太多，不能说用规律就是不好。只能说他用音乐的地方太多，不能说用音乐唱工，就是不好。'因噎废食'，那是极端的主张，不是公平的论调。"结尾时，他再次用平和的话语坚定地表达了他的"旧戏观"：

> 我做这一篇文字，不过随便写出几样中国旧戏的好处。其实此外的好处还有，一时也说不了许多。就先提出三样稍微重要的来，跟大家斟酌斟酌。我的结论，以为中国旧戏，是中国历

史社会的产物，也是中国文学、美术的结晶。可以完全保存。社会急进派必定要如何如何的改良，多是不可能，除非竭力提倡纯粹新戏，和旧戏来抵抗。但是纯粹的新戏，如今很不发达。拿现在的社会情形来看，恐怕旧戏的精神，终究是不能破坏或消灭的了。①

张厚载此文，可以说是自打京剧诞生以后，第一篇对其特征作出界说的文章。也是近代以来，首次将中国戏曲作为一种演剧体系，去与域外戏剧相比对的论文。尤其是他明确提出的京剧既是中国历史社会的产物，同时又是中国文学与美术之结晶的观点，以及着重分析的京剧"假象意会""规律谨严"和"音乐性"等特点，在当年确是空谷足音，发他人所未发之言。

当代文化学者王元化便认为，张厚载说的"假象会意，自由时空"这八个字，开启了后来探讨京剧特征的先河。前四字借用了文字学中的称谓，与现在所说的写意意义相通。后四字则是指京剧舞台调度的灵活性。它不仅突破了西方古典剧的"三一律"，也突破了话剧"四堵墙"规定时空的限制。这种舞台调度的灵活性，使得京剧舞台在时间和空间上取得了无限扩展的可能性。同一出戏的同一舞台，可以在地域上或地形上化为各不相同的种种场所，而受到时空严格限定的话剧舞台，是不可能有这种自由度和灵活性的。在这方面，梅兰芳于战前几次出国演出时，其舞台调度的灵活性曾多次引起海外专家惊叹，便可为证。

对此，王元化举例说：1919 年梅兰芳访日演出，日本戏剧家神田评论说，京剧完全不用布景、道具，只有一桌两椅，"这是中国戏剧十分发达的地方。如果有人对此感到不满，那只是说他没有欣赏艺术的资质。使用布景和道具绝不是戏剧的进步，却意味着观众头脑的

---

① 张厚载：《我的中国旧戏观》，赵家璧主编，郑振铎编选：《中国新文学大系·文学论争集》，上海良友图书印刷公司 1935 年版，上海文艺出版社 2003 年影印，第 413—418 页。

迟钝"。1935 年，梅兰芳访苏时，苏联导演梅耶荷德对京剧舞台调度的灵活性，作了热烈的赞扬，认为虚拟性与程式化是写实型的戏剧所无法做到的。①

虽然历史已经为张厚载的"结论"作出了证明，今天我们重读百余年前他的这番论述，也会深以为然，但他的这种"旧戏观"，在当年却是遭到了多位新文化主流的批驳。

首先是这次"讨论"的组织者胡适，他在同期刊物上发表的《文学进化观念与戏剧改良》一文，开篇便对这次"讨论"和自己的文章做了如下交代：

> 去年我曾说过要做一篇戏剧改良私议，不料这一年匆匆过了，我这篇文章还不曾出世。于今《新青年》在这一期正式提出这个戏剧改良的问题，我以为我这一次恐怕赖不过去了。幸而有傅斯年君做了一篇一万多字的《戏剧改良各面观》，把我想要说的话都说了，而且说得非常明白痛快；于是我这篇戏剧改良私议竟可以公然不做了。本期里还有两篇附录，一是欧阳予倩君的《予之戏剧改良观》；一是张镠子君的《我的中国旧戏观》。此外还有傅君随后做的《再论戏剧改良》，评论张君替旧戏辩护的文章。（中略）这一期有了这许多关于戏剧的文章，真成了一本"戏剧改良号"了！我看了这许多文章，颇有一点心痒手痒，也想加入这种有趣味的讨论，所以我划出戏剧改良问题的一部分做我的题目，就叫作《文学进化观念与戏剧改良》。

随即，他在讲出文学进化的四层意义后，认为中国戏剧在时间、人力、设备、事实等方面最不"经济"，并将中国戏剧作为中国文学的一部分加以讽喻："现在的中国文学已到了暮气攻心、奄奄断气的

---

① 《王元化谈京戏改革》，《文汇报》2007 年 10 月 29 日。

时候！赶紧灌下西方的'少年血性汤'，还恐怕已经太迟了；不料这位病人家中的不肖子孙还要禁止医生，不许他下药，说道，'中国人何必吃外国药！'……哼！"①这里说的"不肖子孙"，便是指张厚载等维护中国旧剧的人。

其次是北大学生傅斯年。他在当期《新青年》付梓前夕的9月5、6两日，写出了《戏剧改良各面观》。在对当时的"评戏问题"进行论述时，提出了他"最不满意的情形"：其一"是不批评"；其二"是不在大处批评"；其三"是评伶和评妓一样"；其四"是党见"。并将矛头直指张厚载，言道："北京的剧评家，差不多总要时时刻刻，犯这些毛病"，尽管"谬子君也常有很聪明的话语"。他认为，"痛快说来，要想改良戏剧，不先改良剧评，才是谬子君说的，'空口说白话'呢。所以我希望谬子君和他同好的人，将来的事业，正最多着呢！"虽然话说得盛气凌人，而且也满带着教训人的口吻，但在文章开篇，他却表态说：

傅斯年

---

① 胡适：《文学进化观念与戏剧改良》，赵家璧主编，胡适编选：《中国新文学大系·建设理论集》，上海良友图书印刷公司1935年版，上海文艺出版社2003年影印，第376—386页。

这篇《戏剧改良各面观》的意见，是我一年以来，时时向朋友谈到的，然而总没写成篇章。十日前，同学张镠子君和胡适之先生辩论废唱问题，我见了，就情不自禁了。但是我在开宗明义之前，有两件情形，要预先声明的：

第一，我对于社会上所谓旧戏、新戏，都是门外汉；

第二，我对于中国固有的音乐，和歌曲，都是门外汉。[①]

这便是新文化运动期间，在戏曲改良争论中出现的"门外汉"教训"门内汉"现象。其实在这里还有一个问题一直被学界所忽视，那便是当时信息的"不对称"。张厚载的文章是凭着自己对中国戏曲的认识和理解而将其学术化的；而傅斯年则是在老师胡适处，看到其替自己"找做文的材料"的张文后，将其作为"靶子"，有的放矢地对张厚载进行回击的。同期杂志上胡适的文章，更是如此完成的。也正因此，论辩双方无论是攻击的强度和打击的力度，还是人数上的多寡和"抱团"程度，抑或是为文的态度，都是非常悬殊的。

综观胡适、傅斯年的文章，他们是在用西方以写实手法为主的戏剧观去衡量中国戏曲，自然认为处处不对头。但在中国戏曲行家看来，如此批评，许多问题却是风马牛谈不拢。中国戏曲的确也存在弱点，如胡适所说的缺乏悲剧观念，善于搞大团圆，不能发人猛醒，思想浅薄，以及傅斯年点出的剧本缺乏文学性、缺乏客观系统的剧评，等等。但他们二人从总体上否定中国戏曲，称脸谱、嗓子、台步、武把子等是历史的"遗形物"，则未免以偏概全，过于武断，甚至缺乏对中国传统文化的科学认知。

尤其是作为青年学生的傅斯年，文章更是傲慢无礼，口无遮拦。其谩骂"行头，总不是人穿的衣服"，认为"演剧和唱曲是不能融合的两件事"，并进而硬说"胡琴是件最坏的东西，梆子、锣鼓更不必

---

① 傅斯年：《戏剧改良各面观》，赵家璧主编，胡适编选：《中国新文学大系·建设理论集》，上海良友图书印刷公司1935年版，上海文艺出版社2003年影印，第360—375页。

说"，甚至妄评"西洋戏剧是人类精神的表现，中国戏是非人类精神的表现"。如此这般，便不免背离讨论初衷太远，离谱太甚。

相比之下，张厚载的文章更显得平心静气，富有学理。他将中西戏剧相比较，指出中国戏曲的特性，是中西两种不同演剧体系的根本区别使然，则更能让人心悦诚服。

此外，在同期《新青年》上，欧阳予倩也阐明了他的戏剧观："试问今日中国之戏剧，在世界艺术界，当占何等位置乎！吾敢言中国无戏剧，故不得其位置也，何以言之？旧戏者，一种之技艺。昆戏者，曲也。"① 他认为旧戏（京剧）和昆曲都不是戏，因此也就无所谓优劣。其实这种"虚无论"，也是对张厚载维护中国旧剧的否定。

紧随以上几人之后，周作人也登场了。在当年 11 月 15 日出版的《新青年》第 5 卷第 5 号上，刊出了他写给钱玄同的信："玄同兄：《随感录》第十八条中所说关于旧戏的话及某君的话，我都极以为然。我于中国旧戏也全是门外汉，所以技工上的好坏，无话可说。但就表面观察看出两件理由，敢说：中国旧戏没有存在的价值。"其理由之一是"中国戏是野蛮"的；其理由之二是"有害于'世道人心'"。

对此，钱玄同回信表示："启明兄：你来信的话，我句句都赞成。"② 随后，他又针对张厚载那篇《"脸谱"—"打把子"》，再次撰文抨击，甚至谩骂"脸谱"为"粪谱"，称"对唱"与"乱打"为"百兽率舞"，并对男旦进行人身攻击。先不说其观点之荒谬，只是这为文态度与出口不逊，便有失作为北大教授的身份。

还是在第 5 卷第 5 号的《新青年》上，刘半农也发表了《"作揖主义"》，文章嬉笑怒骂，对张厚载进行了不点名的嘲讽与挖苦：

---

① 欧阳予倩：《予之戏剧改良观》，赵家璧主编，胡适编选：《中国新文学大系·建设理论集》，上海良友图书印刷公司 1935 年版，上海文艺出版社 2003 年影印，第 387 页。

② 周作人、钱玄同：《论中国旧戏之应废》，赵家璧主编，郑振铎编选：《中国新文学大系·文学论争集》，上海良友图书印刷公司 1935 年版，上海文艺出版社 2003 年影印，第418—420 页。

第四五位客，是一位北京的评剧家，和一位上海的评剧家，手携着手同来的。没有见面，便听见一阵"梅郎""老谭"的声音。见了面，北京的评剧家说，"打把子有古代战术的遗意，脸谱是画在脸孔上的图案；所以旧戏是中国文学美术的结晶体。"上海的评剧家说，"这话说得不错呀！我们中国人，何必要看外国戏，中国戏自有好处，何必去学什么外国戏？你看这篇文章，就是这一位方家所赏识的；外国戏里，也有这样的好处么？"他说到"方家"二字，翘了一个大拇指，指着北京的评剧家；随手拿出一张《公言报》，递给我看，我一看那篇文章，题目是《佳哉梦也》四个字，我急忙向两人各各作了一个揖，说，"两位老先生说的话，很对很对。领教了，再会吧"。①

此文虽未点名，但那个"北京评剧家"便是张厚载，则一目了然。刘半农正话反说，对张厚载的讽刺与揶揄实在妙极。

其实，无论是钱玄同、刘半农、周作人，还是傅斯年，他们对中国传统戏曲尤其是京剧，都是一知半解甚至就是"门外汉"，他们之所以粗暴地对其加以攻击，是出于将中国文化与欧美文化对比后产生的某种焦虑情绪，是希望沉睡的中华民族能够尽快地融入西方文明中去。正是这种对西方的过分崇拜，方才导致了他们在焦躁中，对戏曲这个中华文化标志物的简单、粗暴否定。而张厚载作为深谙中国戏曲艺术特性之人，此时站出来单枪匹马地从专业角度理论化地与之争辩，则只能落个"有理难辩"的结局。因为论辩双方不仅在人员数量上不成正比，而且对论题的认识程度和所持态度，也是"风马牛"般的格格不入。

就在这一众新文化精英共同与张厚载论战之际，1919 年 2 月，便发生了钱玄同指责胡适约张厚载写文章，胡适自曝"设套"之事。

① 《刘半农精品文集》，团结出版社 2018 年版，第 33—34 页。

由此不难看出，在当时的背景下，张厚载已不是也不可能是新文学家们的对手。与汹涌澎湃的新文化运动相比，他显得极为渺小，亦人微言轻。新文学家们将他作为攻击对象，诚如胡适所言，"也不过是替我自己找做文章的材料"而已。倒是在新文学阵营内部，争论乃至斗争却是尖锐的。尤其在钱玄同与胡适之间，由于他们对于"文学革命"的理解不同，必然造成语言与文章的差异，双方都为了说服对方，便纷纷找出"实例"来大做文章。而作为"自投罗网"者，张厚载便成为最佳"实例"，出现在了他们笔下。但无论胡、钱分歧多大，争论多凶，否定张厚载却是他们的共同，尽管一方言辞激烈高亢；一方却是打打拉拉。

这便是张厚载的悲剧，不但夹在两个风云人物之间，被推来搡去，而且还因与其争辩阐述自己的"真知"，而遭到新文化精英们的群起"围攻"。这种"有理无处说"的局面，让年轻气盛的张厚载实在难以接受，万般无奈之下，他只能抱着满腹委屈走进了恩师林纾的家门。

第五章

「五四」前夕
被北京大学开除

1917 年 1 月，创刊已一年有余的《新青年》，在第 2 卷第 5 号刊出了尚在美国留学的胡适所写《文学改良刍议》。一月后，第 6 号又推出刊物主编陈独秀的《文学革命论》，中国现代史上影响深远的"文学革命"，由此拉开序幕。虽然一年前的 10 月 1 日，胡适在写给陈独秀的信中，已明确提出了文学改良"八事"①，但将新文学取代旧文学称为一场"革命"，并被付诸实践，当从此时起。

就在刊发《文学革命论》的同期刊物上，钱玄同在"通信"栏发表了致陈独秀信，除对该刊"改良文艺"表示钦佩外，更是情绪激昂地喊出了铲除"桐城谬种"与"选学妖

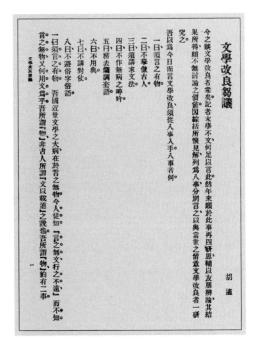

胡适刊登在《新青年》上的《文学改良刍议》

---

① 文学改良"八事"，具体而言便是，在形式上：一曰不用典；二曰不用陈套语；三曰不讲对仗；四曰不避俗字俗语；五曰须讲求文法之结构。在内容上：六曰不作无病之呻吟；七曰不模仿古人；八曰需言之有物。详见胡适：《寄陈独秀》，赵家璧主编，胡适编选：《中国新文学大系·建设理论集》，上海良友图书印刷公司 1935 年版，上海文艺出版社 2003 年影印，第 32—33 页。

孽"的口号，① 将矛头直指以林纾为首的复古派文人。在此后的一段
时日，"桐城谬种"与"选学妖孽"便成了复古派文人的代名词。而
在《文学革命论》刊出两个多月后的 4 月 9 日，身在纽约的胡适，又
一次给陈独秀写信，不无遗憾地说："顷见林琴南先生新著《论古文
之不当废》一文，喜而读之，以为定足供吾辈攻击古文者之研究，不
意乃大失所望。"②

此外，当年 3 月 1 日出版的《新青年》第 3 卷第 1 号，在"通
信"栏再次登出钱玄同来信，不平地说："林纾与人对译西洋小说，
专用《聊斋志异》文笔，一面又欲引韩柳以自重；此其价值，又在
桐城派之下，然世固以'大文豪'目之矣。"③ 紧随其后，刘半农也在
5 月付梓的《新青年》第 3 卷第 3 号发文，指责"近人某氏译西文小
说"，其字义"尤为费解"。④ 这里的"某氏"，即是指翻译《巴黎茶花
女遗事》的林纾。

据此可知，在"文学革命"肇始之时，无论是海外还是海内的新
文学精英，都是将斗争矛头瞄准当时被称为桐城派古文家"殿军"的
林纾林琴南的。

但令钱玄同、刘半农等人始料未及的是，尽管声讨在加剧，咒
骂在升级，以林纾为首的旧文学营垒却始终不起来应战。对此，郑
振铎十几年后曾有形象的描述："从他们（新文学家）打起了'文学

---

① "桐城派"是清代文坛最大的散文流派，因领军人物均为安徽桐城人而得名。"选
学"本指对《文选》进行注释研究的学问，后因《文选》中收纳的唐代骈体文而被骈文作
家所膜拜，选学家遂成了骈文作家的代称。钱玄同发明的"选学妖孽"与"桐城谬种"这
两句词，则是将古代散文家、骈文家都骂了。

② 胡适：《寄陈独秀》，赵家璧主编，胡适编选：《中国新文学大系·建设理论集》，上
海良友图书印刷公司 1935 年版，上海文艺出版社 2003 年影印，第 53 页。

③ 钱玄同：《寄陈独秀》，赵家璧主编，胡适编选：《中国新文学大系·建设理论集》，
上海良友图书印刷公司 1935 年版，上海文艺出版社 2003 年影印，第 52 页。

④ 刘半农：《我之文学改良观》，赵家璧主编，胡适编选：《中国新文学大系·建设理
论集》，上海良友图书印刷公司 1935 年版，上海文艺出版社 2003 年影印，第 68 页。

革命'的大旗以来,始终不曾遇到过一个有力的敌人们。他们'目桐城为谬种,选学为妖孽'。而所谓'桐城、选学'也者却始终置之不理。因之,有许多见解他们便不能发挥尽致。旧文人们的反抗言论既然竟是寂寂无闻,他们便好像是尽在空中挥拳,不能不有寂寞之感。"①

情急之下,《新青年》两位编委合演的一出"双簧戏",便堂而皇之地登场了。

中国现代文学发展史上的第一桩公案,由此发端。

一、亲手寄出了《荆生》与《妖梦》

1918年3月15日出版的《新青年》第4卷第3号,在"文学革命之反响"专栏,刊出了钱玄同化名"王敬轩"所写的一封信。因是"寄给"编辑部的,故以《王敬轩君来信》的标题刊出,为了显示真实,在标题下方还特意标明"圈点悉依原信"。此信之后,则是编辑刘半农的回信。回信不是简单的回复,而是"来信"的三倍半长。

这是看到古文家们对文学革命"始而漠然若无睹;继而鄙夷若不屑与辩",②钱玄同与刘半农在郁闷与无奈之下,自行上演的一出"双簧戏"。前者以文言文写成,不但总括了复古派文人的观点,历数提倡新文学者的罪状,并加以讽刺与谩骂,同时还特意大大地颂扬了桐城派古文大家林纾,称其"所译小说,无虑百种,不特译笔雅健,即所定书名,亦往往斟酌尽善尽美,如云《吟边燕语》,云《香钩情眼》,此可谓有句皆香,无字不艳"。而后者则嬉笑怒骂地对前文进行

① 赵家璧主编,郑振铎编选:《中国新文学大系·文学论争集·导言》,上海良友图书印刷公司1935年版,上海文艺出版社2003年影印,第5—6页。

② 赵家璧主编,郑振铎编选:《中国新文学大系·文学论争集·导言》,上海良友图书印刷公司1935年版,上海文艺出版社2003年影印,第5—6页。

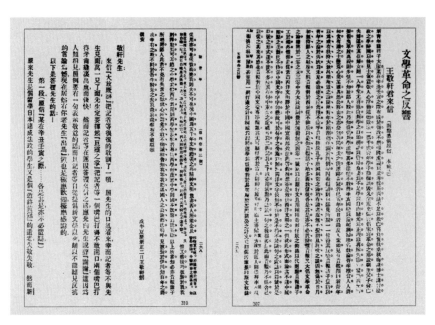

《新青年》上的"双簧戏"

刘半农（右）与钱玄同
在孔德学校工作照

逐段批驳和反击，轻蔑地否定林纾的翻译，"若要用文学的眼光去评论他，那就要说句老实话：便是林先生的著作由'无虑百种'进而为'无虑千种'，还是半点儿文学的意味也没有"。并讥笑道，"若《吟边燕语》本来是部英国的戏考，林先生于'诗''戏'两项尚未辨明，其知识实比'不辨菽麦'高不了许多"。①

非但如此，钱玄同与刘半农共同捏造出的"王敬轩"，也是意有所指：林纾号"畏庐"，从字面意义来说，"敬"对"畏"，"轩"对"庐"，"敬轩"其实就是"畏庐"。

随后，钱玄同又化名"崇拜王敬轩者"致信陈独秀，与之讨论学理自由权，并由陈独秀复信反驳，由此造成两派针锋相对的"笔仗"局面。此招果然奏效，首先是胡适的"学兄"汪懋祖站了出来，指责新文学家"出言不逊"，在由胡适出面作答后，又有一位署名"戴主一"者，以《驳王敬轩君信之反动》一文，为林纾所尊重的曾国藩平反，对《新青年》编者进行质问，遂又遭到钱玄同的反击。

就这样，林纾糊里糊涂地被拉进了"骂战"旋涡，而且还捎上了他的弟子张厚载。

揆之史实，在当年反对"文学革命"的营垒里，有名气的文人不少。钱玄同喊出的"桐城谬种"，是指林纾等古文家；而"选学妖孽"，则是冲着同为北大教授的刘师培说的，因为刘对南梁昭明太子萧统编选的《文选》顶礼膜拜，悉力模仿，故被时人称为"文选派"。此外，北大同人辜鸿铭、黄侃，以及后来成为"学衡派"头面人物的胡先骕、梅光迪、吴宓等，也是站在"文学革命"的对立面。但新文学精英们之所以独独选中林纾作为主攻靶子，除了郑振铎所说的胡先骕、梅光迪等人"引致了好些西洋的文艺理论来做护身符，声势当然

---

① 王敬轩、刘半农：《文学革命之反响》《复王敬轩书》，赵家璧主编，郑振铎编选：《中国新文学大系·文学论争集》，上海良友图书印刷公司 1935 年版，第 24—25、30 页。

和林琴南、张厚载们有些不同"① 外，还因为就在胡适首倡"文学改良"之际，林纾于媒体刊出了一篇让胡适先是惊喜后又"大失所望"的文章。

虽然在这篇被胡适点名为《论古文之不当废》的杂感中，除了"林先生之言曰：知腊丁之不可废，则马班韩柳亦自有其不宜废者"，以及"呜呼！有清往矣！论文者独数方、姚，而攻掊之者麻起，而方、姚卒不之踣"② 外，胡适再也没能摘引出一点痛骂白话文、攻击新文学的话语。但仅是此文的标题，便足以让新文学家们大做文章了。日本学者樽本照雄认为，"仅看题目，可以推测，这是林纾否定胡适等人主张的文章。若是大胆想象，似乎是林纾写了一篇强烈攻击的文章"。因此，"这篇文章被视为林纾拥护古文，以胡适等人的对立者姿态出现的证据，是一篇重要的文章"。但让樽本照雄疑惑的是，"这篇文章根本看不到"，后人在对其评骘时，引用的基本都是胡适的说法。

带着如此疑惑，樽本照雄近年展开了调查。最终他发现，林纾的文章最初发表在 1917 年 2 月 1 日天津《大公报》上，2 月 8 日上海《民国日报》做了转载，并且题目也不是胡适所说的《论古文之不当废》，而是《论古文之不宜废》。"题目居然可以错误到今日，这真是一件非常奇怪的事情。也就是说，（后人）一直在引用胡适的误记。可见，研究者长期以来都未曾做过考证"。此文内容"主要是林纾对中华民国成立之后的文学界的一些日常的感受，他是很平静地叙述的。中心就是胡适所引用的部分"。"这里面没有一丝攻击白话运动的尖锐，亦无生机勃勃的强韧的精神，甚至都没有写不要使用白话的语句"。因古文是国粹，"林纾担心，如果毫无顾惜地将之抛弃，则国

---

① 赵家璧主编，郑振铎编选：《中国新文学大系·文学论争集·导言》，上海良友图书印刷公司 1935 年版，上海文艺出版社 2003 年影印，第 13 页。

② 胡适：《寄陈独秀》，赵家璧主编，胡适编选：《中国新文学大系·建设理论集》，上海良友图书印刷公司 1935 年版，上海文艺出版社 2003 年影印，第 53、54 页。

亡之前文字已死。如果真的演变成那样，岂不是被日本人耻笑"？因此，"林纾文章的主调是'悲哀'，是'感慨'，是'危机'，是'担忧'"。①

1917年2月1日，天津《大公报》刊出了林纾的《论古文之不宜废》

但这些对新文学家们来说已不重要，重要的是文章的题目。于是便出现了"双簧戏"中对林纾的揶揄与否定，以及其他一系列抨击。许多年后，同为新文学阵营里的沈尹默曾回忆说，"那时新旧文学双方展开了激烈斗争，玄同、半农，最为起劲，以林琴南为放矢之的"。②其实，对相关文献和史料进行时间排序，可以发现，沈尹默恰恰是将事情的因果说反了。

1917年2月8日，上海《民国日报》转载了林纾的《论古文之不宜废》

依照时间顺序，当年的事实应该是：因为钱玄同、刘半农等人"起劲"地攻击林纾，方才引发了新旧文学双方的"激烈斗争"。而作为旧文学的反击，按照后来现代文学史论中的说法，便是"最初有林纾（琴南）出来正面迎击文学革命"，"他极力

① ［日］樽本照雄：《林纾冤案事件簿》，商务印书馆2018年版，第14—20页。
② 沈尹默：《鲁迅生活中的一节》，上海《文艺月报》1956年第10期。

反对以白话文取代文言文,写了《论古文白话之消长》《致蔡鹤卿太史书》,对白话文运动大张挞伐,攻击北京大学的新派人物'覆孔孟,铲伦常','尽反常轨,侈为不经之谈'"。但即使如此,"林纾所代表的守旧派对新文学的反攻,并没有什么理论力度,只停留在人身攻击和政治要挟的层面"。①

对于林纾的"反攻",当年亲历者、北大教授周作人晚年也有追忆:"段祺瑞派下有一个徐树铮,是他手下顶得力的人,不幸又是能写几句文章,自居于桐城派的人。他办着一个成达中学,拉拢好些文人学士,其中有一个自称清室举人的林纾,以保卫圣道自居,想借了这武力,给北大以打击;又联络校内的人做内线,于是便兴风作浪起来了。"周作人这里所说的"内线",便是张厚载。因为随后他写道,"北大法科有一个学生叫做张镠子",是林纾教中学时的学生,"平常替他做些情报,报告北大的事情,又给林琴南寄稿至《新申报》"。②

以上文字是周作人1960年底应曹聚仁之约,为香港《新晚报》所写回忆录《药堂谈往》中的内容。因他当年也是文学革命中的一员,故写得带有倾向性。而此前的1948年底,他在《子曰丛刊》第5辑刊发的文章中,也有这方面的内容,并且说得更为完整:

> 法科学生张镠子喜欢谈京戏,常在《公言报》的报屁股上写些戏评杂文,有一时还曾经同《新青年》的同人讨论过旧戏,虽然双方意见极端相反,却也还没有发生什么冲突。后来林琴南的攻势愈加来得猛烈了,大有凭借了段祺瑞一派的势力来干涉北大的形势,(那篇《荆生》里便很有明显的表示,这时候虽未动手,但在五四以后,陈独秀终于被迫辞了文科学长而去了。)张

---

① 钱理群、温儒敏、吴福辉:《中国现代文学三十年》,北京大学出版社1998年版,第9页。

② 周作人:《林蔡斗争文件》《卯字号的名人(一)》,《苦茶——周作人回想录》,敦煌文艺出版社1995年版,第263、276页。

镠子也有在内策应之嫌疑，于是学校方面下了断然的处置，将他除名。①

虽然周作人文中所说的陈独秀辞去文科学长的时间有误，不是在"五四"以后而是之前，但他却道出了一个事实，那便是在林纾"反攻"新文学家的事件中，牵扯出了张厚载，称他是林纾在北大的"内线"，不但"有在内策应之嫌疑"，而且还"替他做些情报，报告北大的事情，又给林琴南寄稿至《新申报》"。

自周作人此说之后，学界在评骘当年有关文学革命论争时，便将张厚载定型为主动向林纾提供北大"情报"的"卧底"，是林纾企图消灭新文学领袖的"递刀者"，而且最终将其演绎成了电视剧《觉醒年代》中的张丰载。那么事实真相又是如何呢？对此，还要接着1918年《新青年》上的那场戏曲论争说起——

遭到一众新文学家的集体"围攻"后，张厚载感到既委屈又无助。本着维护国粹的初衷，在"骨鲠在喉"情况下，写了一封与新文学家商榷的信函，结果却招来对方群起攻击，几个回合下来，对方非但未将自己的本意弄清观点弄懂，反而简单粗暴地否定后还加以奚落和谩骂，这让他心中颇为不甘。其实如果此刻他能以此为戒，忍下这口怨气，或许尚能将即成学业读完，找个不错的差事去安身立命。

但不幸的是，对中国传统戏曲的痴爱，仍是让他如堂吉诃德般地"屡败屡战"。他觉得纵使人微言轻，也要把理说个明白。既然《新青年》编委都在口诛笔伐，并且已不再刊登其稿，他只能将满腹怨言与个人观点写成《对于〈新青年〉之批评》一文，寄往钱玄同、刘半农等不屑一看的上海《时事新报》。1918年11月27日，此文刊于该报"学灯"版。

随后，他又带着满腹委屈和怨气踏进了林纾家门。

---

① 周作人：《红楼内外》，陈平原、夏晓虹编：《北大旧事》，生活·读书·新知三联书店1998年版，第392页。

自 1913 年因与北京大学魏晋文派势力不相和睦，愤而辞职后，林纾便不再过问学校里的事情。这一时期，与他时常往来的人物，也只有姚永概、吴闿生、臧荫松等几位宿儒，以及正赋闲办学的安福系要人徐树铮。对此，徐树铮之子徐樱曾在文章中披露说：

> 段（祺瑞）氏辞去陆军总长，我父也离开陆军部。这时他久忙乍闲，就全力办正志中学，为政不忘为学是他的志愿，同时也是一种韬晦之术。据我的三哥道邻回忆，也就是在这个时候，我父亲和他所尊敬的几位老先生常常见面。他们每星期三晚上总在一起吃馆子。座中常有林琴南（纾）、姚双节（永概）、吴辟疆（闿生）、臧涧秋（荫松）等几位。吃的常是"醒春居""便宜坊""厚记"几家，偶尔也光临几家出名的小馆子，如"恩成居""砂锅居"等。吃完饭多半是到虎坊桥他所创办的《平报》馆聊天，或到琉璃厂的松华斋南纸店坐坐。[①]

此外，便是居家著述赋闲。按林纾自己的话说，就是"长日闭户，浇花作画"，而且"日必作山水半幅"，另外便是著书、译书。

这种平静的生活被打乱，是近一年来的事。

蔡元培入主北大，曾有人提议聘林纾来校任教，但蔡认为，林的那套桐城古文功夫已经过时，故未延揽。此事传到林纾耳中，他便很有想法，难道刘师培、黄侃讲的就不是古文？随后陈独秀、胡适等又搞起了热热闹闹的文学革命，而且在言论中还时不时地攻击到他。但对此，起始他并不过分计较。因为此时他奉行的，仍是十余年前他对长子林珪的忠告："处处出以小心，时时葆我忠厚。谨慎须到底，不可于不经意事，掉以轻心；慈祥亦须到底，不能于不惬意人，

---

① 徐樱：《先父徐树铮将军事略》，《天津文史资料选辑》第 40 辑，天津人民出版社 1987 年版，第 96 页。

出以辣手。"①

　　而且从思想感情上讲，林纾是既留
恋旧的，也并不排斥新的。他早在1897
年所作的《闽中新乐府》，就是用白话
写童谣的尝试，后来他又在《杭州白话
诗报》上写过通俗白话歌谣，1912年他
还在《平报》上发表白话体的"讽喻新
乐府"。此外，早在1905年，他便极力
勉励学生出洋留学，并对否定西学东渐

林　纾

者进行驳斥："或谓西学一昌，则古文光
焰熸矣，余殊不谓然。"他主张"学堂
中果能将洋汉两门，分道扬镳，旧者既精，新者复熟，合中西二文熔
为一片"。可见，让古文与白话、洋文共存，是他一直坚持的观点。

　　也正因此，自写过那篇《论古文之不宜废》后，他便不再发表
与新文学对阵的文章，而是忙于举办古文讲习会、选评古文经典等活
动。但让他恼火的是，新文学家们对他不但仍是不肯放过，而且还贬
斥其文章文理不通，讥笑他的翻译"半点儿文学的意味也没有"。这
未免让他动气，但很快他就接到了老友严复的来函劝慰："革命时代，
学说万千，然而施之人间，优者自存，劣者自败。虽千陈独秀，万胡
适、钱玄同，岂能劫持其柄，则亦如春鸟秋虫，听其自鸣自止可耳。
林琴南辈与之较论，亦可笑也。"②严复学贯中西，是启蒙运动的推动
者，看了他的信，林纾便将满肚子怒火隐忍下来。

　　张厚载登门时，林纾正在家中品味着商务印书馆刚刚印出的《古
文辞类纂选本》。这是他从桐城派祖师姚鼐所编《古文辞类纂》中择
优选录，又加以详评的选本。师生多日未见，寒暄过后，张厚载便将

---

　　①　张俊才：《林纾年谱简编》，薛绥之、张俊才编：《林纾研究资料》，福建人民出版社
1983年版，第31页。

　　②　详见王旸：《帘卷西风：林琴南别传》，华夏出版社1999年版，第222—223页。

憋在心中的积怨一吐为快。听了张厚载的倾诉，林纾没说什么，他默默地拿出了严复的信函。张厚载阅罢，情绪渐趋平复，随后他便将上海《新申报》托他约林纾写稿一事讲了一遍。

《新申报》是由老《申报》脱胎而来。因当年《申报》老板史量才和经理席子佩不睦，席遂与英国人合资，在香港注册后于上海望平街申报馆旁另办《新申报》。该报副刊名为"小申报"，编辑先后有王纯根、江红蕉、天台山农、朱大可等。但后来因经营不善，报纸不得不接受军阀孙传芳的津贴，并换了黄秋岳任主笔。黄秋岳与张厚载不但是老相识，而且同为力挺梅兰芳的"梅党"中坚，于是张厚载便成了《新申报》在京特约通讯员和专栏作者。对于《新申报》托张厚载向林纾约稿详情，上海老报人郑逸梅曾有回忆：

> 这时有位叫张聊止的人，此人与我也相识，他在北京大学法科肄业，课余之暇，为"小申报"撰《京华尘影录》等笔记。主编者知道林琴南曾任北大教授，是张的教师，便函请聊止转求琴南的名著，林即把所撰的《蠡叟丛谈》给该报登载。①

周作人所说的"给林琴南寄稿至《新申报》"，以及后来有学者又称之为"递刀者"②，说的便是此事。但无论是《新申报》主编，还是张厚载都万万不会想到，就是这样一件既平常又常规的文人事，后来竟闹出了轩然大波，并被写进了多种权威的中国现代文学史甚或是中国现代史。张厚载这一再普通不过的约稿行为，不但很快便引发了中国现代文学史上的第一桩公案，而且也为日后他在仅差两月即毕业时，被校方赶出北大，埋下了伏笔。

① 郑逸梅：《两种〈新申报〉的副刊》，《艺海一勺续编》，天津古籍出版社 1996 年版，第 120 页。

② 详见马勇：《"递刀者"——以张厚载、林纾为中心的所谓新旧冲突》，《安徽史学》2016 年第 5 期。

　　而这一切，都与《蠡叟丛谈》中的《荆生》与《妖梦》有关。

　　《蠡叟丛谈》是林纾在 1919 年至 1920 年间，陆续连载于《新申报》上的 58 篇文言短篇笔记小说的总称，其形式颇似《聊斋志异》。这批小说自 1919 年 2 月 4 日在《新申报》特设的"蠡叟丛谈"栏目推出，至 1920 年 3 月 16 日刊毕，共计 219 期。1920 年又由上海成记书局以《蠡叟丛谈》为名出版单行本。关于这个栏目的缘起，林纾在连载首篇《安娜》中曾有交代：

　　　　蠡叟，年七十矣，木然如枯僧。世变如沸，叟耳目若聋若聩，初不知觉。（中略）忽一日，门人张生厚载述本报主笔之言，请余为短篇小说，以虱报阑，意以供诸君喷饭也。余曰："论说非我所长，且不愿为狂噪之声，以乱耳听。唯小说足排茶前酒后之闷闷。"因拾吾七十年所见者，著之于编，命曰《蠡叟丛谈》。①

　　近年有研究者认为，林纾在"木强多怒"的性情之外，还有另一副面相——好谐谑。两种性情合一，才是全面理解林纾以及《荆生》和《妖梦》的关键所在。林纾的诗文小说能够风靡一时，一个重要的原因便是其笔墨的幽默诙诡，令人有拊掌的快感。显而易见，林纾称《蠡叟丛谈》的小说是用来"解闷""喷饭"的，虽是自谦之词，但这也是笔记小说的固有定位——以"消闲、娱乐"为归旨。以"蠡叟丛谈"命名的这批笔记小说，也延续了林纾笔记小说一贯的劝惩意图，即对纲常礼教、忠孝节义的维护。但林纾这种极力卫道的固执，在新文学家的眼中也就愈发刺眼。《荆生》和《妖梦》确实是针对新文学家们所提倡的新文化、新思想、新文学主张而作，但戏谑调侃的意味是十足的。

───────────

　　① 林琴南：《蠡叟丛谈·安娜》，《新申报》1919 年 2 月 4 日。

对此，替林纾传递这两篇小说的张厚载，后来也在致蔡元培的私信中说："先生大度包容，对于林先生之游戏笔墨，当亦不甚介意也。"但正是这两篇小说，被新文学家抓住了把柄和时机，"游戏笔墨"最终成了"示众"的材料。①

至于这批小说是应张厚载约稿之后所写，还是林纾在此前便已开笔，目前除了林纾那几句模棱两可的"栏目缘起"外，没有任何材料可以说明。能够肯定的，只是经张厚载约稿后，这批小说方才连载于《新申报》的。但正因如此，便给后人认定他们师生共同"炮制"了两篇"诅咒"新文学领袖的小说，提供了"合理"的想象空间。因为这批小说若是在张厚载约稿前便已动笔，那只是机缘巧合，在林纾已写出部分小说尚无下家之际，张厚载是受人之托帮忙组稿转寄而已；但如果是在约稿后写出，那张厚载便难脱"合谋"嫌疑。

然而如今追究这些已不可能也不重要了。重要的是，这批稿子确是张厚载所约，又是他亲手将其陆续寄往上海《新申报》的。这其中，就包括随后引发新文学阵营集体震怒的《荆生》与《妖梦》。

二、林纾将他"暴露"了

1919年2月17日至18日，上海《新申报》上的《蠡叟丛谈》第13至14期，刊出了林纾的短篇文言小说《荆生》。全文不长，仅千字出头。

文叙1911年春夏之交，因清廷即将倒台，京城达官纷纷迁徙。此时冷清的陶然亭，在西厢住进了一位名叫荆生的"伟丈夫"。5月18日这天，从山下上来三少年，"一为皖人田其美，一为浙人金心异，一则狄莫，不知其何许人，悉新归自美洲，能哲学。而田生尤颖异，能发人所不敢发之议论，金生则能《说文》。三人称莫逆，相

---

① 王桂妹：《重估五四反对派——从林纾的"反动文本"〈荆生〉〈妖梦〉谈起》，《西南大学学报（社会科学版）》2017年第4期。

约为山游"。他们在荆生所居隔壁摆酒笑谈。田其美居两人中间说："中国亡矣，误者均孔氏之学。"狄莫狂笑着说："惟文字误人，所以至此。"田其美又说："死文字，安能生活学术，吾非去孔子灭伦常不可。"狄莫接着说，"吾意宜先废文字，以白话行之"，并对金心异墨守《说文》表示不解。金心异则言他因姓金，故嗜钱，讲《说文》乃是四处骗钱，并表示最近正打算呼应二位弘扬白话呢。岂料就在三人发誓"力掊孔子"之时，"伟丈夫"荆生破墙而入，在怒斥他们是"禽兽之言"的同时，手按田其美头颅，脚踹狄莫，并将磕头不已的金心异所戴眼镜扔出老远。三人遭到痛打后，狼狈地跑下山去，而"伟丈夫"荆生则在山巅哈哈大笑。①

此文甫一刊出，便引发学界大哗。尤其是在北京大学，从校长蔡元培，到陈独秀、胡适、钱玄同、李大钊等，无不深感气愤。他们不认为这是让人"解闷""喷饭"的游戏之作，而是认定为有阴险目的的诅咒中伤。因为局中人一眼便可看出，小说是在影射文学革命的三主将陈独秀、钱玄同和胡适。3月9日，陈独秀将《荆生》全文转载在他主办的《每周评论》第12期"杂录"专栏，并在标题下特意注明"林琴南先生最近作"，而在栏目的开头，则冠有引题"想用强权压倒公理的表示"。其"按语"云：

> 近来有一派学者主张用国语著作文学，本号也赞成这种主张的。但是国内一班古文家、骈文家和那些古典派的诗人词人都极力反对这种国语文学的主张。我们仔细调查，却又听不出什么有理由有根据的议论。甚至于有人想借武人政治的威权来禁压这种鼓吹。前几天上海《新申报》上祭出古文家林纾的梦想小说就是代表这种武力压制的政策。所以我们把他转载在此，请大家赏识赏识这位古文家的论调。这一派所说的人物，大约田其美指陈

① 详见林琴南：《荆生》，北京大学等院校中文系中国现代文学教研室主编：《文学运动史料选》（第一册），上海教育出版社1979年版，第131—132页。

李大钊

1919年3月5日,《晨报》刊发的李大钊之《新旧思潮之激战》

独秀,金心异指钱玄同,狄莫指胡适,还有那荆生是指《技击余闻》的著者自己了。①

《技击余闻》是林纾在清末所作武侠题材的笔记小说集,1913年5月由商务印书馆付梓。从上引"按语"可知,此时陈独秀等新文学家们认为荆生就是林纾自己,他是想用武力来教训文学革命派,这也正是随后众人所言林纾试图用武力镇压文学革命的起源。但就在转载《荆生》的这期《每周评论》上,紧随《荆生》之后的"选论"栏内,又转载了李大钊刊于3月5日《晨报》上的《新旧思潮之激战》,他则是另一种说法:

> 我今正告顽旧鬼祟,抱着腐败思想的人:你们应该本着你们所信的道理,光明磊落的出来同这新派思想家辩驳、讨论。(中略)你们若是不知道这个道理,总是隐在人家背后,想抱着那位伟丈夫的大腿,拿强暴的势力压

倒你们所反对的人,替你们出出气,或是作篇鬼话妄想的小说快快口,造段谣言宽宽心,那真是极无聊的举动。须知中国今日如

① 陈平原、夏晓虹主编:《触摸历史:五四人物与现代中国》,广州出版社1999年版,第306页。

果有真正觉醒的青年，断不怕你们那伟丈夫的摧残；你们的伟丈夫，也断不能摧残这些青年的精神。①

在李大钊的笔下，"伟丈夫"变成了当权者的代名词，后来"荆生"被普遍认为是安福系的徐树铮，便是源于此。因为徐作为段祺瑞的红人，握有兵权，同时他又是桐城派中人，对林纾执弟子礼。对此，徐树铮之子徐樱晚年曾回忆说：

徐树铮

"五四"运动前后，是新思潮的蓬勃发展，新旧思想形成壁垒。林琴南先生是守旧派的中心人物，他希望我的父亲用政治上的力量来打击新思潮的人物。林氏当时有题名《荆生》的小说发表，其中暗示出这个意思。小说人物：荆生、田其美、金心异、狄莫，据析是分别指我父亲、陈独秀、钱玄同、胡适。用意虽很明白，我父亲却没有什么反应。②

由此可见，对于林纾这篇小说，徐树铮不但读了，而且还领会了其用意，只不过没有理会而已。此外，李大钊说的"造段谣言宽宽心"，也是实有所指，他说的便是张厚载。对此，下节将有详述。

那么听了严复的劝告，视新文学家们的口诛笔伐"如春鸟秋虫，

①　守常：《新旧思潮之激战》，北京大学等院校中文系中国现代文学教研室主编：《文学运动史料选》（第一册），上海教育出版社 1979 年版，第 137 页。

②　徐樱：《先父徐树铮将军事略》，《天津文史资料选辑》第 40 辑，天津人民出版社 1987 年版，第 104 页。

听其自鸣自止"的林纾，又是因何出此"恶毒"之文呢？其实，这既是林纾"木强多怒、狂悖十足"的性格所致，又和张厚载的约稿契机有关，甚至也不排除和新文学家们开个玩笑的心态使然。

本来，对于钱玄同等人于《新青年》上的反复贬责，林纾已心中不忿，后来陈独秀的《每周评论》又将明代的前后"士子"和归有光，以及清代的桐城派三祖，还有其他古文家贬斥为"十八妖魔"，并认为他们的作品"其伎俩惟在仿古欺人，直无一字有存在之价值"，这些又让林纾感到极不舒服。继而又有1918年5月鲁迅在小说《狂人日记》中指出：代代相传的"仁义道德"，其实就是"吃人"两字。而此时白话小说、白话诗以及专门从事社会批评和文学批评的白话杂感已开始流行蔓延，传统的文学形式已面临灭顶之灾。此外，再加上《新青年》所演的"双簧戏"将他贬得一钱不值，而且随后又遭到指名抨击。这让"木强多怒、狂悖十足的林琴南哪有不反击之理"。此时即使是有老朋友严复让他自重身份的信函劝慰，可是"老先生这回真的动了肝火，无法保持沉默了"。①

然而林纾毕竟是经纶满腹的林琴南，尽管已经在濡笔弄墨，可是并没有轻举妄动，他在等待着契机。恰在此时，弟子张厚载登门了，而且确实给他带来了机会。

用聊斋体的小说形式去回敬新文学家，应该是林纾老谋深算的结果。如果写论文反击，稍有不慎，便会给对方留下把柄，搞不好便会弄巧成拙落入圈套。而采用"街谈巷议，道听途说"的小说家言，则是嬉笑怒骂挥洒自如，尤其是小说的虚构性和不受一切制约的自由度，既可将心中憋闷已久的怨气和愤怒一同发泄，又或许能产生一系列无法言说的结果，这岂不是一举两得两全其美之策。况且写这种"解闷""喷饭"的游戏之作，又恰是自己笔下所长。

对于林纾写作用意的这种揣测，当年3月30日出版的《每周评

① 详见王旸：《帘卷西风：林琴南别传》，华夏出版社1999年版，第223—224页。

论》第 15 号恰恰给予了证实。林纾在这一期刊物上发文回应新文学家们的谴责,并嘲讽说,今后还将"宗旨不变"地继续写作"蠡叟小说",并请新文学家们"斧削"。

至于《荆生》和随后刊出的《妖梦》,是在张厚载约稿之前还是之后写成,目前虽然没有史料予以说明,但在《荆生》篇末,林纾写完"伟丈夫"将田其美、金心异、狄莫三人打下山去后,附有跋语,此中文字倒是透露了数则"重要"信息:

> 蠡叟曰:荆生良多事,可笑。余在台湾,宿某公家,畜狗二十余,终夜有声,余坚卧若之不闻。又居苍霞洲上,荔支树巢白鹭千百,破晓作声,余亦若无闻焉。何者?禽兽自语,于人胡涉?此事余闻之门人李生。李生似不满意于此三人,故矫为快意之言,以告余。余闻之颇为呕哕。如此浑浊世界,亦但有田生、狄生足以自豪耳,安有荆生?余读《雪中人》,观吴将军制伏书痴事,适与此类。或者李生有托而言,余姑录之,以补吾丛谈之阙。①

在这段不足两百字的跋语中,林纾至少透露出三层意思:

其一,他视新文学家们对古文和他本人的攻击,是犬吠鹭鸣般的"禽兽"之言,与人类无涉。这也正是他在严复的劝慰之下,此前一直不作回击的心理状态。只不过此番发泄,他将严复的"如春鸟秋虫,听其自鸣自止",升级成了"禽兽自语,于人胡涉",由此也可看出他当时的愤怒之情。

其二,他认为处于当今混乱的时代,也只有田其美(陈独秀)、狄莫(胡适)这样的狂妄书生能够尽情显耀,而像荆生那样的"伟丈夫",已无处可寻。但他看过的小说中曾有军人镇压狂妄书生的故事,

---

① 林琴南:《荆生》,北京大学等院校中文系中国现代文学教研室主编:《文学运动史料选》(第一册),上海教育出版社 1979 年版,第 132 页。

他觉得颇为适合当下的现实。如若再引申一步，则是对于这些狂妄书生，应该用武力加以消灭。当时和随后的人们普遍认为，这便是林纾希冀当权者用武力镇压文学革命的"点睛之笔"，而林纾对废古文者的敌视心态于此也暴露无遗。

其三，不知是有意还是无意，他暴露出了张厚载是他写《荆生》的"同谋"甚至是"主谋"。其所云"此事余闻之门人李生"，这里的"此事"，应该就是荆生痛打田其美、金心异、狄莫三人的故事，而"门人李生"，则让人一下子便从成语"张三李四"中悟出，这是他的爱徒张厚载。况且随后他又点出"李生似不满意于此三人"，局内人均知张厚载刚刚在《新青年》上被陈独秀、钱玄同、胡适所批驳甚至遭讥讽，所以因"不满意于此三人"而向他讲述这个故事一吐为快，便是顺理成章之事。

如果说以上林纾还是为了体现聊斋体的"异史氏曰"，而无意中暴露出了张厚载的话，那么这个跋语的结尾，则是让人颇为费解了。跋语的最后三句为："或者李生有托而言，余姑录之，以补吾丛谈之阙。"在这里不但将《荆生》故事的来源完全推给了张厚载，而且还含糊其词地指出，他是受张厚载之托，将其所讲《荆生》故事笔录后，作为《蠡叟丛谈》中的一篇刊出的。而且前面的铺垫和后面的"刊出缘起"结合得如此巧妙，说的又是如此明确，让人感到大有"嫁祸于人"之嫌。一生耿介倔强、被张厚载奉为"恩师"的国学大师，林纾此举确实让人费解。

此外，从目前可见的史料考查，尚未发现张厚载承认《荆生》故事是他所提供的证据，而在其他人的论述中，也没出现《荆生》是张厚载提供素材的旁证，即使是陈独秀后来点名责难张厚载，也仅是说他让林纾"用文章进行攻击"，并未指出他是《荆生》的始作俑者。因此，随着时光的流逝，林纾的一面之词也就成了孤证，并且永远"死无对证"了。海外有研究者认为，"将张厚载写得那么容易被人识破，是林纾的失误。再加上写到对三人感到不满，这后来给张厚载招致了灾祸"。[①] 但笔者认为,这不仅仅是"失误",问题远非如此简单。

就这样,张厚载被林纾或无意或有意地暴露了。但此时他尚未感到灾祸的到来,甚至还有一种被《荆生》"出气"后的快感。因为就在此刻,他从林纾处又拿到数篇《蠡叟丛谈》,迅速寄往上海《新申报》,这其中就含有为他招来更大麻烦的《妖梦》。

来自校方的压力很快便降临了。在陈独秀、李大钊等人声讨林纾的同时,3月16日,陈独秀以"只眼"笔名在《每周评论》第13号发文指出,当下"有'倚靠权势''暗地造谣'两种恶根性"的"国故党",而在"这班国故党中,现在我们知道的,只有《新申报》里《荆生》的著者林琴南,和《神州日报》的通信记者张厚载两人。林琴南怀恨《新青年》,就因为他们反对孔教和旧文学",而"张厚载因为旧戏问题,和《新青年》反对"。[②]

作为文科学长和《新青年》《每周评论》的主编,陈独秀点名道姓地将张厚载和正被"口诛笔伐"的林纾划为同伙,而且这个同伙还仅有他们两人,年轻的张厚载感到了来自学校的威慑。再加上此时他又惹下了更大的一场"麻烦",为此蔡元培已在3月19日的媒体上对他进行了公开驳斥,而胡适等人此刻也正对他穷追不舍(下节详述)。于是在几重压力之下,他不得不给校长蔡元培写了一封"自首"信。3月21日,这封私信和蔡元培的回信一同被刊载在《北京大学日刊》上。张厚载在信中承认了林纾对蔡元培、陈独秀、胡适等人的"攻击",其原文如下:

孑民校长先生大鉴:

《新申报》所登林琴南先生小说稿,悉由鄙处转寄,近更有

---

① [日]樽本照雄:《林纾冤案事件簿》,商务印书馆2018年版,第158页。

② 转引自[日]樽本照雄:《林纾冤案事件簿》,商务印书馆2018年版,第158页。另见陈平原、夏晓虹主编:《触摸历史——五四人物与现代中国》,广州出版社1999年版,第309页。

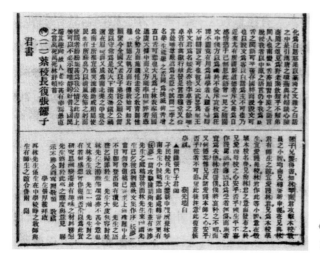

1919年3月21日，
《北京大学日刊》登出了
蔡元培与张厚载的私信

《妖梦》一篇攻击陈、胡两先生，并有牵涉先生之处。稿发后而林先生来函谓先生已乞彼为刘应秋先生文集作序，《妖梦》当可勿登。但稿已寄至上海，殊难中止，不日即可登出。倘有渎犯先生之语，务乞归罪于生。先生大度包容，对于林先生之游戏笔墨，当亦不甚介意也。

又林先生致先生一函，先生对之有若何感想，会作复函否？生以为此实研究思潮变迁最有趣味之材料，务恳先生将对于此事之态度与意见赐示，不胜企祷。

专函敬颂　教祺

学生张厚载拜启

再，林先生系生在中学校时之教师，与生有师生之谊。合并附闻。

张厚载实在是错估了形势，他天真地希望蔡元培"对于林先生之游戏笔墨，当亦不甚介意"，并认为这一切都可作为"研究思潮变迁最有趣味之材料"，可是新旧文化的论战从一开始就不是在"解闷""喷饭"的游戏范畴内进行的，其所自供的"攻击陈、胡两先生，并有牵涉先生之处",更是成为事后新文学家们对他们师徒抨击的把柄。

至于信中所言为刘应秋作序事,乃是此前有一名为赵体孟者,欲付梓明代遗老刘应秋的遗著,函请蔡元培转求梁启超、章太炎、严复、林纾诸人题词写序。奉行"兼容并包"的蔡元培,受人之托忠人之事,遂分别给各位写信拜托。林纾接信后大概有些意想不到,纵容陈独秀、胡适等文学革命派的蔡元培,竟然肯帮忙刊印明儒遗著,这让他心生敬意。慌乱中,他一面给蔡元培赶写复函,以询问写序为由,从正面立论,长篇大套地恳请其阻止废纲常兴白话;一面又给张厚载写信,让他赶紧追回那篇诅咒蔡元培的《妖梦》。

然而覆水难收,尽管张厚载在第一时间便发电追稿,但已知刊发日期的他心里明白,为时晚矣,《妖梦》已上版梓行了。此外,从"自首"信亦可看出,他是知道《妖梦》有侮辱蔡元培的内容,而且他还知道林纾给蔡元培回信之事。如此看来,他不但是在知晓《妖梦》内容后,仍是将其寄出,并且还有受林纾之嘱,打探蔡元培对林函反应之嫌。甚至也不排除,他的这封"自首"信,就是与林纾共同商量的结果,因此其中才有为林纾解脱的说辞。如果真是这样,一个多月后"数罪并罚",他被学校除名,应该是"咎由自取"。

对于张厚载这封"自首"信,蔡元培的回信写得义正词严,正气凛然:

谬子兄鉴:

得书,知林琴南君攻击本校教员之小说,均由兄转寄《新申报》。在兄与林君有师生之谊,宜爱护林君。兄为本校学生,宜爱护母校。林君作此等小说,意在毁坏本校名誉,兄徇林君之意而发布之,于兄爱护母校之心,安乎?否乎?仆生平不喜作谩骂语,轻薄语,以为受者无伤,而施者实为失德。林君詈仆,仆将哀矜之不暇,而又何憾焉?惟兄反诸爱护本师之心,安乎?否乎？往者不可追，望此后注意！

此复　并候学祺

蔡元培白[1]

此回信看似写得简洁明了，客气大度，实则字字痛陈，句句都说在疼处。尤其是"攻击本校教员""意在毁坏本校名誉""徇林君之意""谩骂语""轻薄语""失德""皂仆"等字词，都堪称定性之语。几处质问，更是锥心之言。但在中肯的言辞之后，宽容的蔡校长此时对张厚载尚无惩罚之意，而是以师长的姿态表示了原谅。可是此回信刚刚写罢，事态便发生了逆转。

就在蔡元培的回信与张厚载的"自首"信于 3 月 21 日在《北京大学日刊》登出前三天，3 月 18 日，《妖梦》已在上海《新申报》开始连载，历时 5 天，至 22 日登毕。旋即，此连载便从上海传到了北京，一众新文学精英阅后无不愤慨异常，尤其是蔡元培，更是觉得受到侮辱。因为同是 3 月 18 日，林纾在《公言报》上，公开发表了回复蔡元培托其为刘应秋遗著作序的信函。这封被报馆命名为《林琴南致蔡鹤卿书》的信，林纾原题是《答大学堂校长蔡鹤卿太史书》。北京大学原称京师大学堂，蔡元培曾中过进士被授翰林院编修，其官名即为太史。林纾以此等称谓写信，意在使蔡元培怀旧。而信的开篇，则是谦恭地叙旧："与公别十余年，壬子始一把晤。匆匆八年，未通音问，至以为歉。"在略询作序事宜后，他话锋一转，便讲起尊孔孟、护五常、存古文之理，现择其要点摘录如下（原文每自然段并不相连）：

我公崇尚新学，乃亦垂念逋播之臣，足见名教之孤悬，不绝如缕，实望我公为之保全而护惜之，至慰至慰！

尤有望于公者，大学为全国师表，五常之所系属。

---

[1]　以上两信均录自〔日〕樽本照雄《林纾冤案事件簿》书内影印件，商务印书馆 2018 年版，第 95 页。

1919年3月18日，北京《公言报》上刊发的《林琴南致蔡鹤卿书》

晚清之末造，慨世者恒曰：去科举，停资格，废八股，斩豚尾，复天足，逐满人，扑专制，整军备，则中国必强。今百凡皆遂矣，强又安在？于是更进一解，必覆孔孟、铲伦常为快。呜呼！因童子之羸困，不求良医，乃迨责其二亲之有隐瘵逐之，而童子可以日就肥泽，有是理耶？

外国不知孔孟，然崇仁，仗义，矢信，尚志，守礼，五常之道，未尝悖也，而又济之以勇。弟不解西文，积十九年之笔述，成译著一百廿三种，都一千二百万言，实未见中有违忤五常之语，何时贤乃有此叛亲蔑伦之论，此其得诸西人乎？

若云死文字有碍生学术，则科学不用古文，古文亦无碍科学。

盖存国粹而授《说文》可也。以《说文》为客，以白话为主，不可也。

今全国父老，以子弟托公，愿公留意以守常为是。

与林纾信函一同见报的，还有《公言报》的“编者按”，其中云：

> 惟陈（独秀）、胡（适）等对于新文学之提倡，不第旧文学一笔抹杀，而且绝对的菲弃旧道德，毁斥伦常，诋排孔孟，并且有主张废国语而以法兰西文字为国语之议。其卤莽灭裂，实亦太过。顷林琴南氏有致蔡孑民一书，洋洋千言，于学界前途，深致悲悯。兹将原书刊布于下，读者可以知近日学风变迁之剧烈矣。①

林纾信函见报当天，蔡元培便以《致〈公言报〉函并附答林琴南君函》作答。在反驳《公言报》言论并让其拿出陈、胡等人"主张废国语而以法兰西文字为国语"之证据的同时，又对林纾称，"于本月十八日《公言报》中，得读惠书"，随后便对林函逐条做出了正面回应。②此文后来被郑振铎赞为："蔡元培的复信，辞正义严，分剖事理，至为明白。他（林纾）是没有话可以反驳的。"③此后更有论者认为，"该文堪称精心之作，逻辑严密，举证充分，站在校长立场介绍学校情况，并抓住林纾言论夸张之处，要他提供证据，对新派诸君虽有维护，但注意自己的中立身份，已是立

刊登在《北京大学日刊》上的蔡元培致《公言报》及林纾函

---

① 转引自朱洪：《陈独秀与胡适》，湖北人民出版社 2006 年版，第 70 页。

② 林纾与蔡元培的书信，详见赵家璧主编，胡适编选：《中国新文学大系·建设理论集》，上海良友图书印刷公司 1935 年版，上海文艺出版社 2003 年影印，第 165—173 页。

③ 郑振铎：《中国新文学大系·文学论争集·导言》，上海良友图书印刷公司 1935 年版，上海文艺出版社 2003 年影印，第 7 页。

于不败之地"。①

3月21日，蔡元培这封回信以《答林琴南君函》为题，与林纾的《林琴南致蔡鹤卿书》作为"通信（一）"，同时被登载在《北京大学日刊》第338号上。与之一同刊出的，还有作为"通信（二）"的张厚载的"自首"信和蔡元培的回信。

此时的蔡元培，虽然对林纾所作所为并不认同，而且对《荆生》也是颇为气愤，但他仍是视林纾为学术之争，故而其作答还是有理有据的平心静气。即使是刚刚答完林纾之函，他便从张厚载的"自首"信中得知，林纾"近更有《妖梦》一篇攻击陈、胡两先生，并有牵涉先生之处"，他也仅是认为无非又是《荆生》类的"把戏"，并未太在意，这从他给张厚载的回信可以看出。然而当他几天后辗转看到《新申报》上连载5天的《妖梦》后，在吃惊之余，他不得不对林纾的为人处世产生了想法，甚至感到恼火。同是18日，刊出的信函称兄道弟言辞恳切，而发表的小说却是辱骂外加恶意诅咒。时间上的巧合，让林纾的行为异常恶劣。而且对林纾的这种感觉，很自然地便会牵涉到张厚载。

《妖梦》比《荆生》字数要多，达1500字以上。说的是陕西甘泉人郑思康，酒后做一噩梦，梦见被人带入阴曹地府，见到一所"白话学堂"，其大门贴有对联："白话神通，红楼梦、水浒，真不可思议；古文讨厌，欧阳修、韩愈，是甚么东西"。进入第二道门，则是"毙孔堂"，门上又有对联："禽兽真自由，要这伦常何用；仁义太坏事，须从根本打消"。随后遇见校长元绪、教务长田恒、副教务长秦二世，此三人皆为"鬼中之杰出者"。元绪乃"谦谦一书生也。田恒二目如猫头鹰，长喙如狗。秦二世似欧西之种，深目而高鼻"。三人边说边走，田恒与秦二世大谈废孔孟、铲伦常，而元绪则"点首称赞不已"。突然"金光一道，远射十数里"，原来是"言罗睺罗阿修罗王"从天而降，"直扑白话学堂"，不但将这群提倡白话者全部吃掉，而且还化

① 王枫：《林纾：拼我残年极力卫道》，陈平原、夏晓虹主编：《触摸历史：五四人物与现代中国》，广州出版社1999年版，第312页。

为臭不可闻的一堆粪便。①

这篇小说的隐喻再明白不过,"白话学堂"指的是北京大学,"元绪"便是蔡元培,"田恒"与"秦二世"则分别为陈独秀和胡适。从字里行间可以发现,此时的林纾已呈恼羞成怒之态,这回他使用的是"擒贼先擒王"之策,矛头直接对准了北大校长蔡元培。虽然《妖梦》的主旨和《荆生》一样,都是期望掌权者出面剿杀文学革命派,但《荆生》仅是逞一时之快的泄愤之作,而《妖梦》则是地地道道的恶语中伤和恶意诅咒。当年的亲历者周作人便说,《妖梦》"里边有一个名元绪公,即是说的蔡孑民,因为《论语》注有'蔡,大龟也'的话,所以比他为乌龟,这元绪公尤其是刻薄的骂人话"。②

近年更有海外学者认为,正是《妖梦》"激怒了蔡元培"。因为"'元绪'意味着乌龟。而且,在隐语中,乌龟指龟公、妓院的主人。或者,用上海的妓院的语言来说,'元绪公'意为妓女男仆"。"如果明白了这个背景,那么就能够理解蔡元培不同寻常的隐藏的愤怒了"。③ 此说是在周作人所言基础上的引申发挥,显然有望文生义的牵强。但蔡元培看过《妖梦》后反应强烈,并且迁怒于张厚载,却是事实。据张厚载三年后回忆:

> 前数年,师(林纾)为海上某报作小说有《妖梦》一篇。称蔡孑民先生为"元绪公"。蔡大愤。以此稿皆余所介绍迁怒于余。时余方肄业于北大法科政治门,越两三月即可毕业,竟坐是令余退学。④

---

① 林琴南:《妖梦》,北京大学等院校中文系中国现代文学教研室主编:《文学运动史料选》(第一册),上海教育出版社 1979 年版,第 133—135 页。

② 周作人:《蔡孑民(三)》,《苦茶——周作人回想录》,敦煌文艺出版社 1995 年版,第 263 页。

③ [日]樽本照雄:《林纾冤案事件簿》,商务印书馆 2018 年版,第 167—168 页。

④ 谬子:《畏庐师近事》,《礼拜六》1922 年 3 月 19 日第 153 期。

由此可见,张厚载随后于"五四"前夕被北京大学除名,应该与向林纾约稿,并将含有《妖梦》的系列小说《蠡叟丛谈》寄往上海发表,有很大关系。当然,更直接的原因,则是此时他又惹出了"毁坏校誉"的麻烦……

三、胡适追查"半谷通信"

1919年初,北大教授刘师培、黄侃、朱希祖、马叙伦、梁漱溟等,联合部分学生于校内成立了"国故月刊社",意与《新青年》《每周评论》及本校学生刊物《新潮》抗衡,欲将"毁孔子庙罢其祀"的文学革命新潮击退。一时间,北京大学的新旧思潮之争闹得沸沸扬扬,社会上各种不实之词纷传,以致民国大总统徐世昌也不得不几次出面,召见并"宴请"教育总长傅增湘及蔡元培,"磋商调和新旧两派冲突之法"。

同为"国粹派",张厚载没有参加"国故月刊社",他亲近的人是校外的林纾。同时,他也有自己的事情要干,那便是为上海的媒体写"通信"。但正是这些"通信",不但将此时北京学界的传闻搅得更加纷乱,而且他也很快便为此付出了代价。

现在应该能够判定,1919年3月,是张厚载的"多事之秋",他过得也较为狼狈。虽然上一年他经历了与一众新文学家有关戏曲的论争,并受到"围攻",但在沮丧之余,他并未感到太大压力。而且在踏进林纾家门,约到《蠡叟丛谈》并寄出后,他甚至还有一丝快感。也正因此,当1919年春节到来时,他仍有闲心去戏园观剧。据他当时所记:

> 民国八年二月,正值夏历新年,北京社会,颇有种种点缀,而香厂新筑之新明大戏院,亦于新正初一揭幕,由喜群社演唱日场五天。喜群社,以梅兰芳、余叔岩为两大骨干,故一班戏迷,趋之若鹜,实为是年新春中,北京剧界最有力之组织,在近代剧

史上，应大书一笔者也。余于初五日，始得暇前往一观，过新世界而东，遥见新明大戏院，旗帜飘扬，入院就座，见戏单及茶壶茶碗等物，无不标以大戏院字样。

在依次看过白牡丹（荀慧生）、高庆奎、姚玉芙、陈德霖、姜妙香、王凤卿、钱金福、王长林等名伶表演后，"大轴为梅兰芳与余叔岩合演之《游龙戏凤》。梅、余合演此剧，调门相同，身裁①相当，唱作一切，工力悉敌，自有相得益彰之妙。堂会戏中，屡见两人合演此剧，而此次演来，唱白作工，尤觉美不胜收，四座同声赞叹，洵为日月合璧之杰构。惟是夕梅饰凤姐，说白至'这下等的，就是你们当军的所用'等语时，突引起座隅一部分军人之反感，纷作怪声叫好，诚所谓无理取闹矣"。②由此可见，此时的他，笔底从容，未现重压之感。

即使是 2 月中下旬，林纾的《荆生》刊出并受到文学革命派的谴责，他也是寒假结束便按部就班地到校上课，课余除了看戏外，仍作为上海《新申报》和《神州日报》驻京记者，在频繁出入林纾家门的同时，还忙着采写北京社会的各类新闻。但他丝毫没有意识到，就是这项校外兼职，随后便断送了他的北大毕业生资格。

是年 2 月 21 日，蔡元培发出了"校长启事"，召集北大各科学长、教授会主任、研究室主任，于翌日开会研究"本校扩张计划及其他各种重要问题"。

22 日，会议如期召开，在讨论的诸多"重要问题"中，便有是否保留文理科学长职位的内容。此问题早在上年 10 月 30 日讨论北大改革草案会上，数学系教授秦景阳等人便已提出。他们不愿意帮助理科学长夏浮筠（启蒙运动代表人物夏曾佑之子），也不想让陈独秀任文科学长，故提出废除学长制，增设教务长。对此蔡元培当时并未采纳，于是便拖了下来。此番蔡元培旧事重提，是因为眼下他正被一起

---

① 原文如此。

② 张豂子：《新明戏院之揭幕》，《歌舞春秋》，上海广益书局 1951 年版，第 11—13 页。

挠头的事情所困扰。

据《蔡元培评传》一书披露:"高擎新文化大旗的陈独秀,以其明快的思想和洒脱的文笔,开辟出思想启蒙的崭新局面,成为众多新青年仰慕的偶像"。可是由于他在个人生活方面的问题,已造成"舆论哗然,议论蜂起。反对派对此不无渲染,而新派人物却无以为辩。此事无疑使蔡元培陷于被动、难堪的境地。"[①]因为陈独秀不但是他"三顾茅庐"请来的,而且还是他革新北大的重要依靠。因此,事件如何摆平,让他颇费思量。几经权衡,他决定召开此次会议,欲以废除文理科学长职位为理由,让陈独秀体面去职后,仍留聘为文科教授。但当天的会议仅是讨论,并未做出任何决定。

然而会议内容转天便被泄露出来,并在校内引发热议。作为上海两家报纸的特约记者,张厚载觉得此事颇有新闻价值,而且沪上媒体也在找他索要北京学界新旧冲突的报道,当然也不排除他对陈独秀、钱玄同等人心存不满,于是便在未经核实情况下,写成一篇"通信"电传上海《神州日报》。此前该报便为他辟有"半谷通信"专栏,专门刊发其来自北京的消息。专栏取名"半谷",应该仍与他的别名"缪子"一样,是乡梓之情使然。

2月26日,上海《神州日报》在"半谷

此图左面为刊登"半谷通信"的上海神州日报馆

① 张晓唯:《蔡元培评传》,百花洲文艺出版社 2010 年版,第 87 页。

通信"专栏,以"学海要闻"的标题刊出了张厚载的"通信",其文如下:

> 近来北京学界忽盛传一种风说,谓北京大学文科学长陈独秀即将卸任,因有人在东海(徐世昌)面前报告文科学长、教员等言论思想多有过于激烈浮躁者,于学界前途大有影响,东海即面谕教育总长傅沅叔令其核办,傅氏遂讽令陈学长辞职,陈亦不安于位,故即将引退。又一说闻,谓东海近据某方面之呈告,对于陈独秀及大学文科各教授如陶履恭、胡适之、刘半农等均极不满意,拟令一律辞职云云。然陶、胡两君品学优异,何至牵连在内,彼主张废弃汉文之钱玄同反得逃脱于外,当局有此种意思诚不能不谓其失察也。(中略)凡此种种风说果系属实,北京学界自不免有一番大变动也。颇闻陈独秀将卸文科学长职之说最为可靠,昨大学校曾开一极重大讨论会,讨论大学改组问题,欲请某科某门改为某系,如是即可以不用学长,此种讨论亦必与陈学长辞职之说大有关系,可断言也。①

这便是被后人称为当年引得上海各报热炒,并在国内思想界造成混乱的"张厚载谣言"。对此,日本学者樽本照雄曾有辩解,认为"一贯以来,很多研究论文无一例外地都认定这是张自己散布的谣言。可是,我希望他们好好读一读。张厚载不是在文章的开头写着'风说'么?他不过是介绍而已。这篇报道的重点并不在于此","重点在于北京大学的改组问题。张厚载的报道中耐人寻味的是,他介绍了蔡元培在北京大学召开重要会议。张厚载透露了这是关于陈独秀解任的改组问题。正是这一点触怒了蔡元培"。②

---

① 此"通信"与以下两则"通信",均转引自〔日〕樽本照雄:《林纾冤案事件簿》,商务印书馆 2018 年版,第 90—91 页。

② 〔日〕樽本照雄:《林纾冤案事件簿》,商务印书馆 2018 年版,第 91 页。

但樽本在这里却混淆了一个基本常识,即新闻报道要以事实为依据,而不是道听途说捕风捉影。更重要的是,他忽略了一个事实,此文是在林纾的《荆生》发表一周后面世的。虽然此时张厚载尚未"坦白"《荆生》是由他寄往《新申报》,但蔡元培及《新青年》同人阅过此"通信"后,不可能不将其与《荆生》视为"姊妹篇",认为这是他与林纾的合谋。因为《荆生》是通过故事暗示政府"剿杀"文学革命派,而此"通信"不仅公开编造文学革命派被政府"剿杀",甚至还有"挟制"政府之嫌。因此,《新青年》阵营旋即便展开了反击。

3月2日,陈独秀以"只眼"为笔名,在《每周评论》第11号发表了《旧党的罪恶》,其中谈道:"若利用政府权势,来压迫异己的新思潮,这乃是古今中外旧思想家的罪恶,这也就是他们历来失败的根原。至于够不上利用政府来压迫异己,只好造谣吓人,那更是卑鄙无耻了。"①这里前面说的是林纾,后面指的便是张厚载。随后,李大钊以"守常"为名,在4日和5日的北京《晨报》上,连载了《新旧思潮之激战》,在批驳林纾的《荆生》后,针对张厚载指出:"造谣言宽宽心,那真是极无聊的举动。"②可见《新青年》同人此时已将张厚载和林纾绑在了一起。

虽然这篇"半谷通信"到底是张厚载个人所为,还是与林纾商量的结果,目前已无法稽考,但其对文学革命领军人物的明显愤懑,与《荆生》和随后出现的《妖梦》却是"异曲同工"。尽管报道的最后也不乏"事实"存在,然而这些都是校内机密,在没有正式实施之前,便擅自"添枝加叶"公之于世,实乃触犯大忌。

也正因此,当刊载这则"通信"的报纸送到北京后,蔡元培阅过非常气恼,但考虑到作者尚是一名学生,便没有过多计较。据史料披

① 转引自陈平原、夏晓虹主编:《触摸历史——五四人物与现代中国》,广州出版社1999年版,第306页。

② 北京大学等院校中文系中国现代文学教研室主编:《文学运动史料选》(第一册),上海教育出版社1979年版,第137页。

露，3月4日，他召集马寅初、朱继庵、胡适等人到陈独秀办公室开北大审计委员会议，"会后，陈独秀、胡适与蔡元培谈及学生张厚载的流言，蔡元培很生气，说不妨发表个声明，杜绝谣言。张厚载平常不专心学习，曾请假休学，后又销假，蔡元培对他印象也不好"。①

然而让蔡元培想不到的是，就在他作出这个决定的前一天，上海《神州日报》又在3月3日推出了张厚载的第二篇"通信"：

前次通信报告北京大学文科学长、教授将有更动消息。兹闻文科学长陈独秀已决计自行辞职，并闻已往天津，态度亦颇消极。大约文科学长一席在势必将易人，而陈独秀之即将卸任，已无疑义，不过时间迟早问题。

此文更加恶劣，其已是在明目张胆地造谣。因为此时陈独秀既未"决计自行辞职"，也没"已往天津"，而是仍在校内履行职务。但这

1919年3月10日，北京《晨报》刊出了有关北京大学谣言的文章

种谣言立刻在京沪媒体散布开来，如《申报》便在3月4日登出："北京大学有教员陈独秀、胡适等四人驱逐出校，闻与出版物有关。"随后《时事新报》《中华新报》《民国日报》《国民公报》《新申报》《公言报》《晨报》等京沪媒体，也纷纷谣传陈独秀等四人因办刊物、撰写文章而被北大开除，并遭到政府通缉、逮捕。

对此，新文学家们迅即采取了行动。首先是胡适，他已遵照蔡元培指示，开始调查谣言的源头，并

① 朱洪：《陈独秀与胡适》，湖北人民出版社2006年版，第68页。

连着给张厚载写信穷追不舍。随后陈独秀又在 3 月 9 日出版的《每周评论》第 12 期将《荆生》全文转载，并注明这是"想用强权压倒公理的表示"。同时转载的，还有李大钊抨击林纾和张厚载的《新旧思潮之激战》。

然而同在 3 月 9 日，上海《神州日报》在"半谷通信"栏，再次刊出了张厚载的"学海要闻"：

> 北京大学文科学长陈独秀近有辞职之说，日前记者往访该校校长蔡孑民先生，询以此事。蔡校长对于陈学长辞职，并无否认之表示。且谓该校评议会议决，文科自下学期或暑假后与理科合并，设一教授会主任，统辖文理两科，教务学长一席即当裁去云云。则记者前函报告，信而有征矣。（中略）蔡校长对于校务经营擘画，不遗余力，洵吾国教育界之功人也。

此则"通信"说得很技巧，蔡元培对陈独秀辞职一事，虽未肯定，但也"并无否认之表示"。其余说得倒也有根有据。因为就在 3 月 1 日，文理科合并改组的"文理科教务处组织法"已在北京大学评议会上通过，[①] 并公布在 3 月 4 日的《北京大学日刊》上，称"预定暑假后实施"。既然是公开的文件，作为新闻发布出去并无不可。况且从"通信"上看，张厚载不但亲自采访了蔡元培，而且此事还是蔡元培亲口所说。因此次采访未见其他记载，故蔡元培对张厚载的态度和当时的交流详情，不得而知。但蔡元培在百忙中能够予以接见，说明此时他对张还不是非常反感。此外，从报道中的"记者前函报告，信而有征矣"可见，张厚载此时已有了压力，因为作为校评议会具体负责人，胡适从 3 月 6 日开始，正在对他展开追查，而且步步紧逼。

评议会是北大的权力机构，按沈尹默的解读，其成员由全体教授

---

① 详见高平叔撰著：《蔡元培年谱长编》（中册），人民教育出版社 1996 年版，第 187 页。

互举，文、理、法、预四科教授都有代表参加，约每五人中选一人。当时北大教授共有八十余人（讲师、助教一百五十余人不计在内），选举评议员 17 人，校长为评议长，平时工作由具体负责人操办。凡校中重大事件及各种规章制度，均须评议会讨论通过。①张厚载"造谣"一事上升到评议会层面，可见事态已非常严重。

3 月 10 日，胡适致函《北京大学日刊》，其中说道：

> 两个星期以来，外面发生一种谣言，说文科学长及胡适等四人，被政府干涉，驱逐出校，并有逮捕的话，并说陈先生已逃至天津。这个谣言越传越远，竟由北京电传到上海各报，惹起了许多人的注意。这事乃是全无根据的谣言。

与这篇《胡适教授致本日刊函》一同刊出的，还有《胡适致张厚载君（半谷）信》及《张厚载君答胡适信》。这是应胡适要求刊载的，其在来函中，接着上面的话又说，"将我写给《神州日报》通信员本校学生张厚载君的信及张君的回信送登日刊，以释群疑"。这便是被后人很少提及的"胡适追查张厚载"事件。此中详情，近年海外学者在相关著述中曾有披露，兹援引如下（括号内文字乃笔者据史料添加）：

> 在胡适写给张厚载（半谷）的信中，主要是问他从哪里得知大学文科学长与教员的调动消息，而且还加上了教员被逮捕的事情。（胡适原信为："不知这种消息你从何处得来，我们竟不知有这么一回事。此种全无根据的谣言，在外人尚可说，你是大学的学生，何以竟不调查一番。"）张的报道中写了辞职的谣言，但并没有写逮捕的内容。这是不是胡适的臆测？张厚载（于 3 月 7 日）对此做了回答。（除了解释"半谷通信"专栏是"有闻必录"

---

① 沈尹默：《我和北大》，钟叔河、朱纯编：《过去的大学》，同心出版社 2011 年版，第 147 页。

外，还说）这是同班同学陈达才告诉他的，而且，在法政专门学校里很多人都这么说。（张厚载回信原文为："'神州通信'所说的话，是同学方面一般的传言，同班的陈达才君他也告诉我这话，而且法政学校里头，也有许多人这么说……这些传说，决非我杜撰，也决非'神州'报一家里有的话。"）张说，他没有向老师进行确认就写了通讯，这是自己的过失，并为此道歉。

张厚载称之为"我们无聊的通信"，谦虚地表示是没必要写的东西。可以说他是毫无防备的。后来，他被陈独秀批判了。尽管如此，张对胡适的回答非常诡异。根据报纸的报道，张不是在拜访了蔡元培之后才写的报道吗？

翌日，3月11日，《北京大学日刊》又刊登了《胡适教授致本日刊函》续篇。胡适说，他向陈达才进行了确认，但其实没有那件事。他给日刊寄去张厚载的声明书，建议刊登。

张厚载在该报上发表了声明："本校教员胡适、陈独秀被政府干涉之谣传，本属无稽之谈。"他全面承认这是自己的错误。

继而，3月16日《神州日报》以报社的名义刊登了订正报道。"据闻前此北京通信中所载北京大学陈独秀辞职，胡适、钱玄同等受教育部干涉等不确，特此更正。"（3月18日，北京《公言报》也进行了澄清："日前喧传教育部有训令达大学，令其将陈、钱、胡三氏辞退，但经记者之详细调查，知尚无其事。"）

很多研究者都认为，张厚载自己承认了这是谣言。因为这不正是张自己发表的声明么。谣言的发报者是北京大学法学科的学生，是坏学生。

过于明了，反而有些不自然。

简单地说，张厚载抓住北大改组即陈独秀文科学长罢免一事在报刊上发表了报道。所以这部分是正确的。可是，他写的受到政府干预是不正确的，他也承认了这部分的错误。这两点必须区别考虑。可是，一般都认为张厚载的报道全部错误。

这是快到三月中旬的时候。对于四年级的学生来说,面临着重要的毕业。如果向著名教授胡适先生反抗,坚持主张自己的报道是真实的话,那不知会演变成什么后果。如果当成自己的过错而能解决事情的话,那么承认自己不对也罢。就算有这种心理,也一点都不奇怪。我看着报道的内容和全面承认是自己错误的张厚载的文章,感到其中的隔阂,所以做了上面的推测。可是,张所考虑的这个解决方法,不料竟让他付出了巨大的代价。①

就在胡适追查张厚载之际,3月16日,《每周评论》第13号发表了陈独秀以"只眼"笔名所写《关于北京大学的谣言》,将张厚载所为上升到"人格"问题:

> 张厚载因为旧戏问题,和《新青年》反对,这事尽可从容辩论,不必藉传播谣言来中伤异己。若说是无心传播,试问身为大学学生,对于本校的新闻,还要闭着眼睛说梦话,做那"无聊的通信",(这是张厚载对胡适君谢罪信里的话,见十日《北京大学日刊》)岂不失了新闻记者的资格吗?若说是有心传播,更要发生人格问题了!②

3月19日,蔡元培继前一日写出《致〈公言报〉函并附答林琴南君函》之后,又在《北京大学日刊》上,以致信《神州日报》的方式,对张厚载的"半谷通信"进行了逐条反驳。称"贵报'学海要闻'(半谷通信)"的内容,"有数误点",择其要即为:一、"陈学长并无辞职之事,如有以此事相询者,鄙人绝对否认之。所谓并无否认之表示者,误也"。二、"文理合并,不设学长,而设一教务长以统辖教务。由学长、教授会、主任会议定(陈学长亦出席),评议会通过

---

① [日]樽本照雄:《林纾冤案事件簿》,商务印书馆 2018 年版,第 93—94 页。
② [日]樽本照雄:《林纾冤案事件簿》,商务印书馆 2018 年版,第 158—159 页。

后，定于暑假后实行。今报告中有下学期之说，一误也"。三、"本校现有教授会十一，各会均推主任一人，一共十一人。而将来之教务长，则由诸主任互推一人任之。今报告中乃云'设一教授主任'，二误也。在陈学长赞成不设学长之议，纯粹为校务进行起见，于其个人之辞职与否，无关系"。

在指出以上问题之后，蔡元培话锋一转对张厚载批驳道：

> 贵报上月两次登"半谷通信"，皆谓陈学长及胡适、陶履恭、刘复等四人，以思想激烈，受政府干涉，并称陈学长已至天津，态度消极，而陶、胡等三人，则由校长力争，终未被辞云云，全是谣言。此次报告中虚构一陈学长辞职之证据，而即云"记者前函报告，信而有征矣"。阅报者试合两次通信及鄙人此函视之，所谓信而有征者安在？①

本来就对陈独秀等老师辈的痛批惴惴不安，如今又看到了校长蔡元培的批驳，年轻的张厚载感到了事态的严重，于是他连夜便给蔡元培写了那封"自首"信。而蔡元培虽然对他非常恼火，但接信后，看在他还是一名学生，又肯于认错，于是在一番责问后，便以"往者不可追，望以后注意"为告诫，就不打算再做追究了。如果事情到此为止，张厚载也就幸运地逃过了这有惊无险的一劫。然而恰在此时，林纾的《妖梦》不但已经刊发，而且也由上海寄到了北京，蔡元培及陈独秀、胡适等人看罢，张厚载的运气便在3月下旬急转直下了。

四、因"损坏校誉"被勒令退学

在北京大学建校100周年之际，国内一家出版社推出了一部《北

---

① 详见高平叔编：《蔡元培全集》（第三卷），中华书局1984年版，第279—280页。

京大学演义》，其中有情节如下（大意）：

> 因转寄林纾小说，又因在京沪报刊散布谣言，1919 年 4 月的一天，蔡元培将张厚载逐出北大。直到此时张厚载方才意识到是被林纾利用了，忙求他想办法。而林纾却言："利用？我们谁又不在互相利用？我利用你，你利用我，人生一世，草木一秋，也只不过是被利用一场罢了，你又何必太斤斤计较呢？"面对林纾的回答，张厚载欲哭无泪。离校之际，他愤然地对同窗说："你不要以为他们是什么国学大师，狗屁！表面上一副衣冠楚楚道貌岸然的样子，你不知道他们背地里干着比狗吃屎还要恶心的事情。"继而又忿忿地骂道："林琴南，林琴南，你这条卑鄙无耻的老狗！只要我活着，你的日子就别想好过。"①

对于这段"故事"，今天已无必要去更正其编造之谬了。且不说一代国学大师林纾在这里竟变成了一个卑鄙阴险的无赖小人；也不说日后仍将林纾奉为恩师的张厚载怎能出此恶言，只就张厚载被逐出北大的过程，也要比此复杂得多。但不管该书细节上的真实与否，张厚载被北京大学开除的事实确是真的发生了。对此，还需将时间拉回到 1919 年的 3 月下旬。

面对蔡元培 3 月 18 日的正面回应，林纾又写了第二封信。3 月 24 日，《公言报》登出了《林琴南再答蔡鹤卿书》，除对蔡元培回信中他可接受的部分表示歉意外，又言："弟辞大学九年矣，然甚盼大学之得人，公来主持甚善。顾比年以来，恶声盈耳，至使人难忍，因于答书中孟浪进言。……至于传闻失实，弟拾以为言，不无过听，幸公恕之。"对蔡元培，林纾还是有所忌惮，在变相地对上一封信进行道歉外，他又声明说："然尚有关白者：弟近著《蠡叟丛谈》，近亦编

---

① 迟宇宙、杨雪莉：《北京大学演义》，黄山书社 1998 年版，第 103—107 页。

1919 年 3 月 26 日，《时报》转载了《林琴南再答蔡鹤卿书》

白话新乐府，专以抨击人之有禽兽行者，与大学堂讲师无涉，公不必怀疑。"① 这点便让人难以理解了，连替他转稿的张厚载都承认《妖梦》不但"攻击"了陈独秀与胡适，而且还"牵涉"到蔡元培，一生耿介的林琴南不知因何如此"欲盖弥彰"地违心做解。

当然，蔡元培已不会对这封信再作理会，他要解决的，是校内问题，是怎样平息外界对陈独秀"议论蜂起"的问题，以及如何答复胡适主持的评议会对张厚载的处理问题。对于林纾，陈独秀等人自会对付，因为他们此刻已将刊有回击内容的《每周评论》寄往林宅。

为平息陈独秀事件，3 月 26 日夜，蔡元培在沈尹默的陪伴下，悄然走进国立北京医科专门学校校长汤尔和的家。对于当夜的密谈，1940 年蔡元培故去后，傅斯年曾在重庆《中央日报》有所披露：

> 在"五四"前若干时，北京的空气，已为北大师生的作品动荡得很了。北洋政府很觉得不安，对蔡先生大施压力与恫吓，至于侦探之跟随，是极小的事了。有一天晚上，蔡先生在他当时

---

① 转引自王枫：《林纾：拼我残年极力卫道》，陈平原、夏晓虹主编：《触摸历史：五四人物与现代中国》，广州出版社 1999 年版，第 312 页。

的一个"谋客"家中谈此事（即"陈独秀事件"），还有一个谋客也在。当时蔡先生有此两谋客，专商量如何对北洋政府的，其中那个老谋客说了无穷的话，劝蔡先生解陈独秀先生之聘，并要约制胡适之先生一下，其理由无非是要保存机关、保存北方读书人一类似是而非之谈。蔡先生一直不说一句话。直到他们说了几个钟头以后，蔡先生站起来说："这些事我都不怕，我忍辱至此，皆为学校，但忍辱是有止境的。北京大学一切的事，都在我蔡元培一人身上，与这些人毫不相干。"①

　　这便是 26 日夜里的"密谈"内容。"老谋客"即汤尔和，两年前蔡元培出任北大校长时，到京拜访的第一人便是他。当时他告诉蔡元培，文科与预科的情况可问沈尹默，理工科的事可找夏浮筠，并推荐说："文科学长如未定，可请陈仲甫君，陈君现改名独秀，主编《新青年》杂志，确可为青年的指导者。"当时陈独秀正由沪到京考察民情，住在前门外一个小旅社，蔡元培正是从汤尔和那儿拿到旅社地址，几经反复，方才将陈揽入北大的。②

　　正可谓"成也萧何败也萧何"，陈独秀的文科学长职务此前是汤尔和所荐，今朝又是他力主拿下。最终，在汤尔和与沈尹默的参谋下，蔡元培决定将 3 月 4 日公布、"预定暑假后实施"的"文理科教务处组织法"提前实施。这样既可让陈独秀体面地辞职，又能堵住舆论之口，同时还能堂而皇之地将陈独秀留校做教授。

　　对于这次深夜密谈，陈独秀并不知晓。此刻他的全部心思都在《新青年》和《每周评论》的编辑上。3 月 30 日，《每周评论》第 15 号如期出版，他登出了林纾看过该刊的来信：

---

　　① 傅斯年：《我所景仰的蔡先生之风格》，重庆《中央日报》1940 年 3 月 24 日。转引自萧夏林编：《为了忘却的纪念：北大校长蔡元培》，经济日报出版社 1998 年版，第 342 页。

　　② 蔡元培：《我在北京大学的经历》，钟叔河、朱纯编：《过去的大学》，同心出版社 2011 年版，第 4—5 页。

　　大主笔先生足下：承示批斥《荆生》小说一段，甚佳。唯示我不如示之社会，社会见之胜我自见。此后请不必送，自有人来述尊作好处。至"蠹叟小说"，外间闻颇风行，弟仍继续出版，宗旨不变，想仰烦斧削之日长矣。此候著安。林纾顿首

　　不是写给蔡元培，林纾又软中带硬起来，而且此中"自有人来述尊作好处"一语，似乎再次有意无意地"暴露"了张厚载。对此，陈独秀先有反唇相讥：

　　文理不通的地方，总要变变才好。前回批改大作的人，不是本报记者，乃是社外投稿，占去本报篇幅不少，实是可惜。请你以后下笔留神，免得有人"斧削"，祸延本报。记者正经事体很多，实在无暇"斧削"。

　　本是严肃尖锐的新旧思潮之争，但在甚浓的火药间隙，也穿插着文人间的讥讽与调侃。随后，陈独秀又在这期刊物上发表了《林纾的留声器》，愤然指出林纾已"老羞成怒，听说他又去运动他同乡的国会议员，在国会提出弹劾案，来弹劾教育总长和北京大学校长"。[①]

　　还是在这期刊物上，鲁迅也登场了，他用笔名"庚言"所写的《随感录》，在嘲讽林纾不是民国人，就不要再"干涉敝国的事情"之后，矛头直指张厚载：

鲁　迅

---

　　① 转引自王枫：《林纾：拼我残年极力卫道》，陈平原、夏晓虹主编：《触摸历史：五四人物与现代中国》，广州出版社 1999 年版，第 314 页。

前次北京大学的谣言，可算是近来一大事件了。我当初也以为是迷顽可怜的老辈所为，岂知事实竟大谬不然，全是因为骂了旧戏惹出来的。主动的人，只是《荆生》小说里的一个李四，听说还是什么剧评家哩。我想不到旧戏竟有这样威力，是这样可怕。以前许多报章做了评论，多以为是新旧思想的冲突，真教鬼蜮暗中笑人！①

同是 3 月 30 日，张厚载看到了这一期《每周评论》上林纾的来信和陈独秀的回击，以及鲁迅对他的讥评。当晚他将刊物放入书包，准备翌日送往恩师处。但他万万没有想到，此刻刚刚结稿的《北京大学日刊》，将在转天刊发一则对他来说有如"五雷轰顶"般的"告示"。

1919 年 3 月 31 日，《北京大学日刊》登出了一则"本校布告"，言简意赅，冷峻无情：

学生张厚载屡次通信于京沪各报，传播无根据之谣言，损坏本校名誉，依大学规程第六章第四十六条第一项，令其退学。此布。②

可以想象，看到这则布告后，张厚载应该是完全惊呆了。自己不是已经向蔡校长和胡适先生认错了吗，蔡校长信中不是也白纸黑字地写着"往者不可追，望以后注意"吗，而且自打 3 月 16 日《神州日报》刊出"更正"后，"半谷通信"便再也没有一句言及北大，怎么说开除就开除了呢？张厚载颇为不解，带着一脸沮丧走进了林纾的宅子。虽然三年后他写道，"师颇不安，作'送张生出大学序'（应为

---

① 庚言：《敬告遗老》《旧戏的威力》，刘运峰编：《鲁迅佚文全集》，群言出版社 2001 年版，第 293—294 页。

② 转引自〔日〕樽本照雄：《林纾冤案事件簿》，商务印书馆 2018 年版，第 172 页。

《赠张生厚载序》）一文以相凭藉。然余于学校文凭固视为无足轻重者也"，[①] 但此刻他出了林纾家门，便开始了各处的奔走。

据他后来写给友人的信中回忆：此时他仅差两个月即毕业，看到布告，心中当然不甘，遂急忙去见蔡校长，请求收回成命。蔡元培虽对他心怀恻隐，但学校评议会的决定又不便更改，于是便让他去找评议会具体负责人胡适。胡适对他早就领教过了，对其近年言行自然"心中有数"，于是又将他推回校长处。此时全班同学集体替他请愿，在没有结果的情况下，他又通过师长求到当时的教育总长傅沅叔。傅本来是维护旧学的，此时正致函蔡元培，要其提倡新学不宜过度，而且对张厚载和《新青年》编委的笔仗也记忆深刻，因此便向北大写信予以斡旋，但也未能奏效。此时他看到"布告"上有在京沪各报写通信"损坏校誉"之言，遂又函请《新申报》《公言报》《神州日报》出面辩护，并列举其所作通信篇目，证明没有一个字构成"损坏校誉"之罪，然而结果仍然未能逆转。[②]

周作人

北大评议会如此坚持，拒收成命，是有缘故的。周作人曾耳闻目睹了张厚载被开除的全过程，他后来回忆说，北大很少开除学生，他知道的仅有两例。一为替颇能捣乱的浙江范姓学生"顶缸"的孙世旸，另一例便是张厚载。关于张厚载，他评论说：

当时蔡子民的回信虽严厉而仍温和的加以警告，但是事情演

---

① 谬子：《畏庐师近事》，《礼拜六》1922 年 3 月 19 日第 153 期。

② 余苍：《节录张谬子来信》，《歌舞春秋》附录之五，上海广益书局 1951 年版，第 138 页。

变下去，似乎也不能那么默尔而歇；所以随后北大评议会终于议决开除他的学籍，虽然北大是向来不主张开除学生，特别是在毕业的直前，但这两件事似乎都是例外。从来学校里所开除的，都是有本领好闹事的好学生，北大也是如此。张镠子是个剧评专家，在北大法科的时候便为了辩护京戏，关于脸谱和所谓摔壳子的问题，在《新青年》上发生过好几次笔战。范君是历史大家，又关于《文心雕龙》得到黄季刚的传授，有特别的造诣。孙世旸是章太炎先生家的家庭教师还是秘书，也是黄季刚的高足弟子，大概是由他的关系而进去的。

从以上文字可以发现，"向来不主张开除学生"的北京大学，开除的两位学生都是旧派弟子，而且还都是"有本领"的"好学生"。因此，周作人认为："这正是所谓新旧学派之争的一种表现。"[①]而且他还觉得，张厚载所犯的错误"也不见得真是那么严重，大概透露校内消息，给林琴南做点情报，也许有的，或者不值得那么看重，但是那时北大受着旧势力的袭击，在风雨飘摇之中，急谋自卫，不得不取这种处分，也是不足怪的事吧"[②]。

就在开除张厚载的布告刊出之际，4月4日，民国大总统徐世昌紧急召见教育总长傅沅叔及蔡元培等人，要求他们迅速调停北京大学新旧两派学者的冲突。

4月8日，蔡元培召集学校文理两科教授会主任及政治经济门主任会议，在陈独秀缺席的情况下，讨论后决定废除学长制、"文理科教务处组织法"即日实施。在选举教务长时，因马寅初与俞同奎各得3票，蔡元培遂将自己的一票投给了马寅初，结果马寅初成为北京大

---

① 周作人：《卯字号的名人（一）》，《苦茶——周作人回想录》，敦煌文艺出版社 1995 年版，第 276—277 页。

② 周作人：《红楼内外》，陈平原、夏晓虹编：《北大旧事》，生活·读书·新知三联书店 1998 年版，第 393 页。

学第一任教务长。从此，中国的大学取消了学长制而改设教务长。随陈独秀一同去职的，还有理科学长夏浮筠（已停职休假，当时由秦汾代理）、法科学长王建祖、工科学长温宗禹。他们明知自己成了"陪绑"者，却也无可奈何。陈独秀在被免去文科学长职务后，北大仍聘其为教授，据胡适晚年披露，"校方给假一年，好让他于下学年开一堂宋史新课"。[①]

4月10日，《北京大学日刊》以《大学本科教务处成立纪事》为题，正式公布了实施新政，其中云："理科学长秦汾（景阳）君因已被任为教育部司长，故辞去代理学长之职。适文科学长陈独秀君亦因事请假南归。校长特于本月八日召集文理两科各教授会主任及政治经济门主任会议。是日到会者为秦汾、余同奎、沈尹默、陈启修、陈大齐、贺之才、何育杰、胡适八人。当由与会诸君议决将三月四日所发表之文理科教务处组织法提前实施"。

从以上事实可见，张厚载此前于沪上媒体所发"学海要闻"内容，除陈独秀等人被政府干涉及陈去往天津外，其余基本符合实际情况，称其"传播无根据之谣言，损坏本校名誉"，实乃言辞过甚，至于因此被勒令退学，更是处罚过重。究其实，张厚载纯粹是为林纾"背锅"而成为时代转折关口新旧思潮论战的牺牲品。

然而大错已铸，回天乏力。别说是学生张厚载人微言轻，难以逆转，就是宿儒林琴南，此时也只能无能为力地望而兴叹。此前他已在不同媒体上表示，"老朽不慎于论说，中有过激骂詈之言，仆知过矣"。"仆今自承过激之斥，后此永远改过，想不为暗然。敝国伦常及孔子之道仍必力争。当敬听遵谕，以和平出之，不复谩骂"。而此刻他能做的，也只有写一篇《赠张生厚载序》送其爱徒走出北大了。4月12日，此序刊登在北京的《公言报》上，其中云"张生厚载既除名于大学，或曰为余故也。明日生来面余，其容充然，若无所戚戚于

① 唐德刚译注：《胡适口述自传》，华中师范大学出版社1993年版，第214页。

1919 年 4 月 27 日,《每周评论》第 19 号刊登的《对于新旧思潮的舆论》

其中者"。① 其实这种"打肿脸充胖子"的自我安慰,实在于事无补,而对于张厚载,则更是雪上加霜,这从下面的事实便可看出。

面对林纾的"认错",4 月 13 日陈独秀在《每周评论》第 17 号上表示"佩服":"林琴南写信给各报馆,承认他自己骂人的错误,像这样勇于改过,倒很可佩服。但是他那热心卫道、宗圣明伦和拥护古文的理由,必须要解释得十分详细明白,大家才能够相信咧!"② 而对于张厚载,陈独秀则仍不肯放过。4 月 27 日,他在《每周评论》第 19 号上,特别辑录了一组各媒体"对于新旧思潮的舆论"的稿件,其中特别附录了"无记名"者所言:

> 张元奇弹劾教育总长、徐世昌召见教育界的重要人物等等,各报的报道并不属实。据推测,《公言报》由张镠子所写。张镠子是戏剧迷,他写了一些评论旧剧的文章,赚了一些钱。所以,他固执地认为旧剧好、新剧不行,不能消灭旧剧、不能提倡新剧。这种对戏剧的新旧讨论也应用于学问。新的文学一定会害怕军阀,终于他找到了他所认为古旧的人林琴南,首先让他用文章进行攻

① 转引自王枫:《林纾:拼我残年极力卫道》,陈平原、夏晓虹主编:《触摸历史:五四人物与现代中国》,广州出版社 1999 年版,第 316 页。

② 只眼(陈独秀):《林琴南很可佩服》,《每周评论》1919 年 4 月 13 日第 17 号。

击。然后，让政府或者军阀进行干涉，将提倡新剧的人完全驱逐出去。如此，即便他们置身于外，也能够贯彻他们所希望的主张。他认为，地位低的人说的话是不被重视的，因为没有大学教授那般有势力。像林琴南这种既无知识又无学问的人写信来责难。大学里应当好好开导他。而且，如蔡元培的回信所说，对于社会上为什么会产生这样的人，（其）表现（应）进行仔细地研究。

上引文字是日本学者樽本照雄依据《每周评论》上的文章所概括，在几重转译过程中，肯定有失准或不通之处，如称林纾"既无知识又无学问"便是。但从中不难看出，此文作者已将张厚载写成了希冀借助政府和军阀势力，对新文化精英进行剿杀的背后"元凶"，而林纾，则成了被利用者。至于张厚载之所以如此这般仇恨新文化，那是因为他"写了一些评论旧剧的文章，赚了一些钱"。今天看来，这样的说法已明显有误，可是在当年，则代表了一种声音，而且像陈独秀这样睿智的思想者，也是"宁可信其有"的，否则他便不会将其摘引刊出。樽本照雄甚至认为，"这篇报道投稿于《国民公报》，所以可能是陈独秀亲近的人所写"。[①]

其实，从张厚载在这场新旧文化论战中的言行可以发现，他是个不反对新文化但反对否定中国传统文化的有识有见的旧派学生，只是因为对自身学识的"坚持"与"固守"，遂被文学革命派树为了靶子，结果"一错再错"，不但被勒令退学，而且还背负了恶名，成了历史剧变之际新旧文化论战的牺牲者。新文化的风云人物之所以如此对他，并不是他与他的恩师林琴南有多么强大，而是当时的"运动"确实需要他这样的对立面。对此，陈独秀后来说了实话。在《胡适遗稿及秘藏书信》一书中，收有一封陈独秀写于 1919 年五四运动后的残信，其中便说：

---

① 转引自 [日] 樽本照雄：《林纾冤案事件簿》，商务印书馆 2018 年版，第 139—140 页。

大学风潮，报纸上虽然说得很热闹，但是毫无根据，不过是几个冒充古文大家的老头儿，冒充剧评家的小孩儿，在背地里勾串起来蠕动罢了；把他们当作保守派，当作旧的来和我们对抗，我说句不客气的话，恐怕有点不配。①

哀其不幸痛其不悟的蔡元培此时也是心情复杂，虽对这个大四学生异常恼火，但虑其年少才高，在张厚载离校之际，还是将他叫到校长室，交给他一页成绩证明书，叫他立即赶往天津，去北洋大学报到，并告诉他已与该校联系好，办妥转学手续后，仍可在本学期毕业。然而事情至此，张厚载已是万念俱灰，他在谢别蔡校长后，便依依不舍地走出了北大校门。但他没到天津北洋大学报到，而是归于市井，仍然寄情于他那难舍难割的戏曲去了。

就在张厚载离别北大不久，震惊中外的五四运动爆发了。也就是从此刻起，这场在新文化运动初起之时的新旧文学论战，也宣告结束，以胡适、鲁迅、周作人为代表的新文学家们，以毋庸置疑的文学成就取代了林纾之辈的"桐城""选学"，中国文学乃至中国历史由此掀开了新的一页。

---

① 耿云志主编：《胡适遗稿及秘藏书信》（第 24 卷），黄山书社 1994 年版。

第六章

被冯耿光
『荐』入津门

被"向来不主张开除学生"的北京大学勒令退学，是张厚载想不
到的，但更让他没想到的是，"自被北大开革后，反而弄得大名全国
皆知"，而且后来"似曾因冯幼伟的关系"，还端上了"金饭碗"，"在
中国银行服务"。[①]这是 1951 年上海媒体上，有关张厚载的介绍。

比这一介绍说得更详细些的，是他的老朋友，民国年间曾主编
《戏剧旬刊》（后易名《十日戏剧》）的张古愚，其在九旬高龄为《艺
坛》撰稿时，谈到张厚载时曾说：

　　他是北大学生，"五四"运动前后，在北大学生会中经常发
表言论，也常常在北京各报写戏剧评论文章，主要是捧梅兰芳。
当时北大教授中有新旧文学之争，镠子力袒曾任北大讲席的林琴
南，而林琴南曾以大龟暗指北大当权派蔡元培，因此蔡与林有
隙。又蔡元培得知学生中张厚载是林琴南之得力左右，遂以在北
京报上长期捧梅兰芳为由而除张厚载名，彼时张距毕业期不足一
月。林琴南明知是蔡元培利用职权断他一臂，但势不及蔡，无力
挽回。讵知张镠子因祸得福，原来张被北大除名的消息传到梅兰
芳那里，且是以捧他为由，梅便请冯六爷（冯耿光，又名冯幼
伟）设法照顾张镠子。冯耿光是中国银行总裁，凭冯的一句话，
张镠子就进了中国银行。后来，国民党财政部长宋子文接管中国
银行，并在中国银行投了一笔资金，免了冯耿光的总裁之职，由
张嘉璈出任。张总裁是捧程砚秋的。张镠子因梅兰芳的关系，也
随冯六爷离开了中国银行，并很快去了天津的《大公报》，且以
聊公、聊止署名，在《大公报》上经常撰写评论文章，还成为了

---

① 余苍：《林纾与张厚载》，上海《亦报》1951 年 3 月 23 日。

梅兰芳的缀玉轩中的上宾,可以说,张谬子称得上是以写评论而起家的第一位。①

虽然上引两则史料有简有繁,与事实也有一定出入,但作为友人,他们都披露了张厚载被北大开除后,因祸得福,不但成了全国名人,而且还凭着中国银行总裁冯耿光的关系,进入了金融界。此说尽管不谬,然而揆诸史实,其经历的过程却比此要复杂得多。

一、京城顾曲的机关小职员

1919 年 4 月 3 日,梅兰芳于北京三里河织云公所为其祖母庆贺八十寿诞。是日,京城梨园界大蔓儿云集,所唱堂会,按张厚载后来所言,"实为北京剧界稀有之盛事"。

如此盛会,自然少不了梅兰芳的"左右史"张厚载。虽然此前三天,《北京大学日刊》已登出了勒令他退学的布告,而且这几日他也是在紧张地各处奔走,希冀校方能够赦免,但尚不知情的梅兰芳仍是将媒体报道的任务派到了他的头上。翌日,《公言报》刊出了他写的纪实报道《梅兰芳戏彩杂记》。此文如今读来,并未觉得他有大祸临身之感,仍是一如既往那般娓娓道来,稍有不同者,则是对梅兰芳的"吹捧"更甚,其开篇便言:

> 今日中国,尚有人焉,扬名奋翮,蔚为国光,最为一般社会倾慕心醉,赞叹勿绝者,当无过于名伶梅兰芳。梅氏色艺,冠绝一时,博大精微,超出尘俗,举世瞩望,争欲一瞻颜色,遭际之隆,近代名人,罕有其匹。夫梅今日所以致此,固其自身剧艺,夐绝无上,倾动当世使然。顾梅氏幼失怙恃,孤露无依,今

---

① 张古愚:《愚翁说剧》,《艺坛》(第五卷),上海书店出版社 2007 年版,第 45 页。

日容止优美，艺事精博，果孰煦育而抚长之者，则吾人不能不念今兹康疆寿考之陈老夫人，盖梅氏之祖父若伯父，均名显当日，而相继早逝，所赖以辛苦教养，以至成立，胥其祖母陈老夫人之力。今者陈老夫人，寿跻八十，梅则行将东渡，乃于发轫之先，特为祖母戬寿，四月三日，夏历上巳，向为名流修禊良辰，梅亦于是日假三里河织云公所，设帨称觞，夜间莱舞承欢，自演《麻姑献寿》，一时名伶，以同业关系，各演反串，同申庆祝，以博老人欢笑，是诚伶界空前之盛会，梅氏最近之伟举也。余既躬与其盛，不嫌琐屑，敢以闻见所及，杂述于左，亦吾侪操觚者应有事也。

在写出当日各种祝寿场景后，他又言："夜间，余以事牵率，到场颇晏，梅之《麻姑献寿》，及茹莱卿之《蜈蚣岭》两剧，均已演过，殊深扼腕。《麻姑献寿》，余观之已不止一次，而此次作为开场戏，则为前所未见，陈德霖扮王母，下台后，笑语人云，'我今天居然唱头一出'，盖石头与梅，均唱开台第一出戏，洵破题儿第一遭也。"随后，便是依次介绍当夜所演各出反串剧目，并曝料说，"是夜每一剧演毕即以女乐子（乐音 lào）暂垫，盖因各剧之重要角色，只此数人，若衔接演出，则装扮决来不及也。至所演各剧，则皆为外间所绝无，前此所未有，陈老夫人，睹此空前之反串佳剧，自必笑逐颜开，增其健康，在座诸公，当一欢笑无量，满志以归也"。[1]

从目前史料可知，1919 年上半年，除年初看过孙菊仙、红豆馆主领衔的演出及新明戏院揭幕戏外，这是张厚载唯一的一次观剧，而且还是应梅兰芳之邀身兼报道之职。由此亦可看出，自是年春节后，他便因给《神州日报》写稿和受林纾牵连，而陷入忙乱之中，既无暇也无心情去戏院了。

---

① 张谬子：《梅兰芳戏彩杂记》，《歌舞春秋》，上海广益书局 1951 年版，第 18—23 页。

当各种努力都无法挽回既成事实之后，张厚载倒有了一种解脱感。虽然未能如期毕业，但他已视"学校文凭"为"无足轻重者"了。在将蔡元培给他的成绩单和转学手续收藏好后，他很快便回到了"黄学会"的票房中，在正乙祠痛痛快快地"票"起了京戏。据他后来追忆，此时"黄学会每有彩排，几无不登台"。① 而与他同在正乙祠票戏的友人陈墨香则回忆说，他们当时在正乙祠排了一出《白门楼》，"那扮吕布的小生，唤作张聊公，是位新闻界的老手"，而他则"给聊公配了一个貂蝉"。②

可以说，1919 年的下半年，是张厚载最无忧无虑的票戏时光。不但没有了学业压力，而且生活也是优哉游哉。毕竟此时双亲健在，尤其是在蒙藏院为官的父亲张颉镳，无论是薪酬还是社会能量，都可以保障他在衣食无忧的前提下，再找个不错的差事。对此，他在 1944 年所写的《玩票琐忆》中曾披露说，当他在票房学会了多出剧目后，便可以串演一些角色了。一日，"岱老临时嘱余串演《卖马》（时岱老任币制局总裁，余任局中编译），且约名丑张文斌，为配店主东"。此外，在"堂会戏中，余亦偶尔登台，且有两次离京出外之堂会"。一次是到"通州果仲宇君宅中，与杨润甫合演《借赵云》"；另一次则"自京赴津，至张岱杉总长宅中祝寿"。③

据此可知，走出北大后，在"黄学会"票戏期间，张厚载已有了公干，是在"岱老"任总裁的币制局中担任编译。至于这个差事是其父的关系还是他自谋，目前已无法考证。

检索史料，可以发现，晚清和民初均有币制局存在。宣统元年（1909 年），晚清政府开设币制改革部门，隶属度支部。转年经盛宣怀奏请改称币制局。因张厚载加入"黄学会"的时间是"民国初年"，因此他肯定不是在晚清币制局做编译。进入民国后，北洋政府

① 聊公：《玩票琐忆》，北京《立言画刊》1944 年第 321 期。
② 陈墨香：《活人大戏》，中国戏剧出版社 2015 年版，第 205 页。
③ 聊公：《玩票琐忆》，北京《立言画刊》1944 年第 321 期。

又于1914年3月再次设立币制局，委任梁启超为首任总裁。但梁氏不久即卸任，而在此后的几届币制局总裁中，均无"岱老"之人。直至1920年，曾任北洋政府财政次长的张弧继任此职，方有"岱老"出现。

张弧原名毓源，字岱杉，出任币制局总裁时年已45岁，这个岁数在当年20多岁的张厚载眼里，足可称"老"。因此，他所说的"岱老"，应是张弧无疑。其旁证则是，作为"黄学会"的"主演"，他还曾到顶头上司张岱杉（张弧）在天津的宅子唱过堂会。

搞清了"岱老"，便可知道，或在1920年，或在此后不久，张厚载曾任职币制局编译，这倒也符合他在大学学过外语的经历。由此亦可知晓，当年北京西河沿票友团体"黄学会"（后改称"熙春会"）存在的年头很长，参会人员身份复杂，甚至有像张弧这样的政府要员。而张厚载则是无论上学期间还是谋职后，都始终是这个票友团体中的骨干。其老友陈墨香便说："聊止、梅岑都是正乙祠中坚人物。"并回忆张厚载刚离北大时，在"黄学会"主要是跟王福寿学戏：

> 王福寿，人称红眼王四，也是二路老生。本领不过一个李五，眼眶子却比谁都大，连谭鑫培都不在他眼里。弄得后台人人嫌恶，晚年没处搭班。此刻诸老伶死了大半，王四却还健在，颇和票友周旋。自包丹庭以外，张聊止、章梅岑都跟王四学戏。[1]

对于这位师父，张厚载还是蛮尊敬的。1924年王福寿故去后，他曾撰文悼念说：

> 老伶工王福寿，清末与谭鑫培、李顺亭辈，同供奉内廷，于文武昆乱各剧，无所不精，梨园中人咸称之为红眼王四，性孤

---

① 潘镜芙、陈墨香：《梨园外史》，中国戏剧出版社2015年版，第233页。

傲，不能谐俗，又常与同伴忤，故终身不得志，然其剧艺之深
邃，则识者无不重之。偶于堂会戏中，演《宁武关》《对刀步战》
《取洛阳》《战太平》等剧，内行皆敛手叹服。尝曰，"剧界只有
两个半人，伊与老谭为两个，而大李五（即李顺亭）则半个也"，
其自负如此。民国五年冬，余以包丹庭之介，从王习武剧，王嘱
先学《探庄》以立基础，其后始学扎靠戏《借赵云》《挑滑车》
等出。先是余曾从戴韵芳习小生，后从陈福胜习老生，至是乃从
福寿潜心练武矣。民国十年双十节，冯宅堂会，李释老嘱余代邀
福寿，与陈德霖合演《三击掌》，比出台，座客皆不识为谁何，
罗瘿公先生，起立扬言于众曰："此老伶工王福寿，世称红眼王
四者也。"顾此剧实非王所长，演毕，酬洋三十元，自此遂不复
登场。今岁病逝，得年六十有九。其子躯干过长，性亦愚鲁，福
寿不令学戏，曰"此子非戏料也"，使为秤贩以自活云。[①]

学戏、唱戏的"玩票"活动虽然让张厚载感到兴奋，但也时有烦
恼出现。对此，陈墨香在《梨园外史》中曾有记载：

张聊止在报上捧包丹庭文武昆乱俱佳，并没有说别人不行，
不想有一位老票友见得丹庭，问道："张聊止楞夸你文武昆乱不
但不挡，并且都好，可是实情？"丹庭谦逊道："那是聊止过奖。"
这老票友把脸一板道："我早知你不行，连我还不敢自称不挡呢，
何况你是末学新进！"于是叫着聊止的名姓派了聊止许多不是，
气哼哼地走了。你猜怎么着？那天聊止并没有在座，丹庭也没把
他当事，但是票友吃这个味儿的非常之多，不止这一位。俗语道
得好，会唱的唱戏，不会唱的唱气。票友们都自命亘古无双，只
准有自己，不准有别人。自己学了这一工，再有人说犯了路子，

---

① 张谬子：《王福寿傲骨嶙峋》，《歌舞春秋》，上海广益书局 1951 年版，第 85 页。

就和他不共戴天。①

有了这种事情，张厚载便觉得"黄学会"人多嘴杂，遂减少了玩票次数，而是将更多精力放在了戏曲研究和梨园史料的搜集上。

当年在京津地区颇为流行的《春柳》杂志，1918 年 12 月创刊于天津，至 1919 年 10 月休刊，共出版 8 期。作为戏剧专业期刊，其关注的领域为京剧、昆曲和新剧（以中国早期话剧团体春柳社为主），所发文章多为见地不凡的理论探索。此外，对于新剧、旧剧之批评、讨论，也是刊载重点之一。其撰稿人皆业界一时之选，如齐如山、袁寒云、罗瘿公、春柳旧主（李涛痕）等，而年轻的张厚载，当时也跻身其中，成为主要作者。这期间，他还促成了一部嘉惠后世的戏曲文献的撰写和梓行。

1872 年出生于广东顺德的罗瘿公，自幼饱读诗书，曾是康有为的开山弟子，在历任京师大学堂译书局编纂、邮传部郎中，以及北洋政府秘书、参议、顾问的同时，酷嗜戏曲，长年流连于歌台舞榭和名伶之间，耳闻目睹了众多梨园行的掌故秘闻。1919 年夏天，他受张厚载之约，开始写作记述清末民初众多名伶生平、师承及其技艺的专著《鞠部丛谈》。对此，李释戡在校正时曾有说明："民国七八年，张豂子主持《公言报》戏评。其时评剧捧角之风已甚炽，各报竞载谈剧文字，相与矜炫，然而知音实难，百无一当。豂子之作，乃卓然成家，瘿庵雅重其人，为草此相助也。"② 由此可见，罗瘿公之所以允诺撰著《鞠部丛谈》，是因为佩服张厚载的剧评，方答应为其主持的《公言报》写此书连载的。

该书历经数年，至 1924 年罗瘿公病逝前方竣稿。此后曾被几次刊印，其中尤以樊增祥眉批、李释戡校正、张厚载写有识语的《〈鞠部丛谈〉校补》为善本。全书辞藻华丽、内容丰赡，披露了许多鲜为

① 潘镜芙、陈墨香：《梨园外史》，中国戏剧出版社 2015 年版，第 214 页。

② 罗瘿公、李释戡：《〈鞠部丛谈〉校补》，浙江人民美术出版社 2016 年版，第 6 页。

人知的戏曲掌故。如那琴轩相国力捧谭叫天、杨小楼供奉内廷、王蕙芳贫而豪侈、樊增祥为贾璧云作贾郎曲、九阵风以讼事入狱等，其中颇多异闻轶事，实为难得的梨园史料。据郑逸梅披露，"聊止和梅兰芳友谊很厚，当时罗瘿公著有《鞠部丛谈》，该文谈梅的剧艺甚多。瘿公逝世，原稿本藏聊止处，梅对之爱莫能释，聊止即慨然赠之"。①

京剧艺术自发轫起，便是一代代师徒相授，此间的传承、掌故、得失等，均藏于伶人肚中，被记录于文字者极罕。而从一出道便以记录伶人艺事和舞台实况为己任的张厚载，很早便有了将其所记留作"他日倘有纂辑剧史者，于此或有足资采择者"②的意识，并认为"他日倘或足供修剧史者之参考，则此编似亦为不虚矣"。③因此，他在自己身体力行的同时，也希望他人能够践行于此。当年他看中的第一人，便是名士罗瘿公。

而罗氏也确实没有让他失望，《鞠部丛谈》自付梓之日起，不但泽惠梨园界几代伶人，而且也成了后世治文史者的珍品。郑逸梅便回忆说，1950年冬天，"予过张聊止之养拙轩，见其藏有《鞠部丛谈》之朱印本，版式宽大，绸面线装，非常古雅，丙寅春间付雕，上加樊山眉批，印数极少，无非投赠戚友，为非卖品，现已绝版，即斥资付印之李释戡无边华庵中，亦无复有存，则其珍稀可知。予乃向聊止商借，乘寒假之暇，录成副本。聊止见告，是书原稿在彼家，后被梅兰芳索去，释戡与梅夺，结果不知属谁，今更不知尚存与否矣"。④

除了搞研究和搜集梨园佚史，张厚载很快又恢复了老本行，将公余时间大量用在了看戏和为《北京晚报》《星报》等媒体写剧评上。

---

① 《回忆剧评家张聊止》，见《郑逸梅选集》（第二卷），黑龙江人民出版社1991年版，第793页。

② 张聊公：《〈听歌想影录〉自序》，《听歌想影录》，天津书局1941年版，第2页。

③ 张谬子：《〈歌舞春秋〉自序》，《歌舞春秋》，上海广益书局1951年版，第6页。

④ 郑逸梅：《罗瘿公的〈鞠部丛谈〉》，《民国笔记概观》，上海书店出版社1991年版，第13页。

从后来结集的《歌舞春秋》中可以发现，自1919年下半年到1924年，其剧评所评骘的重点，依然是梅兰芳，而且颇具存史价值，有些甚至已成难得的梨园史料，兹摘引如下：

1919年8月，"时届旧历七夕，各剧场竞唱《天河配》以资应节，以梅兰芳为中心人物之喜群社，亦于新明戏院，连演三晚，逐场满座，院中无立锥之地，门外拥溢之人，盖民初以来未见之盛况也"。9月11日，余叔岩在正乙祠为母亲举办祝寿堂会，梅兰芳在《辕门射戟》中"反串射戟之吕布，风仪俊美，唱工佳妙，为是夜诸反串戏中最精彩之一出"。同在9月，梅兰芳演出《雁门关》时，"国中南北正派代表议和"，而剧中"亦有派代表议和等语，与时事正相巧合"，尤其是在"第五本中，梅兰芳所扮之青莲公主，更有'快快罢兵讲和，免得生灵涂炭'，以及'在外人看着，南朝是南朝，北国是北国，在我们看起来，这几年的打仗，岂不是自己同自己捣乱么'等语之道白，尤对当时政局，痛下针砭，故梅念此两段道白时，台下掌声雷动，大表欢迎，盖其立言正大，弥慊人心，虽语语对时局作棒喝，又语语不出本剧之范围，天衣无缝，妙造自然，自是难能可贵也"。而到了11月，梅兰芳等26名艺人又自动发起筹款义演，"为人力车夫添筑休闲所"，梅兰芳"于是夕，特演《游园惊梦》，并反串《辕门射戟》"。

1920年2月，"梅兰芳新排《上元夫人》一剧，特于旧历上元节，在新明戏院，连演三晚，此剧系纯粹神话性歌舞剧"，梅兰芳的"歌舞场面，备极繁妙"。当年2月，"正值旧历新年，北京剧界，有一大事可记，即杨小楼、梅兰芳两大名伶，合组崇林班，于文明园与新明院两处轮流出演是也。崇林二字之命名即以杨、梅两姓，皆从木，双木成林，以表示推崇杨、梅之意耳"。

1921年2月，"正值旧历岁暮"，此时"有一特殊精彩点，即名伶反串《蚂蜡庙》是也，梅兰芳于此剧中，反串黄天霸，尤足以引起观众之注意"。3月，"奉天旅京同乡，举办急赈义务戏"，在《千金一笑》中,"梅兰芳饰晴雯,头场表演嫉妒之态,微嗔薄怒,演作极工,二场之唱工,珠圆玉润"。10 月 13 日,"中国银行总裁冯幼伟氏四十初度,朋辈为邀名伶演剧于其东四牌楼九条胡同寓中,其大轴子为杨小楼与梅兰芳合演之《镇坛州》,盖外间从来所未见,而歌场最新之杰构也",剧中梅兰芳反串小生杨再兴,"座客无不啧啧叹赏,且称其扮相,花团锦簇,风采丽都,以复极合小将之英俊丰裁也"。

1922 年 2 月 17 日,在"织云公所下宅堂会"上,"名满世界之剧界大王梅兰芳,自香海归都,各界均极为想望,是夕与王凤卿演《武家坡》",梅之表演"异常精能,故虽一极旧之戏,一经扮演,便觉神奇,实至名归,宜其为世界所倾慕也"。9 月一个"星期六之夕",梅兰芳于真光院演出《风筝误》。是日"阴雨不止,而座客拥挤乃出人意外,音乐台上,一破例售座,楼下前排,仍加座甚多,楼上包厢,先期早已售罄,其定厢不得者,更不知凡几,如此盛况,殆非梅氏登场不能有也"。戏演过半,"黎元洪携其眷属,缓步而入,在第四厢中坐定,全场坐客,多为注目,黎衣黑色西装,戴平顶草帽,态度颇安闲和蔼,无骄矜之色,亦可谓能行平民主义者矣。(按民国历任总统,皆深居简出,偶出亦必警备森严,若微服简从,出入剧场者,惟黎氏一人而已)"。该剧上半场演的是丑小姐,"穷形尽相,未免伤雅,黎元洪戴上草帽,意欲离去,其夫人曳之稍坐,及梅兰芳饰美小姐,揭帘而出,奇丑之后,忽惊绝艳,全场观众,皆鼓掌赞美,黎氏遂亦脱帽静观矣"。

1923 年"夏历三月十四日,中行总裁冯幼伟君,为其太夫人七十晋五华诞,在北京九条胡同本宅,设帨称寿,特邀名伶演剧"。梅兰芳在《黄鹤楼》中反串周瑜,"扮相秀美而文,唱念亦极精妙,带演水战《三江口》,与杨小楼打三场,与钱金福打两场,把子均非常熟练,极为难得"。6 月 9 日,北京军警全体罢工,"是夜开明院有梅兰芳之《琵琶缘》,开明院经理,于晨间询梅演否,梅亦答以当然仍照常演唱"。当晚戏院"无处不人浮于座,其中又有许多西洋人,楼下之女座，亦均卖完，无一虚席，此种盛况，乃见之于军警罢岗之夕，则梅之魔力，洵可惊叹矣"。9月8日、9日"两晚梅兰芳新排历史名剧《西施》，在真光院初次登台，九城轰动，包厢散座，预定一空"，"综观两晚所演，唱作之繁重，服装之奇丽，灯彩之辉煌，洵可谓洋洋大观"。

同年11月2日，是梅兰芳30岁生日，张厚载因公务刚刚由沪返京，据他当日所记：此前"京津沪港，以及内地寄赠之诗文书画，美不胜收"，是日"梨园行到者极多，陈德霖、尚小云、王瑶卿、朱琴心、黄润卿及票友蒋君稼等，先后皆至，其弟子徐碧云招待甚勤，程砚秋在沪演剧，亦有贺电遥祝，上海方面况夔生、赵竹君、袁伯揆、狄楚青均有祝词嘱余携京，而是日更接到徐建侯、罗瘿公、袁伯揆三君连衔之贺电一通。画家到者最多，姚茫父、陈半丁、王梦白、金拱伯、张汉举、方自易诸君，皆濡毫伸纸，渲染生色，至十二时始散，可谓淋漓尽致矣"。此外，尚有"电影、杂耍、魔术，而刘宝全、良小楼之大鼓、德寿山之单弦、焦德海之相声，尤为宾客欣赏"。

1924年4月的一天，梅兰芳为其祖母祝寿，"缀玉轩中，裙屐纷纶，极一时之盛会，刘宝全、良小楼均唱大鼓"，当晚"庭中有滦州影戏，所演各剧，皆原原本本，始终不懈"。而梅之"祖母此次作寿后，旋即病逝"。①

在为《北京晚报》《星报》撰稿的同时，这期间张厚载还与天津《大公报》发生了联系。

《大公报》是由维新名士英敛之于1902年6月17日在津创办，

① 详见张谬子：《梅兰芳扮演织女》《余叔岩为母祝寿》《梅兰芳改良〈雁门关〉》《京剧艺人为人力车夫服务》《上元节演上元夫人》《杨梅合组崇林班》《京剧艺人救济同业》《侯俊山演〈辛安驿〉与〈八大锤〉》《梅杨合演〈镇坛州〉》《涕泗滂沱之琴雪芳》《梅兰芳演〈风筝误〉》《梅兰芳串演〈黄鹤楼〉》《军警罢岗声中之剧场》《〈西施〉初演记》《梅兰芳三十生日闻见录》《缀玉轩中之艺趣》等，《歌舞春秋》，上海广益书局1951年版，第23、29—30、37、38—39、40、40—41、44、51/54、62—63、68—70、76—78、82、82—83、84页。

1906 年，在天津日租界旭街（今和平路）上刚刚建成的大公报馆

馆址初设法租界葛公使路（今滨江道）法国领事馆旁，四年后迁址日租界旭街（今和平路四面钟对面）。由于创刊初期大力倡导白话文，故甫一面世便受到热捧。但随着辛亥革命后英敛之的出走，其内容和销路便每况愈下，并于 1916 年 9 月被安福系政客王郅隆盘收，由报业奇才胡政之任经理兼主笔。王郅隆同徐树铮关系密切，与林纾亦走动频繁，张厚载能够在《大公报》发稿，或许与此有关。通检这一时期的《大公报》，可以发现其稿件刊出情况，现择其要者列目如下：

1922 年 7 月 28 日，他以"聊"的笔名发表了《程艳秋之戏》。

1923 年 3 月 21 日至 22 日，他以"缪子"笔名连载了《记程艳秋〈红拂传〉》；5 月 1 日至 2 日，又以"瞭"的笔名连载了《中国旧剧对外之曙光》；5 月 10 日，还以"瞭"的笔名发表了《记冯宅堂会——戏目略有变动》；8 月 19 日，仍以"瞭"的笔名发表了《梅大王上台消息》；12 月 5 日至 6 日，他以"养拙轩主"笔名连载了《听琴娘〈祭塔〉记》。

1924 年 2 月 18 日及 20 日至 21 日，他以"养拙轩主"笔名连载了《顾曲丛谈·梅剧新评》；3 月 22 日，又以"养拙"笔名发表了《顾曲丛谈·奉天之大堂会剧目》。

此外，同在 1924 年，他还以张缪子的笔名，尝试着写出了平生

第一部通俗小说《大盗存孤记》，刊发于上海文艺期刊《说部精英甲子花》上。此杂志注重娱乐消遣，由沪上文人刘豁公、王钝根编辑，上海雕龙出版部出版，目前仅见一期。翻开目录可以发现，在名家版块内，除刊有张厚载的说部外，尚有严独鹤、徐卓呆、严芙孙、施济群、顾明道、许廑父、张舍我、姚民哀、顾佛影、贡少芹、何海鸣、王西神、程小青、海上漱石生等南派著名通俗小说作家的言情小说、滑稽小说、社会小说、侠义小说等。此外，还刊有毕倚虹、张静庐、郑逸梅等沪上文人的散文、笔记，以及程砚秋等名流小照和梅兰芳所画扇面等。而从这一期刊物的作者名录看，只有张厚载一人为北方文学青年，其余均为上海滩或姑苏城内的通俗小说名家和知名文人。

由此亦可看出，"罹难"北京大学后的张厚载，此时已是声名大噪，其名气已从北京传至上海，并与通俗文学中的南派名家平起平坐，同"刊"而语了。而当年能够享此"待遇"的北派通俗小说作家鲜见，此前也仅有凭着一部《奇侠精忠传》而走红上海滩的京籍武侠小说名家赵焕亭。后来成为北派武侠小说四大家之一、并操民国社会武侠小说创作之牛耳的白羽，此时虽也在上海《礼拜六》杂志以"竹心""宫幼霞"之名刊出小说《记纨绔子》《茗碗余话》等，但那只是为南派名家"挎刀"的陪衬而已。

二、"移家来津"入职银行业

关于张厚载的婚姻状况和子嗣存续，目前史料匮乏。能够见到的，只有1930年天津《北洋画报》在纪念创刊四周年时，曾刊出部分编者的照片和画像，其中有他与一位中年妇女在天津同生美术部所拍合影，下方标注为"张谬公与张朱淡荸"。① 据此可知，此时他已结婚，夫人姓朱名淡荸。

---

① 见天津《北洋画报》1930年7月7日。

1929 年，张厚载与妻子朱淡芗合影于天津

至于迎娶时间，虽然未见记载，但从他后来回忆"民十五年，移家来津"①看，应是在北京上学期间或被北大除名不久。因为"移家来津"的"家"，是包括家用与家眷的。而且从 1930 年所拍合影看，36 岁的张厚载已呈"人到中年"状，其夫人则亦是 35 岁左右的相貌，无论是年纪还是面相，二人都极为般配，由此亦可佐证，二人早在北京时便已结为夫妻。

因此，到了 1925 年，31 岁的张厚载除了父母尚在外，应该已有妻子相伴，而且还应该有了子嗣。然而就在这一年，他的家中遭遇了"大故"。

《歌舞春秋》是 1951 年付梓的，张厚载在该书自序中云：

> 民十四至十六年，因双亲先后弃养，迭遭大故，忧伤憔悴，家计身谋，不遑宁处，已而饥躯赴津，此后与燕市歌场，遂尔暌隔。②

这段话有些说得具体明白，有些说得含糊不清。

首先，其明白无误告诉人们的，是在 1925 年至 1927 年间，他父母已先后谢世。具体到谁先谁后，他虽然未讲，但从其他史料中亦可推断求证。

---

① 聊公：《玩票琐忆》，北京《立言画刊》1944 年第 321 期。

② 张厚载：《歌舞春秋·序三》，上海广益书局 1951 年版，第 5 页。

1926 年 12 月 29 日，《北洋画报》刊出的"松公"所撰《记张宅开吊》写道，"张谬子君以父丧在京寓开吊。是日余充招待之职，略记所见，以当报告。谬子之尊人颉筼先生，久官蒙藏院，因欠俸逾万金，抑郁以终，故各方面所赠挽联，多寄悲愤之意"。而挽联中，"以姚华及郭则沄、许宝蘅诸联最佳"。① 此则消息对张厚载父丧的年月、原因及吊唁规模等，均进行了报道，唯独没有写明的，是张父逝去的具体时间。但查阅相关史料，还是能有所发现。

据《许宝蘅日记》记载，1926 年 12 月 5 日，其"写挽张颉筼、陆亮丞联"。② 由此可知，张厚载的父亲张颉筼或是故于 1926 年 12 月 5 日，或是此前几日。《北洋画报》12 月 29 日方才报道"开吊"之事，显见是迟到近一月的消息。其原因或是因为文稿上版时间延误，或是因为丧事被某些事情拖延，停灵时间过长。联系到张厚载随后所写文字，后者的可能性更大。如此这般，张厚载料理完父亲的丧事，也就到了 1927 年。

既然父亲是死于 1926 年底，那么按张厚载所云"民十四至十六年，因双亲先后弃养"这一时间段推算，其母亲肯定是逝于此前的 1925 年，而且是在 4 月或以后。因为当年 4 月 10 日，张厚载还在为天津《大公报》副刊"剧谈"栏撰稿《唱功之需要——需要讲究字音》。

对于其父母故去的地点，虽然未见任何披露，但也可以据相关史料推定。从张厚载的回忆中已知，1926 年他方"移家来津"，那么其母故于北京应该是肯定的。至于其父是逝于京城，还是随他"移家来津"后逝于沽上，从许宝蘅写挽联一事亦可知晓。许宝蘅几十年间一直活跃于北京官场，1926 年底，身为北洋政府内务部秘书的他，于宅中同时为死于京城的史学家陆亮丞（陆绍明）和张颉筼写挽联，便足以说明张颉筼也是死于北京。而且张厚载为其父办丧事，亦是"在

---

① 松公：《记张宅开吊》，天津《北洋画报》1926 年 12 月 29 日。

② 许恪儒整理：《许宝蘅日记》（第三册），中华书局 2010 年版，第 1162 页。

京寓开吊"。具体地点，便是京城"西河沿一九一号"紧邻正乙祠的那座豪宅大院。

其次，便是含糊不清的"迭遭大故，忧伤憔悴，家计身谋，不遑宁处"之句。

"迭遭大故，忧伤憔悴"虽说得概念抽象，但还容易理解。继前一年，亦即 1924 年 10 月 9 日，其恩师林纾病故后，其父又因蒙藏院"欠俸逾万金"而忧愤成疾，随后因其母在 1925 年病故，其父亦在 1926 年底"抑郁以终"。三年之内，其恩师和父母先后夭亡，再加上其父欠薪"逾万"造成的家庭负债，遂让他这个长子的身心既"忧伤"又"憔悴"。

而"家计身谋，不遑宁处"则是让人费解。是因为父母故去方才造成如此结果，还是遭遇如此变故方才使得父母双亡，此为费解之一。究竟是发生了何等变故，方才造成其无论是家庭还是自身，都处于一种惶惶不安难有宁日的境地，此为费解之二。联想到他在另一篇回忆中所云，1926 年以前，他家住在京城"西河沿一九一号"，但这座紧邻正乙祠的豪宅大院，在 1926 年以后则"已归名医汪逢春所有"，[①] 并被标为"公产"，我们便很容易就会产生如此想象：在父母去世的前后，他家除了遭遇"欠俸逾万金"的变故外，肯定还遇到了其他难以言说的灾难，以至造成"人亡家破"，最终豪奢的深宅大院也被迫充公易主的结局。

1927 年 7 月，《北洋画报》纪念创刊一周年时，作为编者之一，张厚载曾作诗云："提起当年泪不干，光阴一去不复还。一事无成两鬓斑，连来带去十八年。"并注释说："《北洋画报》一周纪念号要登同人儿童时代的照片，在下恰有一张十五岁时的小照，很想题几句话，但是一回想到从前的事情，无限辛酸，更不知从哪里说起？偶然想起几句戏词，便糊乱写上四句，在下对于这张小照的感想，也

---

① 聊公：《玩票琐忆》，北京《立言画刊》1944 年第 321 期。

不过如此。"①

可以肯定地说，此中所言的"泪不干""无限辛酸""不知从哪里说起"等语，既是对当年被北大开除而言，又体现出新近家庭"迭遭大故"后的"忧伤"与"憔悴"。当年父母健在时的豪宅大院、锦衣玉食生活，瞬间化为乌有，岂能不让他泪流不止、无限辛酸。

此外，"已而饥驱赴津，此后与燕市歌场，遂尔暌隔"，亦好理解。他已在不同的文章中，多次言及，1926年移家来津后，便告别了北京的票友与票房。②至于移家来津的原因，虽然确如友人所披露的那样，是"因冯幼伟的关系"，梅兰芳将他托付给冯耿光（幼伟），"凭冯的一句话，张镠子就进了中国银行（天津分行）"，③但此前此后的详细过程，却是鲜为人知。

按《歌舞春秋》自序所言，其所刊内容均是"摘取自民五（1916年）至民廿四（1935年）年间，京津各报所登偏重记事之作"。然而翻阅此书便会发现，从1925年初到1928年末，无论是在北京还是来到天津，都是张厚载观剧、写剧评的空白期，而其余年份则几乎每年都有或多或少的看戏记录和剧评文章出现（仅1931年阙如）。其实，1925年至1928年这4年间，张厚载不但家中"迭遭大故"，而且他自己在忧伤憔悴的同时，也在为生计而奔波。幸好这期间他得到贵人相助，不仅离开了令其忧伤憔悴的京城，并且还让他在津门端上了金饭碗。而所谓的"贵人"，便是"梅党"党魁梅兰芳和"梅党"领袖冯耿光。对此，还需从冯耿光入主中国银行说起。

中国银行的前身是1905年8月在北京成立的大清户部银行，1908年改称大清银行，相当于晚清政府的中央银行。民国元年（1912

---

① 镠子：《集戏词自题十八年前小影》，天津《北洋画报》1927年7月9日。

② 如1944年他在《玩票琐忆》中，便反复提及"民十五年，移家来津，此事（玩票）始渐冷淡""民十五年，移家来津后，不常玩票"。

③ 详见余苍：《林纾与张厚载》，上海《亦报》1951年3月23日；张古愚：《愚翁说剧》，《艺坛》（第五卷），上海书店出版社2007年版，第45页。

年)2月5日,大清银行改名中国银行,由政府委派正副监督进行管理,故其在民初的十余年间,仍兼具中央银行的性质。其首任正监督(后改称总裁)是1926年新记《大公报》在天津重组时担任社长的吴鼎昌,后经十几任总裁的更替,到曾在外交和金融界大显身手的王克敏继梁启超后出任财政总长时,遂将自身兼任的中国银行总裁一职,让给此前曾在军中任职的冯耿光。1918年2月24日,北洋政府代理大总统冯国璋颁布命令:"任命冯耿光为中国银行总裁,张嘉璈为副总裁,此令。"

因被袁世凯闲置而蛰伏六载并已成为"梅党"领袖的冯耿光,能够坐上中行总裁宝座,除了有赖于既是同乡又是世交的王克敏举荐,还因为他与冯国璋的旧谊。回溯时光,二冯之间曾三度同僚。此外,在袁世凯欲称帝时,冯耿光曾受进步党之托,秘赴南京,以袍泽之谊说服时任江苏都督的冯国璋,使其联合各省都督,联名通电袁世凯放弃帝制。正是凭借此举,袁世凯殁后,在黎元洪与段祺瑞的"府院之争"中,冯国璋渔翁得利,当上了民国代理大总统。有了这样的旧谊,成为北洋之首的冯国璋,本拟授冯耿光为陆军部次长,但冯耿光却有意弃武从商,遂在王克敏举荐下,于1918年2月26日正式就任中行总裁,成为彼时中国银行业权力最高者。[1]

冯国璋出任代理大总统,其内阁总理仍是段祺瑞。由于二人摩擦不断,作为冯国璋的嫡系,冯耿光自然会"扬冯抑段"。据张厚载当年所记,就在冯耿光出任中行总裁的1918年2月,梅兰芳于北京吉祥戏院出演《祭塔》,"吉祥楼下座客,尤为包桌,其最前一排,稍向左偏之一桌,有一人据案独坐,器宇轩昂,则当时已在政治舞台上崭露头角之徐又铮氏也。其最前正中之一桌,则为捧梅最力之冯幼伟氏"。[2]徐又铮便是段祺瑞最为信任的左膀右臂徐树铮,其乃安福系灵魂人物,此时正是大权在握炙手可热。然而冯耿光不但不屑与之攀

---

① 靳飞:《冯耿光笔记》,文津出版社2022年版,第70—75、78—79、82页。

② 张聊公:《吉祥丹桂两院胜会》,《听歌想影录》,天津书局1941年版,第34页。

奉，而且还大有分庭抗礼之意。可见此时冯耿光亦是踌躇满志，意气风发。

只可惜好景不长，1919 年 8 月 12 日，冯国璋宣布退出政坛，同年 12 月 28 日，便病逝京城。冯国璋的早亡，让冯耿光失去了最强有力的政治靠山，再加上 1921 年底中行与交行分别遭受了严重的挤兑风潮，无奈之下，冯耿光只得在 1922 年 5 月 22 日至 24 日的中行股东总会上辞去总裁职务，退居董事会董事，同时将更多的精力投入对梅兰芳的辅佐上。这一时期，也是他和吴震修、李释戡、张厚载等"梅党"同人接触最多的时候。而张厚载，此时则已在币制局任编译，工余玩票正玩得兴高采烈，而且还正在豪宅大院过着父母双在、夫唱妇随的幸福生活。

也算是乐极生悲，当时光到了 1925 年，张厚载家开始了"迭遭大故"。从他后来的行止看，当时不但"母亡家败"，而且还丢了币制局的差事。父亲此时虽然尚在，但因蒙藏院"欠俸逾万金"亦抑郁成疾。无奈之下，刚过而立之年的富家阔少张厚载，开始了为生计奔走，为全家也为自己。此时了无结果的"家计身谋"已搞得他整日"忧伤憔悴"，再加上他还因某种重压而时时感到"不遑宁处"，因此，不但剧评辍笔了，而且戏院也是无心光顾，甚至"与燕市歌场"，亦因此"暌隔"。

张厚载家的遭遇，很快便让老朋友梅兰芳知道了。作为江湖中人，讲义气的"梅郎"为此非常焦急。在一次于自家新宅"缀玉轩"举行的"梅党"聚会中，他将张父被欠薪"逾万金"的不幸讲给众人听，并希望大家能够伸出援手予以襄助。有梅氏"御前大臣"和"秘书长"之称的李释戡首先提议，大家自愿认股，凑一笔钱先解张家的燃眉之急。被"梅党"同人冠以"智多星"绰号、眼下正担任中国银行总文书的吴震修则言，凑一笔钱固然可以，但除了救急还应救穷，还是应该给他找个稳妥的职业，这样才是长远之计。

冯耿光听了二人的建议，沉吟半晌后，对曾出任过中国银行天津分行副经理的吴震修说："你觉得让厚载去投奔中行天津分行卞白眉如何？凭我和卞的交情，我想卞应该能给他安排一个不错的职位。你也可以利用你的关系，让他在天津分行谋个文书类的笔墨行当。"

梅兰芳闻言忙问："那何不就近让他在北京入职北京分行或总行呢？"

冯耿光皱着眉头说："那样自然是好，只是从我目前的处境和北京的大环境看，都不适合。虽然现在中行总裁由王克敏兼任，但副总裁张嘉璈却是个'政客'，他们都知道我和厚载是'梅党'中人。我眼下实际是在赋闲，在北京安排厚载，会引起他们的猜疑，以为我在暗中扶植自己的势力，这样对厚载对我都不利。天津远离北京是非圈，厚载去天津不会引起任何人的注意，只是不知他愿不愿意？"

梅兰芳边点头边说："我明日和他谈谈。"

翌日，梅兰芳让人将张厚载叫到"缀玉轩"，将前一晚众人商量的结果如实相告。张厚载听罢，非常感动，在起身谢过梅兰芳后说："此计甚好，北京是我求学和生活的伤心之处，离开北京到天津入职银行业，既可摆脱北京这个背运之地，又能有个体面稳妥的谋生之所，我非常愿意。我在天津生活过，也喜欢那种华洋杂处的都市环境，那里的戏园子不但不比北京少，而且还是戏曲界南下北上的大码头，懂戏的人多，其中有多位是我的好友。再说京津之间咫尺之遥，想看您的戏，坐火车就回来了。"梅兰芳闻此颇觉欣慰，忙说回去和家人再仔细商量商量，如无大碍他就托"冯六爷"去办了。

到得家中，张厚载将梅兰芳的话原原本本讲给了家人。全家经过合计，都认为这是眼下最为稳妥之计。于是1926年初夏时节，在梅兰芳的关照和冯耿光、吴震修的斡旋下，张厚载孤身一人踏进津门，入职中国银行天津分行。而其家眷，则暂时留在了北京。

然而让他想不到的是，就在他来津不足半年，其父的病情便急转直下，最终于当年12月初"抑郁以终"。按照目前已知史料推测，张厚载应该是在父殁之前，便赶回了北京，在料理完父亲的丧事，又在种种祸事的重压之下，无奈中只得将京城西河沿 191 号紧邻正乙祠的豪宅大院易主。旋即，在安顿好弟弟一家后，他便携家眷重新返回了天津，并在法租界杜麦路（今丹东路上大沽路至和平路段）赁房而居，由此开始了他的第二次天津"避祸"生涯。

此时为了平息纷乱的心绪，他还给天津的新居起名"养拙轩"，意为韬光养晦，自此收敛公子哥个性。此后的时日，这个斋名便始终伴随着他，无论是在津沽，还是后来奉调沪上。

"养拙轩"离他供职的中国银行天津分行近在咫尺。中国银行天津分行地处法租界巴斯德路（今赤峰道上解放路至和平路段）与巴黎路（今吉林路）相交处，是一座二层带角楼的典型法式建筑，其掌门人为资深银行家卞白眉。

卞白眉是冯耿光的老部下。此人字寿荪，1884 年出生于湖北武昌，15 岁成为童子秀才，16 岁与李鸿章孙女李国锦完姻。1906 年携妻子

当年位于法租界巴斯德路（今赤峰道东部）与巴黎路（今吉林路）相交处的中国银行天津分行

赴美国入白朗大学攻读政治经济学。1912 年回国参与组建中国银行，后辞职到津辅佐孙多森筹建中孚银行。1918 年冯耿光出任中国银行总裁，将其聘回并派往天津分行任副经理，旋即晋升经理主持全面。有了这种知遇之恩，卞白眉对冯耿光自然心存感激。因此当冯耿光将张厚载介绍给他时，他几乎没有犹豫便接纳下来，随后又在吴震修的授意下，将张安排在文书课担任文书。

据史料记载，彼时的中国银行天津分行，根据总行实行区行管

辖制的决定，已成为华北地区的管辖行，统管北京、河北、山西、陕西、河南、察哈尔、绥远以及天津六省二市业务，其领导阵容强大。张厚载入职时，除经理下白眉外，还有副经理五人，分别为北京大学毕业曾任郑州分行经理的束士方、曾任分行会计主任的高友梅、曾任分行营业主任的杨世禄、曾任南开大学教授的美国留学生林凤苞、曾任分行文书主任的沈次量；襄理则为曾任分行出纳主任的于联第、曾在日本留学的张武。此外，尚有会计主任、出纳主任、发行主任、文书主任各一人，分管具体业务。这些人除下白眉在经理室公干外，其余均在柜台内办公，每日亲自签发各种单证、报表及审核盖章，并对分管业务及时进行调度和管理。[①]

身处这样的工作环境，张厚载自然是兢兢业业，不敢有丝毫马虎。虽然此时天津已成为戏曲大码头，不但各类戏楼、戏园、戏院、剧场鳞次栉比，家家名角荟萃、弦歌不断，而且各报刊上戏曲广告也是触目皆是，令人眼花缭乱，各种捧角文章更是连篇累牍、层出不穷，但此时的张厚载，对这些却一反常态地予以拒绝。究其原因，一方面是他尚未从"迭遭大故，忧伤憔悴"中自拔出来，另一方面则是他对这份新工作格外看重，不敢有一丝懈怠，更不敢让领导和同事看到他"不务正业"。这也正是他自1925年至1928年间，一直"睽隔"歌场并搁笔剧评之原因。家中"迭遭大故"时如此，来到天津有了稳妥职业后的头两年仍是这样。

三、《北洋画报》的社外编辑

1926年的天津，与张厚载一家当年来此避难时相比，已有了显著变化。经过十余年的畸形发展，这座北方商城已以空前的速度跻身

---

① 刘续亨：《著名银行家卞白眉在天津的二十年》；苏宝璋：《天津中国银行的领导机构》。均刊载于《天津文史资料选辑》第36辑，天津人民出版社1986年版，第87—88、96页。

于国内大都市之列。在这里，既有中西文化的碰撞，更有雅俗文化的交融。

这一方面是源于租界中各国侨民的大量涌入，在将众多西方文化与生活方式带入的同时，为满足其生存必需，各式洋楼、商厦、银行、餐馆、饭店、影剧院，也纷纷拔地而起，灯红酒绿间，形成风格各异的城中之城；另一方面，伴随着天津商业隆兴与各种制造业的兴盛，天津周边大量游民迅速汇聚于此，他们在弃农务工商的同时，其生存需求又激活了民间商品市场，使津沽一跃而为商埠要市；此外，北洋政府走马灯式的你方唱罢我登场，也造成众多遗老遗少、下野政客以及大量军阀、买办、寓公等，此时期相继在津购地筑宅，无论是他们的政治需求还是生活需要，都使得此时期天津的金融、商业、城建、交通、通讯、传媒、娱乐等行业，达到空前繁荣，成为远东仅次于上海的摩登都市。

尤其是张厚载此番租住的法租界梨栈周围（今和平路与滨江道相交周边地区），由于商业骤然隆兴，已将昔日买卖兴旺的北门外、东门外一带商家，通过日租界旭街（今和平路上锦州道北段，1911年张厚载一家来津避难便在此街段租住），相继吸纳过来，使该地段从20世纪20年代中期开始，便迅速繁盛，吸引着"华界商业群思迁移"①。

揆之史料可知，1923年，法租界梨栈街（又称杜总领事路，今和平路上锦州道南段）最南端的欧式建筑国民饭店，便已建成。1924年与1926年，中西合璧的天祥市场和泰康商场又在距此不远的梨栈街相向而现。随后，其标志性建筑便接连落成，而且都和一条时称福煦将军路（今滨江道）的街道有关。1925年，两街相交的十字路口东北角，罗马柱支撑具有异国情调的浙江兴业银行竣工。随后，在张厚载"移家来津"不足几年，另外三个街角又依次出现了摩天楼般的

① 详见《大公报》1926年11月27日。

20 世纪 20 年代末，法租界福煦将军路（今滨江道）与杜总领事路（今和平路）交口处，已是天津最为繁华的地区。图中左边高楼为当年惠中饭店，乃曹禺写作《日出》的取材之地

劝业场、交通旅馆和惠中饭店，遂使此地繁华程度迅即超过老城厢的估衣街、大胡同、东马路，一跃而为津门"首善之地"。在各类洋行、商店、旅馆、饭庄、烟馆、赌场、影院、报馆、书肆、舞厅、妓院间，也夹杂着众多的剧场、戏院。对此，当时媒体亦有报道：

> 二十年前天津的戏剧重心，在南市三不管一带，差不多和北平的大栅栏一样。那时除下天仙总算是在日租界外，其余什么广和楼、月桂园、开平园等等，全在三不管。到了现在三不管的剧场势力已经逐渐衰歇，而天津戏剧的重心，便移到了法租界。①

其实，对天津由城市到都市的这番变化，此刻到津谋职的张厚载并不感到惊奇，他对这座商埠传奇般的崛起，是目有所睹的。除了民元前后曾在沽上有过短暂的避难及求学经历外，在此后的十余年间，他还曾多次光顾津门，甚至有时盘桓多日，顾曲玩票的同时，捎带着

① 《天津剧界嬗变的形势》，《大公报》1929 年 1 月 30 日。

访友谈艺。对此，后来他转职交通银行后的同事、戏曲名家许源来曾
有追忆：

> 民十左右，余与家兄姬传，同客津门，往返朋俦，咸好剧
> 曲，其中意气相投，尤称莫逆者，张豂子君，亦其一也。余初识
> 君于韩慎先之夏山楼座上，其后冯武越在津，办《北洋画报》，
> 余与家兄，时往谈宴，君亦必同座。未几余与君，又先后皆入交
> 行服务，把晤益频，交谊益厚。君笃嗜戏曲，民初在京，曾从老
> 伶工王福寿学文武各剧，后在津，又从笛师徐惠如拍曲，顾深自
> 谦抑，不肯稍炫所能，朋辈欲聆其歌，必强而后可。①

由此可见，离开北京大学后，在 1926 年之前，张厚载是频繁往
返于京津之间的。许源来回忆初识张厚载的夏山楼，是当时北方京剧
名票韩慎先在津居所。

韩慎先小张厚载三岁，亦为官宦之后，其父韩麟阁曾任职晚清吏
部。他虽生于京城，却长居津沽，喜收藏，擅京剧。学者吴小如与其
熟稔，曾云他"京剧歌唱艺术堪与余叔岩相伯仲，造诣之深，甚且在
言菊朋之上"。② 20 岁时，他在北京琉璃厂看到一幅元代王蒙绢本设
色山水《夏山高隐图》轴，当时疑其赝者甚多，他却鉴为真迹，毅然
重金购藏。随后他又在天津友人处见到王翚临《夏山高隐图》轴，遂
以文徵明山水图与之交换。得此二宝，他遂自号"夏山楼主"，并名
其天津居所为"夏山楼"。此楼坐落于当年日租界荣街（今新华路北
段）八号，常年高朋满座，往来皆戏曲中人。在 1926 年以前，张厚
载已是这里的常客。

许源来文中提到的办《北洋画报》的冯武越，是冯耿光的亲侄
子。其父冯祥光是冯耿光的胞兄，著名作家凌叔华是他们兄弟俩的远

---

① 许源来：《歌舞春秋·序二》，上海广益书局 1951 年版，第 3 页。
② 吴小如：《吴小如戏曲随笔集》，天津古籍出版社 2006 年版，第 112 页。

房表妹,据她在《古韵·两位表哥》中披露:

> 爸从青岛回到天津不久,来了两位冯姓表哥。(中略)两位表哥是大妈的侄子,都很有才华。我们在北京住时,他们常来。大表哥康贤比二表哥康光年长两三岁。他当过驻欧洲几个国家的总领事,通晓数国语言,回国时才三十五岁。虽然他常穿中山装,可他留的胡子和油亮的分头总让我们觉得他是个洋人。而且,他还爱拄着根文明棍,说话时横在手里,好像随时要打谁,有点令人讨厌。①

冯祥光与其子冯武越(右一)一家合影

这里的康贤,便是冯武越之父冯祥光。此人字玉潜,广东番禺人,清末举人,曾任清廷驻德三等参事官,后为北洋政府驻墨西哥等国代办,当年在外交界声望颇著。其子冯武越出生于1897年,名启缪,自幼聪慧,13岁便自办誊写版《儿童杂志》。因头长且尖,颇似笔头,日后又从事写作,故别名"笔公"。他16岁负笈法国,后赴比利时、瑞士学习航空机械和无线电,曾漫游欧美各国。1921年归国入职北洋政府航空署,后为农商部咨议、京畿警备司令部参议、张学良法文秘书。公余喜办画报,1927年他曾在一篇小文中云:

---

① 转引自靳飞:《冯耿光笔记》,文津出版社2022年版,第114—116页。

　　笔公自从十三岁便小试身手，立下办报的根基，到得壮年来，不但喜欢看报、玩报，而且玩外国报，也是常干的事。六七年前，北京最初出现的一种《电影周刊》，就是笔公所办；民十三的《图画世界》，也是笔公独资手创的，可惜只出了三期，因亏累停版了。后来在《京报》附刊《图画周刊》，就是继续《图画世界》，也只出过十多期便停止。不过这两种画报，可算是北方铜锌版画报的鼻祖。①

　　1925年夏，冯武越移居天津英租界新华村10号，出任《益世报》总监察兼撰述，同时还在京奉铁路管理局、直隶全省矿政监督公署等处任职。

　　1926年7月7日，他在妻弟赵道生的襄助下，于天津创办了被时人称为北方画报中最美最雅的《北洋画报》。报馆初设法租界廿七

创办《北洋画报》的冯武越

《北洋画报》创刊号

---

① 武越：《笔公自记》，天津《北洋画报》1927年7月9日。

号路（樊主教路，今新华路）华卫里六号，后数度搬迁，最终定址于法租界蓝牌电车道（今滨江道与和平路交口以东）北廿三号路（今杨福荫路）。创刊号上，冯武越以"记者"之名，刊出了《要说的几句话》：

> 中国的报纸杂志，就现今人民知识程度而论，总算够发达的了。然而社会所最需要的画报，却还十分缺乏。画报的好处，在于人人能看，人人喜欢看，因之画报应当利用这个优点，容纳一切能用图画和照片传布的事物，实行普及知识的任务；不应拿画报当作一种文人游戏品看。举凡时事、美术、科学、艺术、游戏，种种的画片和文字，画报均应选登，然后才能成为一种完善的报纸。这样组织完备的画报，中国还没有一个。所以同人按着这个宗旨，刊行这半周刊，将来发达以后，再改为日刊，也说不定。不过大凡一个报纸的发达，不单靠报纸本身的善进，必须社会的人们从旁帮忙。所以我们在这创刊的时候，希望社会各界的人士，多多的指教和帮助我们。

同在创刊号上，编者还登出了《征件酬例》，其中规定：

> 一、凡以照片、图画见寄者，不拘种类尺寸，每张酬致如下：
> （甲）三元 （乙）二元 （丙）一元 （丁）五角
> 二、凡以小品文字见寄者，不论字数多寡，每条致酬如下：
> （甲）二元 （乙）一元 （丙）五角
> 三、以上两项，如有特别优点者，另重行酬。
> 四、凡曾送他报发表之件，请勿惠寄。

冯武越创办《北洋画报》时的雄心和财力，由此可见一斑。
也就是在此前不久，张厚载孤身一人来到天津，入职中国银行

创刊初期的北
洋画报社

天津分行了。由于冯耿光的关系，他很快便和冯武越成为好友。又由
于他租住地址和任职银行均距《北洋画报》编辑部不远，故在闲暇之
时，他不但帮筹办中的画报组稿、编稿，而且还执笔为创刊号写下了
平生首篇不是谈艺而是谈武的时评《练兵当练其心——记福岛中将谈
武事》。此文虽短，但却是全报文章之首，报馆主人冯武越和当时天
津文坛大佬王小隐之文，则屈
居其后。其文云：

近读况夔笙先生笔
记，日将论中国武事，谓
日本福岛中将，壮年时，
以单骑环游地球，因是知
名。其人勇武沈毅，尝随
小村大使入京，对我国人
言：近来中国讲求武事，
日不暇给，惟今日所谓练
兵者，但于形式上讲求，

《北洋画报》创刊号上刊发的张厚载文章

不于精神上讲求，练其身，未练其心也。夫服装整齐，步伐娴习，此两三月可毕事，无足异也。若使人人有忠爱之心，怀必死之念，此非自幼教育，全国皆同此念不可，非可咄嗟立办也。按福岛此论，精审之至。近日招兵遣队，每成乌合之众，形式上且未讲求，更何有于精神。军阀果有壮怀伟略，将起而匡济时艰，当以福岛练心之说，奉为圭臬矣。①

从目前所见史料看，这应该是张厚载1926年移津后所发首篇文章。此文言简意赅，在当年实乃一篇切中时弊的时事随笔。张厚载易剧评而论时政，可谓一出手便不凡。以此文为标志，移津后的张厚载，不但从此跻身津沽报业，而且旋即便被冯武越"任命"为《北洋画报》没有薪酬的首任兼职"主编"。

当年的天津文坛"盟主"王小隐

据画报创刊五周年所刊时任主编吴秋尘所撰《编者之言》称，"主编'北画'者，已四易其人：缪公之渊博，漪珊之书画，云若之文采，皆叹弗如"。这里的"缪公"，便是张厚载，其"任职"时间正是此际。这期间，他因工余经常泡在编辑部，还由此结识了一批前来帮忙、谈宴的京津文人。这其中，最先熟稔者，便是早他数月由京移津的王小隐与吴秋尘。

王小隐比张厚载小一岁，原名王乃潼，字梓生，祖籍山东费县。少读诗书，才思敏捷，17岁肄业于山东高等学堂，1915年与张厚载同时考入北京大学，初学土木工程，后转学国文，与傅斯年同班。毕业

① 缪子：《练兵当练其心——记福岛中将谈武事》，天津《北洋画报》1926年7月7日。

后先在名医叶古红所办《正阳日报》做编辑，旋任北京平民大学新闻系教授。1924 年暑假，陕西督军刘振华邀请鲁迅、李济、孙伏园等名家到西北大学讲学，当时已转任《京报》记者的王小隐也在被邀之列。因此行他见人总是先拱手，无论别人所言对与错，他总是不表态地哈哈大笑，遂被鲁迅称为以"哈哈论过生活的人"，并以他为模特，写出了著名杂文《立论》。

1926 年初，英国人辛博森早年在京创办的《东方时报》于天津复刊，王小隐受主其事的奉系政客杨宇霆之聘，到津任中文版总编辑。此时他仍是不改"哈哈哈"的本色，整日以玩世不恭的名士派儿自居，并与老相识冯武越往来频繁，协助其创办《北洋画报》。作为北大同级不同系的老同学，在校时他虽与张厚载不相识，但张在"五四"前夕与胡适、钱玄同等人论战并被学校除名之事，他却是知道得一清二楚。因此，在《北洋画报》编辑部一经冯武越之介，他便大有相见恨晚之感，二人遂结为知己。

吴秋尘名华，原籍江苏吴县，1897 年出生于山东济南。早年入北京平民大学新闻系学习，师从徐凌霄、王小隐等文人。毕业后在北京《世界日报》任编辑，因与报馆主人成舍我龃龉，遂在 1926 年初应其师王小隐之招，来津主持《东方时报》中文版副刊"东方朔"。是时该报因由奉系操办，声名狼藉，但"东方朔"在他的操持下，却办得风生水起，颇有生气。作为一名受过"五四"洗礼的文学青年，他当时确有一股新文学家的朝气，为人健谈，交际广泛，身边聚集了一批京津间的文学青年，如陈石东、吴微哂、萨空了、宫竹心

吴秋尘画像

（即后来著名社会武侠小说作家白羽）、施白林、林墨农、刘云若、胡秀娟、吴云心等。

由于其师王小隐参与了《北洋画报》的创办，吴秋尘便也时常过来帮忙编务，并由此而与张厚载相识。不久，为了帮张厚载增加收入，他还聘其到"东方朔"兼职。据他们的老朋友吴云心回忆："二十年代中期，张（厚载）在天津银行业任职，一度兼任《东方时报》副刊编辑，写长篇连载《豹斑琐缀录》。"[①]

《北洋画报》初创时，冯武越亲自操办广告、发行等经营业务，编辑部里只有"主编"张厚载一人做编辑，王小隐、吴秋尘等只是临时帮忙。老报人吴云心晚年曾追忆说，画报创刊初期，冯武越"是一笔闲钱不花，一个闲人不用"。后来他虽聘了编辑，"但在工作质量上要求却是最高的"。

吴云心与冯武越熟稔，据他披露，此人"驼背，鹰隼，工心计。报纸编辑工作，虽然放手交给编辑人处理，但他心中有数，不怕编辑摔耙子。其妻赵氏（绛雪），为赵一荻之姐，赵一荻当时人称四小姐，今已为张学良夫人。因此，当时一般认为《北洋画报》后台实为张学良"。[②]如当年上海一张小报，便"说《北洋画报》是现在英雄

冯武越与妻子赵绛雪合照

① 吴云心：《张聊公》，《吴云心文集》，天津古籍出版社 1990 年版，第 626 页。
② 吴云心：《冯武越经营〈北洋画报〉》，《吴云心文集》，天津古籍出版社 1990 年版，第 587—588 页。

1930 年 7 月 22
日出版的《北洋画
报》一版，图中照片
为画报主人冯武越之
妻冯赵绛雪

盖世的张学良将军所办的，为的是替奉军宣传，并且说要找个证据给
上海人看"。①当时的名记者鲍振青旅居日本时，于 1926 年底因稿酬
与《北洋画报》发生冲突，也写信责骂云：

> 素仰贵报有军阀补为津贴，今日对于小人区区之辛劳，未
> 蒙谅察，不知用意何在。查照片已登载于报上者七张，又记事一
> 篇，以上须照二元计算，不得任意减少，否则有相当对待，不怕
> 畜生军阀来干涉也。②

对于此等言论，冯武越曾言：

> 大家认为《北洋画报》是张学良的机关报，其实只初办时登
> 载过一些三、四方面军的消息，以后很少谈政治。偶尔登一些有
> 讽刺性的政界花絮而已，所以销路很广，京津而外，外省订户也

---

① 诛心：《宣传》，《北洋画报》1926 年 10 月 30 日。

② 义兄：《日本鲍振青之温文尔雅》，《北洋画报》1926 年 12 月 29 日。

不少。因为办报的意图不是为赚钱，纸张印刷精益求精，其中印过的书画精品，有一部分是张汉卿的藏品。①

可谓王顾左右而言他。话虽说得模棱两可，但其所言"印刷精益求精"却是事实。据吴云心回忆，画报"印刷质量很好，主要版面一直用蓝色，这是因为蓝色不易翻版。冯武越选用这个颜色，是经过老谋深算的"。对于《北洋画报》和其编辑部，吴云心也有描述：

> 今日在和平路滨江道路口以东一条狭窄街道转角处，有一所小楼，楼下一间（当年是23号），就是《北洋画报》编辑部。后面工厂有一副五号字字架，半副三号字，一台八页平版机。有几位工人，没有制铜版的车间，铜版由外面制版厂代制。编辑部有一位编辑兼校对员，加上冯武越本人，还有一个交通员兼勤杂。全部报社人员就是这么多。报纸是八裁洋纸，一、四版除一幅照片和一方小说外，都是广告；二、三版是图文。三日一期，按时出版，绝不拖期。每期印四千份左右。除去开支，尚有盈余。②

吴云心说的那位"编辑兼校对员"，便是后来成为民国著名社会言情小说作家的刘云若。

作为土生土长的天津人，刘云若出生于1903年，与19世纪末生人的张厚载、王小隐、吴秋尘、冯武越相比，是不折不扣的小老弟。他自幼饱读诗书，才华横溢，早在天津扶轮中学上学时，便文思迸发，投稿于各报刊，或诗词，或随笔。吴秋尘主持《东方时报》副刊"东方朔"，曾将其引为"稿友""台柱"，并荐于其师王小隐。对其才

---

① 许姬传：《天津十年（续）》，《天津文史资料选辑》第 39 辑，天津人民出版社 1987 年版，第 190 页。

② 吴云心：《冯武越经营〈北洋画报〉》，《吴云心文集》，天津古籍出版社 1990 年版，第 586—589 页。本节以下所引吴云心文字，也均摘自此文。

华极为赏识的王小隐，见张厚载因
银行差事难以全身心"主编"《北洋
画报》，遂第一时间便把他推荐给冯
武越。

　　冯也是慧眼识人，在看出刘之
潜力后，不惜以百元月薪将其聘为
专职编辑。当然，刘云若随之也要
承担起整个编辑部的工作。吴云心
晚年曾说，"刘云若后来在一部小说
中写了一个小报编辑，这个编辑，
由编到校，什么都干，还要为内掌

患眼疾时的刘云若画像，此时他
已接替张厚载主编《北洋画报》

柜看孩子，当义务保姆。他写的当然不免夸张，实际上是写他自己，
骂冯武越"。张厚载后来曾言，在天津文人中，最佩服也最聊得来的，
便是刘云若。这种感觉，就是来自此时的密切接触。

　　虽然画报主人如此刁钻，编辑部又是如此简陋，但推出的《北洋
画报》却是精美高雅，质量上乘。其以时事、艺术、科学三类图文为
主要内容，深受知识阶层喜爱。而创刊初期的《编辑者言》，更是公
然宣称：

　　　本报出版以来，至今一月，备受社会人士之欢迎，销路甚
　　畅，出乎吾人初意之外；以后自当益加黾勉，精益求精，以副
　　阅者之雅望。兹逢第二月出版之初，谨将此后改良计划，宣布于
　　众，幸赐教焉：本报对于国粹美术，拟竭力提倡，兹已搜集古今
　　名人书画以及古物之原照百数十种，皆为罕见及名贵之品，按期
　　尽量登载，可为吾国文化放一异彩。
　　　本报初旨，除非与社会发生直接关系之妓女之照片，概不登
　　载。社会交际明星以及大家闺秀之影片，随时摄登。
　　　本报仍保存最初宗旨。举凡时事、艺术、美术、游戏、科

学、风俗种种照片及文字，仍按期平均支配刊登。①

此启事是张厚载所撰，其见报不久，刘云若便加盟进来。随后，刘云若便在张厚载奠定的画报格局下，将此编辑宗旨光大的同时，还进行了新的拓展。而"卸任"后的张厚载，仍是被冯武越聘为社外特约编辑。因为经过一段时间的市场磨合，冯武越已信心大增，很快他便将初创时的编辑部改为报社，并正式聘请了王小隐、张厚载、赵牧猿、赵翔生、梅健庵五人为兼职编辑。随后，画报社也开始走向兴旺，不但编辑部宾客云集，高朋满座，而且各处好稿佳作也纷至沓来。冯武越见此，遂在不久之后便取消了文字类作品的稿酬，而代之以联络感情的酒席雅集。对此，几十年后吴云心仍记忆犹新：

鼎盛时期的北洋画报社

　　冯武越利用这份报纸，尽力结交一些所谓名流。小小的一间编辑部，又是一个高朋满座的会客室。当时经常到这里的有王小隐、吴秋尘、张镠子等，还有当时的高一级的名流如袁寒云、方地山、童曼秋等也都有往来。写稿无稿费，只是每期赠给经常写稿人画报一份，每年举办宴会一次，邀写稿人吃一顿。其妻弟为

---

① 《编辑者言》，天津《北洋画报》1926年8月4日。

大华饭店经理，当然可以办到又丰盛又省钱的筵席。大华楼头，一夕盛会，就算他对投稿朋友的厚谢了。

在这些"写稿人"中，先是兼职"主编"后为社外编辑的张厚载，便是其中一位。虽然此时他尚处于"忧伤憔悴"期间，但为了朋友的画报，他这个兼职编辑偶尔也要"客串"一下作者。如在创刊不久的《北洋画报》上，他便写有《新文学家与旧戏》一文：

> 从前我为了旧戏问题，常常同一班新文学家（像钱玄同、周作人、胡适之一班人）大起辩论。他们都主张把旧戏根本废除，或是把唱工废掉；他们更痛骂"脸谱""打把子"，说是野蛮，把脸谱唤作"粪谱"。但是最近他们的论调和态度，也有些变迁了。周作人曾在《东方杂志》上，登过《中国戏剧的三条路》，已主张保存旧戏。而胡适之近来对于旧戏，也有相当的赞成，去年在北京常在开明戏院看梅兰芳的戏，很加许多的好评。那时我在开明戏院遇见他，曾问他道："你近来对于旧戏的观念，有些变化了罢?"他笑而不答。现在徐志摩、陈西滢一班人，对于杨小楼、梅兰芳的艺术，常加赞美。又有一位专门研究西洋戏剧的余上沅，把余三胜、谭鑫培，和莎士比亚、莫里哀，相提并论，而且认旧戏为一种诗剧。最可注意的，最近《晨报》副刊，新出剧刊一种，竟把钱玄同所称为"粪谱"的脸谱，作了剧刊的目标。咳，当时我费了多少笔墨，同他们辩论，现在想来，岂不是多事么?①

前文已述，检索《歌舞春秋》一书可知，因家中"迭遭大故"，自 1925 年到 1928 年的四年间，是张厚载剧评写作的空白期。因此，

---

① 缪子：《新文学家与旧戏》，天津《北洋画报》1926 年 7 月 28 日。

《新文学家与旧戏》一文，可视为此时期他不多的剧评外文章之一，而且也是他被北京大学开除后，极少回忆那段"无限辛酸"往事的文章之一。从中可以发现，作为曾经的北大学生，张厚载与老师胡适后来不但还有交集，而且仍有交锋。并且从胡适肯定梅兰芳和对张厚载的问话"笑而不答"看，经过几年的"田野调查"，洋博士胡适对中国传统戏曲已持接受态度了。

此外，在画报创刊的当年，张厚载还为之撰写了《记扇》《日剧之一瞥》两文。前者随图介绍了梅兰芳、程砚秋、罗瘿公等人为他所画之扇；后者则是在天津皇宫电影院观看日本名伶守田勘弥等演出日剧《三社祭》后，所撰有关中日演剧比较的一篇文论，夹叙夹议，颇有见地，而且亦极具现场感，如文末写道，"是夕场中座客极挤，而三分之二，为日本人。包厢中阔老甚多，就余所可辨识者，有黎元洪、张绍曾、曹汝霖、朱深诸人"。同时，他还将已故恩师林纾的扇画在画报上刊出，让时人一睹这位老夫子的山水遗墨。①

而在画报创刊一周年时，他则用"谬子"笔名写有《北洋画报一周纪念》，以切身感受阐述了冯武越创办《北洋画报》的必要性。他认为，"在外国人所称为华北（North China）的范围里，除了北京《晨报》有画报以外，竟没有第二家。天津社会爱读画报的，都买上海的画报，所以在'北洋'没有出世以前，天津街上充满了上海各种的画报，这也可见画报在天津是怎样的需要了"。也正因此，《北洋画报》在天津是"应运而生"。②

作为回报，冯武越则是经常邀张厚载外出散心，以解他的"忧伤憔悴"。如1927年春节前夕，冯武越和好友吴幼严便约上张厚载去旧俄国公园溜冰。但即使游玩，张厚载仍是不忘为画报撰稿，归后他便将所见行诸笔端，记下俄国公园内"残雪皑皑，疏林郁郁，行至

① 详见天津《北洋画报》1926年8月25日第三版、9月8日第二版、9月4日第三版。

② 谬子:《北洋画报一周纪念》,《北洋画报》1927年7月6日。

冰场，则溜冰者已竞在冰上作惊鸿游
龙之舞艺。笔（冯武越）、松（吴幼
严）二公，亦相约入场，笔则飞走之
时，稳如笔立；松则奔驰之际，恍若
松行。盖皆精于此道也。一俄妇甚肥
硕，旋仆旋起，再接再厉，是亦冰场
之女英雄矣"。[1]

1927 年，冯武越所作张厚载画像

溜冰张厚载不行，跳舞他则在
行。有此同好的冯武越此时还经常拉
着他走进舞场，以解其忧。而张厚载
当年在舞场亲历亲见后写下的一系列
文字，如今已成了人们了解、认识旧天津舞场以及娱乐业难得的一手
资料。

1927 年的天津，随着欧美文化的渗入，交际舞已开始流行，有
钱有闲阶层纷纷利用这种西方娱乐形式进行社交活动。是年 1 月，天
津留美同学会举办化装跳舞大会，冯武越便携张厚载亲临其盛，事后
张厚载曾在画报上著文赞曰，"华人跳舞，除留学界外，能者甚鲜，
是以华人组织化装跳舞会，更属罕见"，并认为此举"洵称盛事"。[2]
由于《北洋画报》的影响力，此文刊出后，各种形式的跳舞大会遂在
津门风行开来。

当年 2 月，专营广东风味的福禄林大饭店开业，其楼下特设专业
跳舞场，专门举办各种跳舞大会。灯红酒绿、乐声悠扬下的中外男女
翩翩起舞，很快便引起其他饭店的仿效，时间不长，国民饭店、天津
饭店、利顺德饭店、卡尔登饭店、大华饭店、起士林饭店、西湖别
墅、光陆电影院、回力球场等天津各类高档消费场所，不但都先后增
设了舞场，而且还纷纷搞起了选美。如当时的梦不来兮舞场便举办了

---

① 聊止：《记俄园冰场》，《北洋画报》1927 年 1 月 26 日。
② 记者：《留美同学化装跳舞大会记》，《北洋画报》1927 年 1 月 15 日。

当年的天津法租界福煦将军路（今滨江道）
与杜总领事路（今和平路）相交处，舞厅甚多

"天津小姐"选举活动，一时间，社会名媛、交际花、舞女甚至妓女，均争先报名参选。而最为奇特的，则是电影院里还放映影片教授跳舞。据张厚载报道，天津新新电影院曾"于正片之后，加演著名跳舞家毛雷氏教授雀儿斯动舞"，并从专业角度评价说，影片对于舞姿的教授"确是得法，加以电影上再三映演，详细说明，初学者观之，殊易于领悟"。[①]

除影片中教跳舞外，此时期还有多位外籍舞女在津办班授课，这其中较著名者，便是梵天阁女士。此舞女旅居天津多年，擅长霓裳舞、玉骨肌舞、蝴蝶舞、璧采舞、埃及舞、西班牙舞等，在演出之余，兼授舞艺，收有众多女学生。其表演的埃及舞，时称"金衣皇后舞"，曾与舞伴都拉你可夫（Turalnikoff）在大华饭店多次献演。据张厚载文中描绘：

> 女士手臂腿足各部，均敷以金箔，衣饰备极奇丽，都拉你可夫冠作金色，高耸头顶，四肢亦赤露，状殊俶诡，舞台尤极新奇。梵天阁女士，身轻如燕，手足又极矫健，颇具飞腾之姿。最后一种舞态，系都拉你可夫君抱其双足，而女士翻身仰折，几可及地，腰腿工夫，洵极熟练。总之此幕舞蹈，女士忽偃卧，忽蹲

---

① 斑马：《电影教授之雀儿斯动》，《北洋画报》1927年10月8日。

伏，具见腰腿之灵敏，与舞蹈之变幻。①

　　与梵天阁一同在津献舞的，还有一对擅跳跣足舞的丝丽娜（Marie Celene）姊妹（《北洋画报》曾译为赛勒奶姊妹）。因她们的表演时常带有色情挑逗，故张厚载曾褒贬其"舞蹈之技术，确精炼，腰腿上工夫，大可与梵天阁抗衡。每次舞毕，四座掌声轰然"，但她们演出时"四肢胸背皆赤，不独脚也。有一次舞姿最猥亵，不堪入目，不知我国警察亦曾见及否"。②批评之后，他又从专业角度再次评价云：

　　　　跳舞本为美丽的一种艺术，而跣足舞赤露四肢，更于舞蹈之际，表现人体美与肌肉美，故为跳舞中之最美丽者。丝丽娜女士，花容月貌，玉骨冰肌，其姿容之佳，近来在津埠奏技之舞女，均未能及。加以腰脚熟练，身手灵活，故其舞蹈精湛，亦远在近顷所见一班舞女之上。③

　　如果说对丝丽娜姊妹的"露骨"表演，张厚载还是看在艺术性上对其有褒有贬，那么随后他对一支俄国歌舞团在天津明星电影院的"色情"出演，则是完全的否定了。据他所述，该团"舞女除妙处方寸之地，略为遮掩外，两乳亦赤露垂荡，乳头且以胭脂作一红点。舞蹈时，乳亦摇动不已。观者亦为之心旌摇摇矣。但其貌殊不佳，舞亦平凡，或此为最新式之一种乳舞欤"？此外，该团还有一种金身裸舞，"其实亦可称全身裸舞。盖全身敷金，甚至下处，亦成黄金窟。而除黄金窟有黄带子封锁外，其余直是一丝不挂，故称为全身裸舞，未始不可"。对此，他揶揄道，人们对该团的表演"趋之若鹜，则皆裸之

　　① 斑马：《再观梵天阁舞记》，《北洋画报》1927 年 8 月 3 日。

　　② 斑马：《梦不来兮夜花园中之一夕》，《北洋画报》1927 年 8 月 20 日。

　　③ 斑马：《观跣足舞记》，《北洋画报》1927 年 9 月 10 日。

1927 年张厚载为《北洋画报》上的"程艳秋特刊"题写刊名

力也,舞云何哉"?![1]

以上诸篇,应该是《北洋画报》草创的前两年,张厚载无偿支持冯武越之举。不但如此,在此后的数年中,他作为《北洋画报》的社外兼职编辑和"开朝元老",还以张聊止、张聊公、张缪子、缪子、缪公、聊止、聊公、斑马、聊、公、津津、白头翁、养拙轩主等为笔名,为画报撰写了多篇"祝寿"文章和众多文娱随笔。除此之外,他还多次为《北洋画报》的"戏剧专刊"题写刊名。

四、报业笔耕驰名沽上文坛

通过《北洋画报》,张厚载很快便融入津沽文坛报海之中,而且很快便成为个中名人。

沽上报业是随着租界地的出现而兴盛的。天津史上第一张报纸《中国时报》,便是由天津海关税务司英籍德人德璀琳于 1886 年 11 月创办,美国传教士李提摩太任主笔,并同时出版中文版《时报》。受此影响,随之而起的,便是德人汉纳根于 1895 年创办的《直报》、日本人

---

[1] 斑马:《明星裸舞记》,《北洋画报》1928 年 5 月 16 日。

西村博于 1899 年创办的《咸报》等多种外文报刊。正是在此背景下，中国人在津创办的首张中文报《国闻报》面市了。流风所及，在此后的数十年间，天津的各种报刊便如雨后春笋般出现，较有影响者如《北洋官报》、《大公报》、《益世报》（虽由西人所创，但主笔政者皆为国人）、《醒俗画报》、《北洋画报》、《庸报》、《商报》、《新天津报》等。

尤其是在 20 世纪 20 年代中期以后至抗战爆发天津沦陷前的十余年间，各类性质不同的大小报刊，曾在天津形成了具有一定规模的"井喷"。据相关资料统计：

> 1927 年到 1937 年"七七"事变前，先后创办于天津的各种中文报纸有 58 种，外文报纸 9 种，周报 2 种，画报 6 种，发行总量超过 29 万份。其中有 10 万份左右发往外地，每天在本市流通的报纸在 18 万份以上。按当时有阅读能力的人口计算，每天平均 2.5 人拥有一份报纸。为各报提供本市新闻的通讯社有 20 家，提供国际新闻的外国通讯社有路透社、合众社、哈瓦斯社等 6 家；为各报打开销售渠道的派报社有 18 家；为各报承揽广告，吸纳财源的广告社有 16 家。30 年代的天津报纸经营体系已经基本形成，是天津报业发展的极盛时期。①

1928 年，张厚载和《北洋画报》同人向读者祝贺新年

张厚载移居天津的年代，正是津沽报业如此繁盛时期。因此，作为当

---

① 徐景星：《天津报海钩沉》，天津人民出版社 2003 年版，第 16 页。

年在津给小报写剧评起家，后又成为京沪报纸特约撰稿人和通讯员的他，面对沽上报海，自然有如鱼得水之感。时间不长，他不但成为各家报馆的常客，而且还迅即与津门文人、艺人为伍，加入他们频繁的酬唱交游之中。1928 年 8 月 1 日，《北洋画报》刊出刘云若的一篇纪实游记，其中写道：

> 明月一湖，清光满眼，许豪斋君吹横笛以弄晚风，王庾生君歌昆曲和之，仙音法曲，听之荡气回肠；而湖中其他游船，亦皆追随舟后，若李暮之擫笛傍宫墙焉。李惠川复拉胡琴，庾生、缪公复歌"捉放""黄鹤楼"诸折。另一舟中诸闺秀，亦都逸兴遄飞，各啭珠喉，作低回小唱，真觉耳目俱畅，人月双清；且水中月近，耳底声幽，虽在人间，疑如天上。纵观湖上，往来游船，舰首齐缀小灯，远远飘来，若丛苇中出渔火，此中大有诗意。

文中之湖，乃民国时期天津旧墙子河。游湖之日为 1928 年夏天"大暑后之六日"。舟中游人除文中提到的张厚载及沽上诸名票外，还有当时津沽文坛大佬王小隐、天津《商报》总编王缕冰、《北洋画报》主人冯武越、冯妻赵绛雪与其胞妹、名票朱雪漪与李雪痕，以及时任《北洋画报》记者的刘云若。此次游湖，乃是遵循《北洋画报》旧例。自 1926 年该画报创办之日起，每年盛夏，选一诸同好得闲之日，由冯武越发起，众人齐集，雇舟游河以消暑。

据刘云若文中所记，是日黄昏之时，众人毕集北洋画报馆，待日落之后，携佳肴美酒与琴弦诸乐，齐抵日租界住吉街（今南京路）与松岛街（今哈密道）相交之墙子河畔，"买二小舟，兰桨徐摇，过两桥洞，方入海光湖之湖心（以湖近海光寺故，姑妄名之）"。随后便是饮酒赋诗吹拉弹唱。碰巧的是，正当众人欢宴之时，迎面驶来三四小船，相互以铁索相连，船上津门名票刘叔度、金碧艳等人也在浅斟低唱。于是诸船齐聚，各展歌喉，合演《南阳关》一曲。其时之盛，正如刘云若所叹："此种雅集，已久难得于堂会，不图于湖上得之，则此湖亦觉名贵之极。"不觉间，月到中天，众人也游兴微阑，便齐转船头，返棹而归。①

如此雅集，在当年的津门文人雅士间，已成常态，这是与这座城市当下的文化氛围和娱乐环境密切相关。1927 年是天津戏曲史上划时代的一年。随着北伐军一路奏凯，8 月 25 日，国民政府取代居京的北洋政府而定都南京。由于此时大批军政要员及富商巨贾纷纷南下，北京的戏曲生意受到巨大冷落。艺人们为了生存，便纷纷组班巡演全国。而天津作为水陆码头，各路名伶出京均要在此中转。于是不但各种戏班有如走马灯般你来我往，而且几乎所有的京剧名角也都来此献艺，遂使京剧在天津得到空前繁荣。对此，当年曾有人在媒体上称"京津戏剧之发达为海内之冠"。②

此外，也是在这一年，由官商高春和投资兴建的春和大戏院（1949 年后易名工人剧场）竣工，更是成了天津京剧演出划时代的标志。此戏院为钢筋框架结构，建筑面积 3000 余平方米，有固定座位 1021 个，并在津首次采用预先售票、对号入座制度。其吸收西方"四堵墙"式的镜框舞台和完备的声光电设施，已与旧式戏园、茶社有了本质变化，实为当时天津最为摩登豪华的京剧剧场，其优势直至1936 年方被邻街出现的中国大戏院所取代。

由于该戏院地处天津法租界马家口福煦将军路（今滨江道）福厚里，毗邻北洋画报社，故此其昼夜不停地丝弦声和此来彼往的名角大腕，在吸引着沽上文人雅士前来消遣的同时，也使报馆成了他们看戏前后酬唱交游的场所。而此地又与张厚载租住的杜麦路（今丹东路）和任职银行近在咫尺，故而每次风云际会，几乎都有他的身影。而且作为《北洋画报》的特约编辑，他还担负着为报馆写娱乐新闻的职责。如在 1928 年 8 月 11 日的画报上，他便以"斑马"笔名写有一篇

①　刘云若：《湖上清歌记》，天津《北洋画报》1928 年 8 月 1 日。
②　云影：《评坤伶须生后起之四杰》，《戏剧月刊》1928 年第一卷第一期。

1927 年开业不久的春和大戏院，其前门位于福煦将军路（今滨江道）福厚里

极具新闻性和现场感的短文，对当时舞场的骄奢淫逸做了形象写真，至今读来，仍有很强的认识价值：

> 上星期六之夜，春和戏院，于九钟起，有跳舞大会。而大华饭店，是夕亦约有跳舞家露奶女士 Miss Luan，表演各种舞蹈。余近日颇喜观舞，至此几苦无分身术。遂于九钟，先就近到春和屋顶，男女甚多，但除音乐场外，不见西人。各跳舞家，均戴上纸花高帽，但乐坐而均不上场。及一俄女裸体先出舞一场，于是始有联臂而起者。舞正酣时，忽刮来一阵怪风，万国旗被吹成粉碎，片片作蝴蝶状，后又数点微雨，前席诸君，多有后移者，已而风雨不现，景物转妍。时已十钟有半，余乃决计再探大华之胜，登其楼头，乐声悠扬，中西男女跳舞者甚伙。露奶女士，未露其奶，仅赤肩背，然姿态颇可观。已而摇盘抽彩，（中略）及十二钟有半，乃又携赵君（赵道生，冯武越妻弟，时为大华饭店经理）返春和其绝顶之凉台，放眼一观，则群众熙来攘往，亦在大摇其彩。①

---

① 斑马：《夏夜观舞记》，天津《北洋画报》1928 年 8 月 11 日。

当年的春和大
戏院好戏连台

除了报道春和大戏院的消息外，此时期他还以"养拙轩主"笔名，为《北洋画报》写了有关京剧的文字，但不是剧评，而是带有新闻性质的随笔。如《谈言》云：

> 言菊朋为北平著名票友，自与梅兰芳、陈彦衡同赴沪时下海后，在戏界亦颇负时誉。其唱白作工，无一不追步谭氏，极有心得。谭氏逝世，又与红豆馆主（即侗五爷）及陈十二（彦衡）诸公游，研讨益复深邃。下海以后，奔走频年，尝语余曰："从前玩票时，每以登场为乐，及以此噉饭，转觉其劳，而又不能不排日登台，其况味与玩票时，乃大相径庭"。此可谓深知此中甘苦者矣。此番在中原出台，津人极表欢迎，喜聆谭调者，尤趋之若鹜云。①

1928 年 11 月 13 日，《北洋画报》登出了一首名为《邨酒香夜酌偶作》的七绝："菊花插鬓态飞扬，朋辈狂欢邨酒香。谁道今宵拼一醉，声声骂煞小韩郎。"这是张厚载以"谬公"笔名所作，据他在诗后注解说："立冬夜与冯武越伉俪、唐立厂、王小隐、刘云若诸君饮

---

① 养拙轩主：《谈言》，天津《北洋画报》1928 年 10 月 13 日。

于邺酒香,同席尽醉;适韩君青自东瀛有书来,中不辨何语,而小隐读罢不适,醉态益增,诗以调之。"对于这次立冬日的文人"狂欢",与张厚载七绝诗同一版面上,在署名"梼厂"者所写的《一夕狂欢记》中,曾有详细描述:

> 小隐自命能饮,予每过其居,辄邀午酌,思以报之。立冬之晨,踏雪奉访,因约夕间于邺酒香一叙。依时而往,独据座头,而小隐竟未降,坐久窘极。忽大方、寒云两先生来,缪公后至,同座合欢,与余座遥相对。而余座忽掺二客,盖蒋总司令贵同乡也;余愈局促。幸此二公也者,不饮而啖,匆匆遂去,而绝代美人之小隐乃姗姗来矣!入室皆熟人,欢声乃起,小隐居然喝白干四两之多;谈兴正豪,武越伉俪及云若俱来,窥室中有人满之患,乃改至对门小楼。余与小隐等踵往,杯酒既行,武越、小隐遂开火;小隐既屡败,则引吭高歌,似项大王垓下时也。然苦无虞兮,于是云若曰,苟有人能为隐师得虞兮,将三跪九叩首以谢之,此言一发,小隐益牢骚,醉态遂作;顾愈醉而歌声愈壮,折菊花两支插耳上,婆娑效乡下亲家母之状。末乃将所有邺肴(邺酒香之肴也)由胃部输之痰盂,始高挂免战牌。跟跄而下,坐汽车中,探手窗外,几致闯祸,至北洋画报社后,歌声为阑,尤能为《醉打山门》一折,然吐兴亦未阑,复演一两出乃止。是夕也,七人(不计冯夫人)共饮黄酒四斤,武越素不饮,乃罄半斤,余亦为饮一爵,小隐当有斤余,但能饮之名,从此休矣。而叨扰冯夫人,忙煞刘云若,真不可以无记。[1]

"梼厂"即后来成为著名历史学家和金石家的唐兰(唐立厂),彼时其寓天津墙子河畔小营门,与丧偶独居于黄家花园福顺里35号三

---

[1] 缪公与梼厂之诗文,均见天津《北洋画报》1928年11月13日。

层小楼内的王小隐隔河相望，故彼此
往来频繁。"大方"即有民国"联圣"
之称并长期居津的文坛耆宿方地山，
"寒云"则为闻名南北文坛艺林的袁世
凯次公子袁克文，此二人不但私交莫
逆，而且还是儿女亲家。他们四人再
加上冯武越夫妇及在文坛初露峥嵘的
刘云若，可谓俱为津门文苑报林中的
风云人物。能够跻身这些"闻人"之
间，与其"同席尽醉"，可见张厚载此
时已完全融入了沽上文坛报海之中。
同时，这种频繁的酬唱交游，也使他
心中的"忧伤憔悴"在逐渐化解。

兼职《北洋画报》编辑时的唐
立厂（唐兰）

张厚载（后排左一）在津与文友及女艺人合影

随着南京国民政府于
1928 年 9 月开始"训政"，
天津也依据《行政法》而
升为特别市。行政地位的
提升和城区的扩大，使得
城市的金融规模亦随之壮
大。此时坐落在天津的中
外银行已达百余家，银行
资本总额已占全国 15%，
资金流量更是跃居全国第
二，天津已名副其实地成
了全国金融重镇。也正是
在这一年的年底，张厚载
由中国银行天津分行"跳
槽"到了交通银行天津分

行。其原因，则与荐他来津捧上金饭碗的冯耿光有关。

中国银行在北京设总管理处多年，冯耿光任总裁时代，虽与盘踞在东北的奉系军阀关系融洽，但随着他的去职和奉军入关，双方开始摩擦不断。尤其是奉系几次勒索被拒后，中行的日子便不再好过。为此，中行领导层和董事会经反复磋商后决定，原总裁现为财政总长的王克敏与原总裁现居家赋闲的董事冯耿光留守北京，应对奉系军阀；副总裁张嘉璈则以母病为由，赴沪联络即将完成北伐的国民党，意在寻找新的靠山。据《冯耿光笔记》一书披露，1926 年 6 月初张嘉璈即入驻上海，边活动边就近指挥南方各分行。这时，中行总裁金还病重无法视事，王克敏又因种种原因不便出面，冯耿光遂再次被推到前台。

1927 年 1 月 27 日，冯耿光二次出任中国银行总裁。而就在此时，他促成了梅兰芳与孟小冬的婚事，并在当年春节后于北京东四九条自家宅邸主持了二人的婚礼。作为他们的朋友，张厚载应邀亲临其盛。

然而在中行总裁位置上，冯耿光干得并不顺畅，时时被刚刚赴任的国民政府财政部长宋子文所掣肘。经过一段时间的较量，宋子文见改组中国银行屡屡受阻，遂于 1928 年 10 月成立了自任总裁的中央银行，规定其为全国最高金融机关，用以取代中国银行的地位。随后又于 11 月 17 日操纵召开了中国银行第十一届股东总会暨临时股东总会。据记载，会议选出了新一届董事会，政府指派叶瑜、李清泉、陈嘉庚为官股董事，商股董事为张嘉璈、冯耿光、李铭、孔祥熙、周作民、宋汉章、贝祖诒、卞白眉、吴麟书、陈光甫等。19 日，董事会选举张嘉璈、冯耿光、陈光甫、李铭、宋汉章为常务董事，常务董事共同推举张嘉璈为总经理，财政部指派李铭为董事长。至此，冯耿光再一次交出中国银行大印，退居为"重要商股股东"，并被迫随中国银行总管理处由北平迁往上海，从此定居于沪上愚园路附近的静园路23 号。

　　冯耿光后来曾回忆，中国银行的这次改组，引进官股势力，是张嘉璈与宋子文里应外合的结果。果然，扶正后的张嘉璈立即对行内人事和业务进行了重大调整，总揽大权，建立起总经理负责制，将总管理处牢牢掌握在自己手中。据这一时期在盐业银行供职的张伯驹披露，张嘉璈不仅排挤冯耿光，而且还通过其他方式打击冯之势力。张氏在《红毹纪梦诗注》中曾曝料说，中国银行历来"有冯耿光、张嘉璈两派"，这是因为在捧角儿上，"冯捧梅，张捧程。后李石曾自对人言云，支持程艳（砚）秋乃受张公权（嘉璈字）之托也。此内幕非外人所能知者"。

　　据此可知，因冯耿光与梅兰芳的紧密关系为众人所熟知，张嘉璈便暗中托付国民党元老李石曾，用捧程砚秋的方法来压制梅兰芳，而贬低了梅兰芳亦即打击了冯耿光，同时还可削弱冯在中国银行中所培养的"梅党"势力。①

　　对张嘉璈的此番操作，冯耿光虽心知肚明，但因大权旁落也是无可奈何。正是在此背景下，作为既是冯耿光安排入职者，又是社会公认的"梅党"中坚，张厚载自然无法再端中国银行饭碗。对此冯耿光并未置之不管，而是凭借人脉，迅即安排他"跳槽"到交通银行天津分行。

　　交通银行系清廷邮传部于1907年创办，其总行1908年2月在北京正式开业，为官商合营，在中国金融界的地位与中国银行不相上下。当时国人银行规模较大者，首推中国银行和交通银行，合称"中交两行"。作为当时国内金融界的领军人物，冯耿光的朋友遍及全国银行业，交通银行更是上下皆买其账。因此，将张厚载调入交通银行天津分行，对他来说易如反掌，何况此时张氏已是天津银行业知名的文人。

　　交通银行天津分行几乎是和总行同时出现的。据《交通银行史》

　　①　冯耿光与中国银行往事，均见靳飞：《冯耿光笔记》，文津出版社2022年版，第146—189页。

记载，交行自北京总行开业后，其分支机构的开办也提上日程。当时因商股尚未筹集，资金缺乏，总管理处决定先就铁路可通且商业发达的天津、上海、汉口、广州四地设立分行。因天津距总行最近，天津分行的筹备工作便先行展开。早在筹建北京总行期间，邮传部就已奏派曾任内阁中书的刘坦为天津分行总办。1908 年初，总管理处拟以曾国藻为津行经理，管谦和为副理，命两人赴津，协助总办刘坦料理开办事宜。当年 4 月 9 日，邮传部批准曾国藻、管谦和为天津分行首任经理、副理。4 月 12 日，天津分行在老城外北马路隆重开业。① 不久天津分行管理处迁址法租界五号路（旧称巴黎路，今吉林路）与六号路（旧称杜麦路，今丹东路）相交处。

任职天津交通银行时的张厚载

迨至张厚载调入时，交行在津管理处已定址于距他租住地（杜麦路）仅咫尺之遥的法租界四号路（旧称葛公使路，今滨江道东部），并设有北马路与小白楼两处兑换所，以及驻海关收税处。按当时广告介绍，该行业务主要包括"各项存款、抵押放款、国内汇兑、货物押汇、内债经理、票据贴现"。至于张厚载的工作，则仍是文书老本行。巧合的是，他的前任，则为当时著名戏曲活动家、曾首倡京剧"四大名旦"并命名孟小冬为"冬皇"的沙大风。

沙大风和张厚载是朋友，他原名沙厚烈，又名沙游天，1900 年出生于浙江镇海。18 岁时便进入交通银行上海分行做会计实习生，1925 年由于业绩突出被调到北京交行总部，后被派往天津做文书工

① 交通银行史编委会编著：《交通银行史》（第一卷），商务印书馆 2015 年版，第 20 页。

作。1928年初，交行总部移往上海时，本拟将他调回一同迁沪，但此时他已无心金融业，而是想在新闻界一试身手，于是他自动离职，不久便应冯武越之邀，成了《北洋画报》新辟"戏剧专刊"的主持人。1930年，他得到天津中原公司（今百货大楼）经理黄文谦及京剧名旦荀慧生资助，在津创办了自家小报《天风报》，相继推出了后来被奉为通俗小说巨子的刘云若与还珠楼主。

与张厚载同样痴迷京剧的沙大风

据行内史料记载，接替沙大风而为交行天津分行文书的张厚载，由于文笔出众、业务熟练，很快便被提职为文书课副课长。[1]而在工余，他仍是奔走于各报馆，"客串"副刊编辑。对此，他晚年曾回忆说，"余自民十七年（1928年），入天津交行服务，晚间先后为天津《商报》及天津《大公报》任编辑，则皆系兼职"。[2]

《商报》系宁波帮买办叶星海之子叶庸方与华裔赛马会东家李组才于1927年在津创办，馆址位于窦总领事路（今长春道）与一坡城路（今河南路）相交处，由原《庸报》总经理王镂冰主持。其形式是大报，而副刊却完全脱胎于上海《晶报》，当时文坛名流袁寒云、方地山等常为之撰稿。其副刊编辑阵容强大，是时《东方时报》已解体，吴秋尘转入《商报》任采访部部长，同时兼编副刊"杂货店"；而其尊师王小隐则主编另一副刊"古董摊"；与此同时，报业奇才吴云心也在副刊编小说连载；1928年，刘云若脱离《北洋画报》后，又在该报办起了副刊"鲜花庄"，同时兼任画刊主撰；同在1928年，

---

① 《张厚载：银行业的骄傲与自豪》，金农在线，https://www.163.com/dy/article/GAJSL1280519CA9H.htmll。

② 张谬子：《歌舞春秋·自序》，上海广益书局1951年版，第5页。

1928 年的天津商报馆

后来成为著名武侠小说作家的宫竹心（白羽）也由平至津，任职该报副刊；此外，时在《北洋画报》主持"戏剧专刊"的沙大风，此刻亦为该报副刊兼职编辑。正是在这津门报纸副刊高手云集之时，张厚载也来加盟了，他负责的正是他最为拿手的戏曲评论及菊坛讯息。

《大公报》由于在王郅隆操盘期间，实际上已变为安福系机关报，故影响力与发行量急速下滑，最终于 1925 年 11 月 27 日宣告倒闭。1926 年初夏，曾任京沪多家报馆主笔的张季鸾来津休闲，于街头邂逅半年前卸任《大公报》主笔的老友胡政之。因二人均有续办《大公报》之意，遂筹款于居津赋闲的国内金融界元老吴鼎昌。结果三人一拍即合，新记《大公报》便于 1926 年 9 月 1 日开张了。吴鼎昌任社长；张季鸾任总编辑兼副总经理；胡政之任总经理兼副总编辑。

这是《大公报》的第三时期，也是其后来辉煌期的开始。两年后的元旦，编辑何心冷将原"艺林"与"铜锣"两副刊合并，创办了"小公园"综合文艺副刊。因当时编校人手紧张，他先是聘用了 1928 年由平移津的李寿民（即后来以《蜀山剑侠传》享誉全国的著名神怪武侠小说作家还珠楼主）为校对，随后又将已驰名天津文坛艺林的张厚载聘为"游艺栏"兼职编辑，在跑娱乐新闻的同时，还以"斑马"笔名兼写剧评。对此，当年的媒体曾有如下报道：

张厚载兼职时的大公报馆

　　"斑马"现主干《大公报》游艺栏，公余则奔走各娱乐场
所，应为上"娱乐场行走"尊号；尤注意富于"肉感"之跳舞
与影剧，苟有机会，百不失一；斑斑之首，必于万头攒动中得
见之。①

　　此时《大公报》的戏曲版面已为强项。早在张厚载兼职前的
1927 年 9 月，便有"戏剧"专刊创办，其内容以京戏剧讯、戏班史
料及伶界评选为主。1928 年 1 月 4 日，又增出了"戏剧周刊"，翌年
3 月改称"大公戏剧"，内容分新剧（话剧）、乐剧（戏曲）两类。据
编者《述旨》称，新剧要"引起社会上普遍之观念"，乐剧则包括剧
本、剧艺、剧史、剧场、戏班、伶界等内容。其初期主要撰稿人为熊
佛西、徐凌霄、张鸣琦、傅惜华、李珥彤、马二先生等。作为该报老
作者，张厚载加盟后，很快便成为编撰主力。这一时期他先后发表了
《春和院中观剧所记：对于新进角色之观察》《春和院中之搭桌戏：皮

————————
　　① 详见《北洋画报》1929 年 7 月 7 日。

簧剧中夹演一出昆曲》《看了〈一片爱国心〉以后——一些零碎的感想》《明星院中观剧杂记》等。

1929 年 9 月 16 日至转年 3 月 31 日，拥有白云生、王益友、陶显庭、郝振基、庞世奇等名角的"庆生昆剧社"，由平来津公演于天祥市场之新欣舞台。作为《大公报》兼职编辑，张厚载在连续观看演出后，于 1929 年 9 月 20 日在报上刊出了以笔名"聊"所写的评论《庆生社昆剧名角略评》。

他认为该社以王益友、陶显庭、郝振基的表演为最佳。尤其王益友的武生，做派、念白、武功俱已达到炉火纯青的地步，其在《蜈蚣岭》《探庄》等剧中的演技，"工夫矫健，唱工纯熟，在武小生中当首屈一指"。郝振基的唱功，无论生角还是净角嗓音各有不同，做功亦各有身份，其在《芦花荡》中饰演的张飞和在《安天会》中饰演的孙悟空，唱功"均有石破天惊之概，而模拟孙猴食桃饮酒，惟妙惟肖，尤为花工"。陶显庭的嗓音浑厚，更适合净角，其在《安天会》中饰演的天王，"唱工繁重，每打一折，即唱一折，而音节浑厚，抑扬顿挫，使观众听之颇感神爽，可称绝唱"。

此外，他评价几位后起社员，也各有千秋。如饰旦角的庞世奇，在《思凡》《佳期》《拷红》中的扮相甚佳，做功亦好，较韩世昌初出台时，高过数倍，美中不足是唱功远不及韩。文武花旦白云生，扮相不俗，做功得法，可惜唱功不甚讲究。而庆生社其他演员，虽为配角，但演剧认真，又因配角与名角待遇相同，所以，较之前身荣庆社，大多数演员的表演均可称优。① 此点评有褒有贬，可谓客观中肯，堪称行家之笔。

在兼职以上两报的同时，张厚载并未离开老朋友冯武越，而是仍作为《北洋画报》的社外编辑，在帮其料理稿件的同时，还不时地为画报撰写文章。如《北洋画报》创刊三周年时，他便写有《三周年与

---

① 杨秀玲：《〈大公报〉与京津戏剧（1902—1949）》，天津古籍出版社 2021 年版，第 179 页。

双七节》，予以庆贺：

> 北方谚语，有"三岁小孩，摇摇摆摆"的话，现在"北画"恰好三周年，正像小孩到了三岁的年纪；但是"北画"在现今华北一带，不但是大摇大摆，而且是独步一时，这是何等欣幸可喜之事呀！国历的十月十日，中华民国诞生，这日叫做"双十"，国历的七月七日，《北洋画报》诞生，自然也应该叫做"双七"。旧历的七夕，有不少浪漫的神话，国历的七夕，"北画"里亦有许多美妙的情文和清新的趣味。我不必多说吉利话，就此谨祝北画"长命百岁"，而且永远纪念着双七节清新美妙的风光。①

可见到了 1929 年，张厚载已从"忧伤憔悴"中走出，不但文笔恢复了华丽文采，而且内容也充满了欢快喜乐。同时，通过在各报的"客串"，此时他也已跻身到津沽名报人之列。对此，当年 4 月 1 日《北洋画报》刊出的一则消息，可资为证：

> 天津报界同人感于生活之枯燥，思为有兴趣之调剂，故本报发起，召集同志，成立报界业余歌舞团，现团员已有百余人。报界名人袁寒云、叶庸芳、唐立厂、胡政之、刘髯公、张蟒公、沙游天（大风）、何心冷、薛月楼、吴秋尘、徐铸白、郝梦侯、何怪石诸君，亦皆加入。前于三月廿九日假大华饭店，由基本团员冯武越、王镂冰、王小隐、刘云若四君，先作一度试演；由周瑟夫夫人布景，冯赵绛雪夫人指导化妆，唐宝湖夫人担任导演，并特约名票友刘叔度、王庚生及名坤伶章遏云、冯素莲奏中乐，明星影院音乐师奏西乐，以故成绩颇佳，观者皆啧啧称赏，谓表演之佳，不让黎明晖之少年歌舞团云。前次《大公报》主办之慈善

---

① 斑马：《三周年与双七节》，天津《北洋画报》1929 年 7 月 7 日。

义演会，原拟约本团加入，但以成立伊始，未敢贸然登台，此次既成绩特佳，故慈善会主办人之在场者，皆甚抱遗憾云。①

虽然几日后，《北洋画报》又登出启事说，此消息为"虚假新闻"，乃愚人节与大家玩笑之作，但其文中提到的报业中人，皆为当时津沽"报界名人"，确是事实。据此可知，在经过不到三年的磨合，此时张厚载已完全融入了津门文坛报林之中，且成绩不俗。

---

① 团员:《天津报界业余歌舞团试演记》，天津《北洋画报》1929 年 4 月 1 日。

第七章

辗转边陲与
寓居津沪的日子

从 1930 年到 1955 年，应该算是张厚载的后半生。如果套用此前出版的一些名人传记的书名，则可称之为"张厚载的最后二十五年"。

而这二十五年，正逢国家由兴盛到沦亡再到烽火连天并最终发生沧桑巨变的多事之秋。作为在动荡岁月中尚能坚守职责不甘沉沦的个体，张厚载不仅做到了服从组织调动，由津赴沪履新担责，而且当全民抗战的枪声打响之时，他能够毅然抛却歌台舞榭与十里洋场，终结近三十年的剧评写作，义无反顾地随交通银行同人远走西南边陲，在参与交行战略转移的同时，还投笔从戎，远赴港滇各地，席不暇暖地随军远征。虽然两年后便因种种缘由退隐津门，但在沦陷之地，他始终不事伪职，清贫度日，保持了主流中国传统文人洁身自好、安贫乐道的处世操守，并在此期间，付梓了既是旧时名伶演艺实录又极富个人见地的《听歌想影录》。

抗战胜利后，他重返交行，再次移居沪上。工作之余，除不时地与梅兰芳、冯耿光等旧友雅集外，已完全放弃了前半生乐此不疲的剧评写作，而是在深层次地思考中国戏曲艺术的精髓神韵与前世今生，并在政权鼎革之际，不仅出版了富含精准梨园史料的《歌舞春秋》，而且还在"学习马列主义和毛泽东思想"的基础上，以"辩证唯物主义和历史唯物主义"①为指导，推出了中国首部京剧史专著《京戏发展略史》。

1951 年，戏曲研究专家许源来在为《歌舞春秋》作序时，曾评价张厚载说："君凡事力求严实，不尚空谈，其评剧亦必先悉心研讨，然后落笔。曾著《听歌想影录》一书，评骘平允，而所记某年某地，又皆凿然可据，足见其实事求是之一斑。今又有《歌舞春秋》之作，

---

① 张谬子：《京戏发展略史·自序》，上海大公报 1951 年版，第 1 页。

侧重记事，尤为歌场珍贵之史料，（中略）余与君相知有素，君于剧艺一道，探索甚勤奋，而论述甚谨严，为余所深知"。① 同在这一年，张厚载的老友李秩斋则说，"谬子先生，壮游北部，历观名家之作，不可胜数，凡有纪述，举国传诵，一字之褒，荣逾华衮，故并世论京剧者，莫不以谬子为坛坫也"。②

可见此时张厚载已从当年的"梅党"中人变身为资深戏曲评论专家，其成果不仅得到业内嘉许，而且在社会上也产生了一定影响。而这种成就的取得，则是与他经年不辍的戏曲研习密不可分。如要探究个中详情，还应将时光回溯到 20 世纪 30 年代初期……

一、重拾"剧评"再入"票房"

《歌舞春秋》是张厚载看戏写剧评的编年结集，分为上下两编，上编截止到 1924 年，下编则始于 1929 年，中间空缺四年。对此，张厚载在自序中曾有解释：由于从 1925 年到 1927 年家中"迭遭大故"，他与京城"歌场"相"暌隔"，遂不再有剧评写作。及至"饥躯赴津"后，"至民十八年，始又以津门戏剧界闻见所及，载笔记述，则皆刊载于天津《商报》及天津《大公报》，尤以《大公报》所刊为多"。③联系到他曾自述，自 1927 年开始，白天服务于天津交行，晚间兼职于《商报》与《大公报》，则可知晓，1929 年及此后他在天津重拾剧评后的篇什，基本上是他在两报兼职编辑与记者时的"职务行为"。

果然，翻检《歌舞春秋》此时期的文章，便可发现，其剧评中已掺有更多津沽剧场"新闻"的报道。如：

（1929 年）三月九日晚，为梅兰芳在明星出台之第一夕，明

---

① 许源来：《歌舞春秋·序二》，上海广益书局 1951 年版，第 3 页。
② 李秩斋：《歌舞春秋·序一》，上海广益书局 1951 年版，第 1 页。
③ 张厚载：《歌舞春秋·序三》，上海广益书局 1951 年版，第 5 页。

星院门外，电炬灿烂，汽车排列甚长，场中楼上下，座客均满，为近来稀见之盛况。（中略）十二点散戏后，有妇女协会代表，至后台与梅商量演义务戏事，谈话颇形欢洽。梅此次来津，寓利顺德饭店二百零二号，其夫人福芝芳亦偕来，是晚亦在明星观剧也。梅此次在明星登台，原定为九日十日十一日十二日四晚，梅以十二日为孙中山先生逝世纪念日，不应演剧，特与明星洽定将十二日晚间应演之全本《宇宙锋》，推展至十三日晚间开演云。①

（1929年）六月廿二廿三两日，广智馆为建筑新楼，特请鹤鸣社票房在春和院演剧筹款，并以津人尊称"老乡亲"之孙菊仙，为鹤鸣社社长，因特邀其同时出台。菊仙与谭鑫培、汪桂芬，为须生三派，当时分道扬镳，声名鼎盛，谭、汪墓木已拱，孙乃如鲁灵光殿，巍然独存。是年孙已九十，久未登场，而吾国近百年来之沧桑陈迹，殆尽在此老眼底，以故此次出演，一般社会，咸以惊奇之心理，与推崇之观念，极表欢迎。②

（1930年）十一月二日之夕梅（兰芳）、杨（小楼）合作之辽宁水灾义务戏，在春和开演，上座极盛，张司令长官学良之夫人于凤至女士，及臧（启芳）市长、公安局张（学铭）局长等，均在包厢中观剧。（中略）梅系于二日早十一点半，自平到津，同行者有王凤卿、姚玉芙、刘砚芳、钱金福等，以及全体配角数十人。辽灾急赈会委员王小隐，亦自平伴送来津。梅到津后，在利顺德饭店，稍事休息，即偕急赈会委员王小隐、冯武越、张聊止等同赴社会局，谒臧市长，在办公厅延见，对梅之演唱义剧，深表谢意。臧市长系民国九年，赴美留学，十一年归国，故对梅赴美事，询问甚详。旋又往公安局，谒张局长，以经延见畅谈，张局长并希望梅将来能至哈尔滨演剧云。③

---

① 张谬子：《星光梅影录》，《歌舞春秋》，上海广益书局1951年版，第88—89页。

② 张谬子：《老乡亲不老》，《歌舞春秋》，上海广益书局1951年版，第91—92页。

③ 张谬子：《杨梅义演双出》，《歌舞春秋》，上海广益书局1951年版，第98—100页。

1930 年 11 月 2 日，张厚载（左一）与时任天津市长臧启芳（左三）及梅兰芳（右三）、王小隐（右一）、冯武越（右四）等合影

　　在兼职《商报》与《大公报》的同时，张厚载仍是《北洋画报》主要社外编辑之一。据其友人沙大风 1929 年 5 月撰文称，"北画主人将创'戏剧专刊'，闻计于予，予夙好剧事"，于是"欣然与武越、小隐、畏夏、缪公诸君子，擘画研讨，问世以来，谬为时赞"。① 除助冯武越策划版面外，这一时期他不仅为《北洋画报》写了《志素莲并其姊》② 等系列伶人介绍，而且还写有多篇时事随笔，《北平城根之怪现象》为其中之代表：

　　　　北平自从迁都以后，有许多人，替它打算维持繁荣的计划，大都是主张把它弄成一个游览的重心，叫世界的人们，不断的去游历，市面自然可以繁盛。现在这种主张，总算是很有力的了。前天我有事到北平去一趟，满抱着这种观念。不料火车刚开到前

① 游天：《北画剧刊纪念号弁言》，天津《北洋画报》1929 年 5 月 7 日。

② 养拙：《志素莲并其姊》，天津《北洋画报》1929 年 4 月 9 日。

门，举目一望城墙根，不禁大为失望。原来城墙根下，有人蹲着在那儿大出其恭，前后公开，尊范毕现！这种人而且不止一位，有时竟至四五人之多。像这样天然的公共厕所，叫那些外国游历团看见，真不知要发生什么感想？而且这些景象，一到前门，先入眼帘，实在太不雅观。深望有管理之责者，为北平之繁荣与体面计，把这些城墙下之出恭家，先攻而出之，不胜幸甚。①

风趣中带着批评，既体现出记者的观察力，又带有文人的调侃。也正因此，沽上文坛"盟主"王小隐当时曾撰文说："斑马（张厚载）写象，有学者风度，不似花条马也。"②

1930 年来到了，在元旦的这期《北洋画报》上，有个人拜年广告，张厚载与王小隐、刘云若三人同时弯腰鞠躬，向读者"虔祝新禧"，这是当时该报兼职编辑的"自由组合"。而到了画报创刊四周年时，张厚载则以编者的身份，赋诗介绍了编辑部专职与兼职同人的近况（括号内文字为原诗所有）：

> 北洋画报四周年，四后宫装四壁悬。秉笔赖公冯氏健（冯笔公为"北画"主人，亦为"北画"健笔），生财有道赵家贤（赵道生在"北画"裹助最早，其后兼营大华饭店，极发展）。隐公关外吟诗去（王小隐赴辽宁后，诗益工），立老营门度曲旋

1930 年 7 月 7 日，张厚载在《北洋画报》上刊出的祝贺诗

① 斑马：《北平城根之怪现象》，天津《北洋画报》1929 年 4 月 11 日。
② 梦天：《作者七人咏》，天津《北洋画报》1929 年 7 月 11 日。

（唐立庵寓小营门，研昆曲甚勤，但日必莅"北画"社）。林北秋
尘光景好（谭林北、吴秋尘，现均为"北画"社重要人物），还
教斑马唱新篇（斑马不能文，亦不能诗，秋尘屡索稿，赠诗一
首，即以为祝）。①

据此可知，是时《北洋画报》的编辑人员，除了冯武越与其妻弟
赵道生外，实际操办者是吴秋尘和天津同生照相馆经理谭林北（冯武
越后来将《北洋画报》兑给此人）。而其社外兼职编辑，尚有正沉湎
于昆曲之中的唐立庵（唐兰）和此刻应张学良之邀，赴沈阳主编《东
北年鉴》的王小隐，以及"几朝元老"张厚载。而刘云若，此时已
被当年 2 月创刊的《天风报》主人沙大风挖走，在专职编辑该报的同
时，正以"游戏"心态赶写让他一举成名的社会言情小说《春风回
梦记》。

同在 1930 年，张厚载的另一个嗜好也被他重新拾起，那便是
"票戏"。据他后来回忆：

民十五年，移家来津后，不常玩票。至十九年，以友人魏
病侠君之邀约，加入永兴国剧社，于是彩排清唱，时复追攀。某
次彩排，与沈怡然、杨东彭两君合演《回荆州》，余饰赵云，亦
从未学过。顾剧中之起霸，与《借赵云》剧中之起霸相同，自可
通用，其余唱白，亦颇简单，经社中教师临时一说亦可勉强凑合
矣。于此可证旧剧艺术，实由各种固定之程式组织而成，演者只
需将其程式一一熟悉，则无论演唱何剧，皆能适用，自有左右逢
源之妙，故票友只须能有两三出戏，上台唱熟，则其余各出，亦
能事半功倍，甚且可以豁然贯通，更有能于此一定程式之中神而
明之者，自成名伶名票矣。②

① 斑马：《北画四周年戏作》，天津《北洋画报》1930 年 7 月 7 日。

② 聊公：《玩票琐忆》，北京《立言画刊》1944 年第 321 期。

魏病侠是当年天津报业名人，为书法与楹联名家方地山高徒，1930 年沙大风创办《天风报》，曾聘其任主撰。后天津《商报》创办人叶庸方投资再办《风月画报》，他任主笔。据说每请名家撰稿，对方如若不允，他必下跪相求。此人性喜京剧，经常粉墨登场。1930 年 8 月，他协助叶庸方将永兴洋行国剧票房扩大为永兴国剧社，为加强剧社阵容，遂力邀报业同行中的资深票友张厚载加盟。

永兴国剧社源自当时津门赫赫有名的法商永兴洋行。清末天津辟为商埠，宁波商人叶星海随德国富商吉伯利来津经商，后与曹汝霖、陆宗舆等合办天津最早华商对外贸易商行利济贸易公司，并任董事长。暴富后，于 1923 年进入法商永兴洋行出任买办。从当年广告看，该洋行经营的是进出口业务，主要是将国内的皮毛、猪鬃、蛋白、山货、马尾等外销，而引进国外的呢绒、哔叽、香料、药品、五金、白兰地等。其总行开在法国巴黎，天津分行地处法租界十四号路（威尔顿路，今承德道），与张厚载租住的"养拙轩"相距不远。

1929 年叶星海病故，其独子叶庸方成为永兴洋行继任买办。叶庸方字畏夏，号朝歌斋主，1903 年生于天津，毕业于张厚载曾经就读的天津新学书院。其人多才多艺，性豪爽，善交游，有古孟尝之风。他虽子承父业，但不喜经商，却钟情于开报馆，并酷嗜西皮二簧。当时《新天津报》创办人刘髯公、北京《实报》主人管翼贤，以及王镂冰、薛月楼、冯武越、王小隐、刘云若、何怪石、吴秋尘、吴云心、沙大风、张厚

天津永兴国剧社创办人叶庸方

载等京津两地名报人，均为其座上客。戏曲界名伶杨小楼、余叔岩、梅兰芳、程砚秋、尚小云、荀慧生、孟小冬、周信芳等，也都是他好友。外埠名伶到津演出，必到其府上拜会，他则必定酒宴相迎。

1930年6月，永兴洋行司账严逸文与行内京剧同好十余人在天津南市租屋，成立了法商永兴洋行国剧票房。但由于房屋太小只能清唱，不便"拉身段"，更不适于彩排。叶庸方闻讯，便出资将小票房扩大为国剧社，并在法租界嘉乐里（今锦州道与河北路交口）租下一所独门独院三楼三底楼房，将楼上一间改装成一尺多高的舞台，其余两间设置为能容纳百人的客座。而楼下三间，则布置成客厅和化妆室。

剧社成员多为法商永兴洋行、德商西门子及禅臣洋行、美商美古绅洋行的大小职员，以宁波人居多。剧社规定每日均进行排练，"时间亦延长至晚十一时，规定每月十日、十一日两天为彩排之期"，[①] 后来则改为每周六晚均有彩排。参加者每人收费一角作活动经费，下欠

1930年，张厚载（坐者左一）与程砚秋（坐者左三）、袁寒云（坐者右一）、王小隐（站者左二）等人合影于天津永兴国剧社

① 《永兴国剧社迁移地址大加刷新》，天津《大公报》1930年7月10日。

不拘多少，均由叶庸方一人包干。此时天津能彩排的大票房，永兴国剧社与开滦国剧社、群贤留韵（老竹记票房）规模最大，几成鼎足之势。

据 1931 年 8 月付梓的永兴国剧社周年纪念册披露，剧社创办人乃叶庸方、吴渭滨（当年百米赛跑世界纪录保持者）；吴渭滨、叶紫宸任社长；沙大风为编辑；张厚载等 12 人为"评议"，具体负责编制、审查、宣传等事宜。除以上职位外，剧社还设有理事部、剧务部、文牍部、交际部、会计部，以及专职教师、琴师等。社员分为"赞助社员"和"经济社员"，其人数已由 1930 年 6 月的 14 人，发展到 1931 年 5 月的 82 人。在纪念册的"社友小志"中，张厚载登记的通联地址是"交通银行"，对其评语则是：

> 张镠公：白头翁，有寿者相。和蔼可亲，故人乐与之游。

对于这本纪念册，1931 年 8 月 1 日出版的《北洋画报》也有记载：

> 津埠永兴国剧社，定于八月三日四日两晚，假明星院彩唱，为该社成立周年之纪念。同时并发行纪念册一种，定价一元，购者附送入座券一种。连日至该社订购者，颇为踊跃。兹将纪念册与纪念剧之节目，略记于下。纪念册目录，有海内名流题赠文字，全部社员摄影，及戏装摄影等，均极精美。文字方面，则有墨香之《论男伶扮旦》、聊止之《玩票杂记》、病侠之《票界趣闻》，均有兴味。（下略）[1]

据此可知，张厚载曾为这本纪念册写有个人票戏的闻见，而在随

---

[1] 白公：《永兴之纪念册与纪念剧》，天津《北洋画报》1931 年 8 月 1 日。

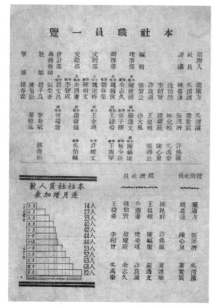

永兴国剧社周年纪念册记录的张厚载相关信息

后列出的剧目与演出者中，不知为何没有出现他的名字。

剧社活动，叶庸方不但出资，而且还身体力行。为了练私功，他亲自去北京请来著名文武老生张荣奎，让其住在家里为他说戏、拉身段、打把子。同时，他还聘来多位名伶在剧社执教。据当年剧社老人姚惜云晚年回忆：

> 20世纪30年代也是永兴国剧社"黄金时代"。特约名角任教师，有北京名老生孟小茹、武二花韩富信、昆曲名宿王益友、丑角王华甫。著名男女票友有：陈相君（女、天津小姐）、杨维娜（女）、解宗葵（女）、戏剧家马彦祥、剧评家张豂公、武生钟启英等，约40余人。
>
> 每年蓝万字会慈善团体，特约义演一场，假春和大戏院（现工人剧场）演出。叶庸方自任后台总提调，由始至终，戏码、场次、角色等安排得有条不紊。永兴国剧社，昆曲、皮黄剧目甚

多，每次义演总以武戏做大轴，如钟启英演《殷家堡》饰黄天霸、吴六如演《八大锤》饰陆文龙，张镠公演《长坂坡》饰赵云，剧中人殷洪、兀术、曹操均由笔者扮演，此时天津票界能演大武戏者只有以上几人。①

这里说的义演，当年媒体也有报道，而且重点突出的是张厚载。如 1931 年 9 月 1 日出版的《北洋画报》，在刊登永兴国剧社为江淮水灾义演消息时，便写道：

> 永兴国剧社为水灾演剧，已定于九月九日假座春和大戏院，名记者张镠公去大轴《黄鹤楼》之周瑜，尚有沈怡然、张荣奎、许佛罗同演此剧。此外则有杨东彭、冯邦杰、痴僧之《庆顶珠》，温亦声、魏病侠之《乌盆记》，陈湘君、步月居士、刘春荣之《鸿鸾喜》，许佛罗、姬化岐之《断后》，梁美琪、余榾声、刘春荣之《金锁记》带"法场"，陈福康、黄积余之《鱼藏剑》，魏病侠之《锁乌龙》。②

如果说此文只是突出了张厚载，那么随后时任《北洋画报》主撰的吴秋尘，则是写有专文《谈明晚永兴赈灾会之周瑜——张镠公》，来重点褒扬张厚载了：

> 吾友张镠公以论剧知名于世，盖已十有余年，梅博士之得有今日，未始非张之功；国剧之延其生命，张亦实与有力。《新青年》杂志中之新旧剧论战，镠公实为保存国剧方面之代表，其初人未尝不嗤为迂腐，久而久之，胡博士乃亦盛称梅博士不置，无

①　姚惜云：《叶庸方二三事》，《天津文史资料选辑》第 90 辑，天津人民出版社 2001 年版，第 38 页。

②　《永兴义务戏之内容》，天津《北洋画报》1931 年 9 月 1 日。

1931 年 9 月 8 日，《北洋画报》"戏剧专刊"刊登的吴秋尘褒扬张厚载文章（见左下）

形中张乃得最后之胜利，友辈语旧事，无不相谓镠子在中国剧史上确已得有位置，非过誉也。

镠公日与伶人、票友游，而不丝毫损失书卷气，工唱，不以为能，非友人再三强，不轻启齿，每歌，辄令人忘倦。此次江淮水灾，独挺身出，一演其在天津之处女作《黄鹤楼》。张最工小生，偶唱《白门楼》，声如裂帛，于其寓楼，曾见十余年前其《黄鹤楼》周瑜造象，扮相之英俊潇洒，非时伶可比。明晚重现色相，慕其名往聆雅奏者，当接踵而至，高歌一曲，活人千百，

功德诚无量哉！平津记者，纷纷粉墨登场，联合募款，传为美
谈。吾津记者之以艺乞赈者，则缪公一人耳！缪公评剧，向不予
人难堪，诱掖多于讥弹，醇厚盖出天性。张原名缪子，晋"子"
为"公"，三年内事也。①

　　尽管戏瘾甚大，但平时"非友人再三强"，决"不轻启齿"。可是
当施善举时，则"独挺身出"。即以此次为江淮赈灾为例，津门"记
者之以艺乞赈者"，则只有"缪公一人耳"。之所以如此，乃是其"醇
厚盖出天性"使然。吴秋尘的这几句话，可谓真实地概括出了张厚载
此时在津"玩票"的特点：平时并不显能，但对于公益活动，他总
是以己之艺一马当先。而其艺，也确实能担得起压场"大轴"，令观
众"接踵而至"。对此，此次义演过后，媒体对其技艺的专评，可资
证明。当年 9 月 12 日出版的《北洋画报》，不但刊有张厚载和老伶工
张荣奎在《黄鹤楼》中分别饰演周瑜和赵云的剧照，而且还登出了文

1931 年，张厚
载（左）与老伶工张
荣奎在津合演《黄鹤
楼》剧照

　　① 秋尘：《谈明晚永兴赈灾会之周瑜——张缪公》，天津《北洋画报》1931 年 9 月
8 日。

坛"大腕"王小隐在看戏当晚，以"华胥"笔名所写的专评——《张聊公之珠喉玉貌》：

> 珠喉玉貌，加之张聊公，得非微嫌唐突？然聊公刻画江左周郎，风流潇洒，俊逸绝伦。且语有之："曲有误，周郎顾"，应是评剧家之老前辈，聊公评剧名家兼擅演剧，亦今之周郎矣。许以珠喉玉貌四字，总不失为确评。盖扮相之堂皇，身段之娴熟，表情之真挚，能将公瑾种种意气风格，表现无余。予昨在北平，观程继仙此剧，老练精妙，许为得未曾有，今观聊公于春和演此，颇有颉颃之势，乌可以不记也哉？①

1931 年 9 月 12 日，《北洋画报》刊载的王小隐以"华胥"笔名撰写的赞张厚载义演文章，图中为张厚载演出剧照

除永兴国剧社的义演外，此时期张厚载还积极参与其他团体组织的公益及赈灾演出。如当年 5 月 23 日，《北洋画报》便刊有消息称："《大公报》同人于廿二日正午在国民饭店举行庆祝万号聚餐，并就席清唱，张谬公唱《卖马》，徐凌霄唱《上天台》，张谬公、张季鸾合唱昆曲《弹词》，各工友唱者甚多，颇为热闹。"② 而到了 9 月 19 日，

---

① 华胥：《张聊公之珠喉玉貌》，天津《北洋画报》1931 年 9 月 12 日。

② 《戏剧消息》，天津《北洋画报》1931 年 5 月 23 日。

《北洋画报》则刊出了"本报与章遏云、孟小冬两女士，及春和戏院，自动合办赈灾义务夜戏，九月廿二晚在春和开演"的广告，并称"所有收入悉数捐送张于凤至主办江淮水灾急赈会放赈"。而"张镠公君"，则在此次演出中"攒底"出演《卖马》。然而三天后，该报却刊出了记者的如下声明：

> 本报发起赈济水灾义务戏，远在十数日前，只以筹备未就绪，迄未宣布。嗣有孟小冬、章遏云两女士均自动表示参加，合演"探母回令"。春和大戏院亦自动表示义务赞助，于是乃决于本星期二开演。张镠公担任演《卖马》，沙大风君自告奋勇，愿演《借箭》，（中略）不意一切布置就绪，星期六本报业已发行，戏票业已开始出售之际，忽得沈垣（沈阳）失陷噩耗，本市人心大感不安，凡有血气之士，莫不悲愤填胸，当日开滦国剧社义剧及青年会义剧，均因之宣布停演，是以本报当即与合办同人紧急会议，佥以国难临头，应行暂停，以表哀悼，于是决定登报声明。①

"誓死救国！""演戏不忘救国！""娱乐不忘爱国！"这是当年九一八事变爆发时，天津各媒体刊出的口号，对此，张厚载积极响应。

在频繁参与这些赈灾及公益演出的同时，张厚载还经常出入于私人家庭票房，切磋技艺。张季鸾时任《大公报》总编辑兼副总经理，工余除爱打太极拳外，便是酷嗜昆曲。据史料记载，其家居天津法租界狄米得城路（今陕西路）德邻里，由于地方宽敞，时常邀请票友到其宅中票戏，其中的常客便是张厚载、袁寒云、王小隐，以及北京的凌霄汉阁主（徐凌霄）等。

---

① 记者：《本报义剧筹备经过及其停演理由》，天津《北洋画报》1931 年 9 月 22 日。

对于在天津的这些义演和票戏，张厚载后来也有回忆：

永兴国剧社某次借春和戏院（今改大明）演赈灾义剧，余与老伶张荣奎及同社沈怡然合演《黄鹤楼》，荣奎之赵云，极为生色。又一次义剧，余被同社怂恿，演《长坂坡》。此剧余亦从未学过，何敢轻于尝试，乃同社病侠诸君，只能考虑欲令余串演，先在社中排演多次，届期勉力登场，深自惶愧。病侠在剧中饰张郃，徐卧庐君饰文聘，杨东彭君饰糜夫人，姚惜云君饰曹操，朗月馆主饰张飞，皆极见精彩，唯余之赵云，最为逊色。今东彭、卧庐先后下世，追念前尘，不胜怆感。

余来津后，曾从名笛师徐惠如学昆曲，先拍《琴挑》《惊变》，次及《弹词》，余登台《借赵云》则在黄学会中，与陈虎扬、杨润甫诸君，合演多次。赵云唱白皆用大嗓，盖不以小生唱出，而用武生之声吻也。（中略）综记余在京津两处曾经登台排演之戏，小生有《射戟》《黄鹤楼》《飞虎山》《白门楼》等出，老生有《卖马》《骂曹》《南阳关》等出，武生戏有《长坂坡》《回荆州》《借赵云》等出，足见余之学戏贪多务杂，不肯专精一项，其结果则无一可取，无一可观，至今追思，曷胜愧恨。云顾余自幼癖剧甚深，学习各剧，亦以爱好过甚，极欲探讨其内容，以资研究，初无丝毫名利之念，即使学习无成，而能稍得其中梗概，一知半解，聊以自慰，所谓贤于博弈，其庶几乎。①

由此可见，1930 年以后的几年，正是张厚载在天津戏瘾大开之时。

---

① 聊公：《玩票琐忆》，北京《立言画刊》1944 年第 321 期。

二、投身抗战奔走港滇

1930 年 4 月 1 日，刚刚接替刘云若主编《北洋画报》的吴秋尘，又受友人王永清委托，在春和大戏院对面福煦将军路（今滨江道）上的基泰大楼，创办了一本综合性纯文学半月刊《一炉》。在 4 月 15 日出版的第二期上，刊发了张厚载一篇论文《妇女装饰论》。全文 3000 余字，分为"妇女装饰的成分和起源""现代中国妇女装饰的派别""妇女为什么喜欢装饰""美学上的装饰观"四部分，论点明确，论据则吸纳了域外研究成果。他指出妇女装饰三要素为衣服、首饰、脂粉；妇女之所以喜欢装饰，是因为爱美、情欲、奢侈。他认为：

天津《一炉》杂志上登出的张厚载论文《妇女装饰论》

现在的妇女，最多的是为奢侈而装饰，其次便是为情欲而装饰，最少的才是审美而装饰。英国文学家附诺尔班乃脱 Arnold Bennett 在美国 Cosmoyolitan 上发表一篇《妇女装饰的原理》（我的朋友刘幼新君曾经把它译登某杂志）。说古时男人，常拿富和闲来骄人。而最能表示富和闲的，只有衣饰，所以那时富人衣饰的费用很大。后来劳动神圣的观念，渐渐发展，男人服饰随之变化，而靠着装饰来显他们富和闲的责任，便落在女子身上。现在资本主义的时代，房产、股票，虽都可以炫富，但房产不可移动，股票藏在铁柜，只有美丽的服饰，可以随处叫人看见，所以妇女的装饰，一天比一天奢侈了。（中略）上海妇女都竭力考究装饰的华丽，她们只晓得表示她们的奢侈，或发挥她们的恋爱，却撇开了审美。（中略）美学上说，美，有形式的美，和内容的美。装饰是偏向于形式的美，更以单纯美为出发点。（中略）自然界和艺术品单纯的美，都很多，而且很重要。因为单纯的形式，容易印人头脑，引起美的感情，所以妇女的装饰，也很应该注重单纯的美。①

从引文可以发现，张厚载此时不但已从单纯的剧评写作，扩展到学术研究领域，而且也由昔日保守的国粹派转型为具有西学意识的现代学人。对此，其老友吴云心晚年曾说，"张虽然在白话文运动中倾向林琴南，但并非不能作语体，其思想亦不尽保守。曾有论妇女妆饰一文，全用语体，文章依然简练。对妇女妆饰问题，在当时亦有一定的进步思想，并可见其知识之渊博"。其所说的，便是这篇《妇女装饰论》。随后又进一步评价道：

张聊止这篇文章，发表在半个世纪以前。这个"五四"运动时代的保守派，在1930年时，已经用他过去反对的写作形式写文章，而且对妇女妆饰的意见，也还体现了妇女解放思想。②

抛却这篇论文的"进步思想"不谈，仅就其谈"美"的话题看，联系到1918年张厚载在北京大学上学时，曾在校报上连载了文艺述

---

① 张聊止:《妇女装饰论》，天津《一炉》半月刊，1930年4月15日第一卷第二号。
② 吴云心:《张聊公》，《吴云心文集》，天津古籍出版社1990年版，第627—628页。

评《善与美》，①以及他曾写过的《戏台上之服饰》，②便可知晓，除剧评和戏曲研究外，美学尤其是服饰美学，是张厚载钻研的另一领域，而且从《妇女装饰论》中还可发现，其对美学的研究已经非常专业，他那时已在反复研读日本人黑田鹏信的《美学概论》了。③只可惜，后来由于环境变化，他未能将其坚持下来。

1931 年的春天，张厚载还忙里偷闲，有了一趟南方之行。据当年 3 月 31 日的《北洋画报》报道："名记者张谬公，将南归葬父，已定于下月二日登轮赴沪，一月后即北返。"④

至于他的这次南行，是将父亲葬在了"江苏青浦"，还是"浙江淳安"，无论媒体还是他个人，都没有透露。但若携"父"南归上述两地的任何一处，都要从天津塘沽乘船先到上海，则是必须。目前能够知道的，是他在航行期间，曾于船上邂逅老相识徐志摩（详情后述），而且此行他也确实在上海盘旋了一段时日，并在一个多月后，果真返回了天津。因为当年 5 月 5 日的《北洋画报》又有消息云："戏剧批评家张谬公，前因葬父南归，现已事毕，定十号左右返津。"⑤

而在同年 5 月 9 日的《北洋画报》上，则刊有"聊止自沪寄"的短文《海上之曲会》，讲述了他在上海看到的此前已由津迁沪的许姬传、许源来"昆仲之提倡风雅"的景况：

> 昆曲为南方之产物，但江南一带，在十年前，曾一度盛行，近日则有风流顿尽之感。大世界之新乐府昆剧社，亦因包银，须打折扣，不敷开销，遽尔停演。昆曲名家，近亦意兴阑珊，惟许

① 详见《北京大学日刊》，1918 年 3 月 15—16 日、4 月 9—11 日。

② 《戏台上之服饰》写于 1918 年，详见《听歌想影录》，天津书局 1941 年版，第 115—116 页。

③ 黑田鹏信的《美学概论》1930 年由俞寄凡译成中文出版，名为《美学纲要》。见张聊止《妇女装饰论》，天津《一炉》半月刊，1930 年 4 月 15 日第一卷第二号。

④ 耳：《曲线新闻》，天津《北洋画报》1931 年 3 月 31 日。

⑤ 耳：《曲线新闻》，天津《北洋画报》1931 年 5 月 5 日。

1931 年 5 月 9 日,《北洋画报》刊载的张厚载沪上通讯

思潜（许姬传）、豪斋（许源来）昆仲在沪，时有曲会，其从兄许伯道君之笛，与陈彦衡之琴，在大江南北，号称双绝，尤负曲界重望。余到沪后，曾在许君寓中，获聆其吹笛，声音嘹亮，指法灵动，于生旦曲，抵腔尤为绵密，备极动听。是日有陈富年唱《佳期》之张生，及唐君、陶女士唱《佳期》之红娘，"十二红"一折，均由伯道君搊笛，举座为之击节。越数日，吴眉翁复邀伯道、豪斋，在其宅中唱曲，眉翁与袁安圃君，合唱《惊变》，伯道、豪斋皆吹笛，声韵妙婉，听者更为欢赏，余亦自幸耳福之不浅也。思潜、豪斋，坤乱皆精，曩在津门，时相过从，且皆曾为"北画"执笔。近思潜在苏财厅任事，豪斋在交行总处，公余消遣，必邀朋侣高唱，往往丝竹杂陈，坤乱迭奏，其风雅俊逸，自不可及也。①

据此可知，此次南行，张厚载在一个月的时间里，除了安葬父亲外，还有一段时日是在上海度过的，与此前已奉调交行总部的许源来等超级票友，一同酬唱雅集。

返津不久，恰逢《北洋画报》创刊五周年纪念，时任编辑吴秋尘

---

① 聊止:《海上之曲会》，天津《北洋画报》1931 年 5 月 9 日。

当时曾在报道中云：

> 五周纪念宴仍按往岁例，举行于大华饭店，来宾凡三十人左右，是夜大雨滂沱，颇助谈兴，尤以直绳、地山两老之兴致最佳。惟能言之小隐师未在津耳，唐立厂本预定是夜由沈赶来，以误车次日始到，殊可惜也。武越今岁在津，度"七七"始去，则又与去年之提早宴聚者不同矣。

> 馆中对帮忙五年之老友，特各赠银制图版一具，上镌"五年良友"四字，得此次赠品者凡六人：为王小隐、张鏐公、宣永光、吴秋尘，皆自第一年起即为本报属文者也。赵蕾生，本报报头图案出其手，且曾为译英文至数载以上者。章少梣，则始终经理本报印刷工作者也。[1]

得到五周年纪念银牌后，张厚载益发地为《北洋画报》"帮忙"。当年"七巧节"时，他受报馆主人冯武越之邀，以主持人身份撰文，说明再次刊发五周年纪念稿之"理由"。全文不但构思巧妙，而且才情雅意也跃然纸上：

> "北画"产生于十五年七月七日，今年已举行五周年纪念，笔公以纪念之图文，未及尽刊，将于七巧节，为之补载，并嘱为一言。余意"北画"五年来之进步，为世人所共见，今兹纪念之作，诗文书画，均美不胜收，亦"北画"努力之成效也。以此双七补彼双七之不足，自快人意。牛郎织女于七夕在鹊桥相会，原为吾国美妙之神话，然每年相见一次，王母之约束，无乃太严？自阳历盛行，牛郎织女，似可于阳历七夕举行见面，再于废历七夕，补见一次，此亦快意之一事也！人间天上，欣逢此日，各

---

[1]　秋尘：《再纪念一页》，天津《北洋画报》1931 年 7 月 16 日。

补其不足，更增无限之快感与美感矣。爱书之，亦聊以供"北画"之补白耳。①

1931 年 8 月 20 日，《北洋画报》刊载的张厚载《补纪念》

然而就在他尽情挥洒才艺之时，也有让他悲愤和悲哀的消息传来。先是 1931 年 9 月 18 日，东三省骤然陷入日军之手。闻此国难，他悲愤不已，立马停止了既定的"票戏"。随后，又听到了老朋友徐志摩空难的噩耗。当年 11 月 19 日，诗人徐志摩搭乘中国航空公司"济南"号邮政飞机，从南京飞往北平。途中因遇大雾飞机失事，徐志摩不幸罹难。消息传出，国人震惊，而张厚载更是甚感悲哀与遗憾。11 月 26 日，他以"聊攻"笔名，于《天津商报画刊》撰文，在表达惋惜与哀悼的同时，还披露了他与徐志摩的三次偶遇：

距今约莫有十多年的光景，我在津浦车的二等车里，碰到一位清秀俊美的青年。那时车中旅客不多，一间房间里，只有我和他两个人，征途辽远，长夜寂寥，不免彼此攀谈起来，才知道这位青年，便是新派诗人徐志摩先生。当时他那种隽雅的谈吐，和夜深高诵欧美诗歌的清澈声韵，至今仿佛还在耳边，甚而至于走过德州，我们大吃油鸡的风味，至今还在我的脑海中，留下一个印象。

我从上海回到北平，又曾在石虎胡同的松坡图书馆里，和他

① 聊公：《补纪念》，天津《北洋画报》1931 年 8 月 20 日。

见过一面。后来我为了生活问题，从北平到天津，从此便和他音问隔绝，然而他在文坛上的光芒，是随处可以见到的。今年四月间，我从天津到上海，当浦口渡江的时候，不料又在渡舟上，遇见了这位诗哲，彼此问好，紧紧的握了一会手。那时江水滔滔，微风拂拂，我和志摩先生凭栏小立，更显得他那种萧然绝俗的丰采。临别时，他将一本《国闻周报》送给我，说是他已在车中看完，或者我还可以看看，一破旅行中的沉寂，我只好深深地谢了他的好意。

从这次会面以后，便再没有机会一见，而岂知就此永不相见，他竟因飞机失事，溘然长逝了。这真是万万想不到的事，而使我大吃一惊，为中国文艺界，痛惜这样一个人才，同时回想到两次旅行相值的情景，更叫我伤感万状。

咳！现在中国，真是危急到了万分，国如累卵，民不聊生，死于饥饿，死于灾荒，死于战祸，而在帝国主义横暴的刺刀之下，更是随时随地可死。现在国人，不是大声疾呼，要誓死救国么？死又算得什么？然而志摩先生，这

1931 年 11 月 26 日，《天津商报画刊》刊载的张厚载《悼徐志摩》(见右下角)

样的美才，这样的惨死，我们总觉得实在是冤枉，实在是不值得，这更是可为悲伤悼惜之一点了。①

虽然徐志摩的死让他觉得悲哀，"九一八"国难更使他感到悲愤，但作为一介文人，他也只能将悼念之情和郁闷心态付诸笔端了。此后的一段时日，他把工余的主要精力都用在了写作和编报上。当然，让他感到欣慰的事情也有，那便是随着京剧在市井间的繁盛，他对十余年前在北京大学与胡适、钱玄同等人有关戏曲的那场论战，有了胜利者的感觉。

1932年7月9日至12日，他在兼职的《大公报》第11版上，以眉题"往事重提话旧剧"，正题"十五年前的笔墨官司"，副题"胡适之与张聊止往返争辩两封书"的形式，分上、中、下篇刊出了当年在北京《晨钟》报上他与胡适的通信，并撰"编者按"云：

> 距今十五年前（民国七年）北平一班新文学家，对于中国旧戏，大加攻击，如钱玄同等，至骂脸谱为粪谱，而胡适之博士亦以正在竭力提倡白话文的关系，主张把旧戏废唱而归于说白。当时张聊止在《晨钟报》（即是后来《晨报》的前身）上曾说他的主张，是绝对的不可能。胡适之特地写封信，同张辩论，张亦复信答辩，来往的信，都在《晨钟报》上登过。新近某君从他所留的旧报里，把这两封信抄了下来，现在读着，也很有些意思，且可以看出当时文学家对于旧剧问题论辩的意趣，亦足供近来一般戏曲家的参考，所以一并转录如下。②

文中说的"某君"，应该就是张厚载自己。可见此时他已不再忌

---

① 聊攻：《悼徐志摩》，《天津商报画刊》1931年11月26日。

② 胡适、张聊止：《十五年前的笔墨官司》，天津《大公报》1932年7月9日。两封信原文，详见本书第四章第三节。

讳当年的那场噩梦，而且是以胜利者的
姿态在回眸那段曾经让他"辛酸"的往
事了。

　　写作和编报的日子让张厚载感到充
实，此时他已完全从昔日的"忧伤憔悴"
中走出，彻底融入了津沽文化圈中。

　　当年秋天，画家童漪珊与沈慧华在天
津维斯理堂成婚，南开大学创办人张伯苓
以天津话证婚，幽默风趣引来满堂笑声。
喜宴之后举行游艺表演，有"海怪"之称
的严修之孙严仁颖与有"陆怪"之称的张

张厚载中年时画像

伯苓之子张希陆合演魔术，严仁颖又与画家左小蘧等人表演四簧《童
家乐》，画家孙之俊一人客串三角演唱《鸿鸾禧》，票友江文兰演唱歌
曲《毛毛雨》，而张厚载则献上了拿手好戏《黄鹤楼》，为其操琴者，
为《大公报》馆的著名画家赵望云。

　　1933 年 12 月 27 日至 29 日，他在《大公报》上连载了戏评《〈长
坂坡〉谈片》。翌日，他在该报又发出了保护戏曲遗产的呼吁：《维持
昆弋班之切要——为北平昆弋学会进一言》。

　　1935 年 2 月 13 日至 14 日，他于《大公报》连载了《佛的扮像问
题》，从理论上探讨戏曲表演的得失。转天，他又在该报发表了钩沉
戏曲史的《今剧与古院本》。5 月 3 日，《大公报》还刊出了他的随笔
《戏剧闲评》。6 月 2 日至 4 日，该报又连载了他的《谈梅客话》。

　　同年 8 月 15 日，艺术画报《维纳丝》在津创刊，他虽是主要撰
稿人之一，但 10 月出至第 4 期时，却因主办人离津而停刊。翌年 7
月 15 日，他受天津名士、电影明星王次龙之兄王伯龙之邀，于法租
界圣鲁易路（今营口道）仁和里 9 号将其复刊。初期二人雄心勃勃，
分别在北京、上海开设分社。王任主编，多方与京沪电影戏剧界联系
约稿；张任撰述，亦广约京沪名流文人撰著。一时间，方地山、王

张厚载参与主编的《维纳丝》杂志

小隐、吴秋尘、寿石工、刘云若、姚灵犀、巢章甫、丁聪等数十位文化名流积极响应，或参与编辑，或撰稿发文。作为主撰，张厚载曾推出《戏剧闲评》《谈梅摘录》等一系列戏曲赏评文章。后来他离津赴沪，画报遂于1937年初停刊。

1936年1月19日，已将《北洋画报》兑给天津同生照相馆经理谭林北的冯武越，因肺病逝于北平德国医院。此时恰值春节前夕，按白事不逾年旧习，当日下午3时便在医院举行了入殓仪式。因事发突然，天津的友人只能前往冯宅吊唁，最先到者，便是张厚载。随后，他又陪冯之妻弟赵道生乘火车于当晚7时赶到北平东四北柏林寺，见到了暂厝于此的冯之棺木，并与先后赶来的唐立厂、宣永光（老宣）、王小隐、吴秋尘等人为之守灵。其刊于报端的悼亡诗，哀婉之情跃然纸上："翠微红叶早辞柯，对此凋年感逝波。苦忆几回伤往事，哭君清泪已无多。邮笺墨沈尚斑斓，胜会常思待汝还。却叹仰天终不起，遗编零落在西山。"[1]

是年5月3日，他又参与安排了在天津日租界松岛街（今哈密道）妙峰山下院禅林举行的冯武越吊唁仪式。相知相交整十载，如今

---

[1] 聊公：《敬悼冯武越兄》，《大公报》1936年1月21日。

天人永隔，张厚载悲痛难忍，自此便与《北洋画报》作别。

1936 年 10 月，因为业务需要，张厚载接到交通银行高层调令，要其到上海总部工作。对此，他虽然难舍生活了十载的津沽和这里的文友，但还是愉快地接受了调动，正如后来他说的那样，"民廿五年，交行调余至沪总处任事，遂与津报界脱离"。[①] 临行之际，天津友人分别做东为他饯行。在一次由著名画家赵松声宴请的酒局上，有人谈到了袁世凯四子袁克端，"联圣"方地山遂有联云："自断此生邅问天，先生休矣；以吾一日之长乎，来日大难。"上联乃方氏自诉愁苦，下联则言其出生于农历五月初四，袁克端生于端午节，而袁世凯忌日则在五月初六，故有"来日大难"之语。岂料一语成谶，张厚载甫至上海，便闻方氏遽归道山。当时他曾慨叹云："沽上旧老，继寒云后，又弱一人矣！"

张厚载此番南下，是全家同行。据笔名为"青山老农"的著名书法家黄葆戊 1951 年披露："余侨寓海上三十年，与张君缪子结邻日久，彼时各为口忙，居虽迩而迹疏，盖缪子于一九三六年自津挈眷返沪，居慈孝邨。"[②]

位于新闸路上的慈孝邨，是典型的上海石库门弄堂，其入口过街楼上的弄名"慈孝邨"三字，便是黄葆戊所题，从落款"民国二十五年九月"可知，张厚载 1936 年秋移家迁沪

张厚载在上海居住的新闸路"慈孝邨"牌匾

后的新居，是刚刚竣工的新房。当年居此者，既不富亦非贫，多是家境一般的工薪层。张厚载安家于此，恰恰符合他银行职员的身份，而

① 张厚载：《歌舞春秋·序三》，上海广益书局 1951 年版，第 5 页。

② 青山老农：《歌舞春秋·跋》，上海广益书局 1951 年版，第 132 页。

且他仍按天津的斋号，称其住所为"养拙轩"。

甫至上海，他在公务之余，仍是眷恋报行，曾兼职于上海《立报》。该报创办于 1935 年，成舍我任社长，萨空了为主编，因二人均为报业行家，故而虽是小报，但内容却与大报相抗衡。张厚载能够来此兼职，是主编萨空了所约。他俩是老朋友，萨空了早年在北京时，曾向天津《东方时报》副刊"东方朔"投稿，由此与该版兼职编辑张厚载相识。后来萨空了又被《北洋画报》聘为特约撰述，遂与张厚载成了"同人"。因此，当张厚载来沪后，萨空了第一时间便将他聘为《立报》副刊的兼职编辑。

《立报》共有三个副刊，其一是复旦大学教授谢六逸主编的"言林"，所发文章较为严肃，郭沫若、茅盾、朱自清、郁达夫、夏衍、老舍等均为其作者。其二为主编萨空了亲自操刀的"小茶馆"，读者对象主要是劳动者，常为劳工呼吁。其三则是张厚载主编的"花果山"。据相关史料介绍，在张厚载之前，"花果山"的主编是著名报人张友鸾，而在他之后，则分别为资深报人兼著名小说家包天笑和张恨水。"这个版面的副刊适合一般的市民、商人和自由职业者，它的读者群较大"。[①]

在上海，张厚载并不感到寂寞。如果说客居天津时，其常年置身于文人圈和票友界的话，那么到了上海，他在主业和兼职以外，接触最多者，则是戏曲界及"梅党"中人。因为继 1928 年"梅党"领袖冯耿光随中国银行总部迁居上海后，1932 年冬天，结束了与孟小冬婚姻的梅兰芳，也移居沪上，先是租住静安寺路（今南京西路）的沧州饭店，随后便在法租界马斯南路 121 号（今思南路 87 号）租下了程潜的一处花园洋房安家。有此二人在沪，戏曲界以及包括张厚载在内的"梅党"同人，便能常聚。如许源来在为张厚载的《歌舞春秋》作序时，就曾回忆说：

---

① 曹正文、张国瀛：《旧上海报刊史话》，华东师范大学出版社 1991 年版，第 58 页。

张厚载（后排左一）与"梅党"中的梅兰芳（前排左二）、文公达（后排左三）、赵叔
雍（后排左二）等人在上海合影

　　民廿五年（1936 年），君（张厚载）奉调来沪，余亦先期南
来，是年冬，与家兄（许姬传）置酒小酌，叶玉虎、冯幼伟、周
梅泉、沈昆三、梅畹华、姚玉芙、程御霜，一时咸集，君亦应邀
而至，酒半酣，从弟伯道撇笛，畹华、御霜，合唱《刺虎》毕，
余强君起唱《弹词》，声韵悲凉，举座为之击节。[①]

　　1937 年 2 月初，常年在外巡演的梅兰芳结束在天津、北平、济
南的公演后，回到上海，在准备赴南京大华大戏院演出的前夕，张厚
载来到梅宅探望。随即，沪上报界名流狄楚青、文公达、赵叔雍、贺
湘槎也相继登门。上海心心照相馆主人徐小麟获悉后，匆忙赶来，邀

---

　　① 许源来：《歌舞春秋·序二》，上海广益书局 1951 年版，第 3 页。

1937 年 2 月，张厚载与梅兰芳等人合影于上海心心照相馆

请众人到照相馆拍照。于是大家欣然前往，留下了多张合影。两年后，梅兰芳因上海沦陷息影舞台，隐居香港，为解沪上戏迷"思梅"之苦，狄楚青遂将其中的一帧刊于报端，并作说明文云：

> 畹华前年游沪，心心照相馆主人徐小麟君曾邀往摄影。沪上名流不期而至者有张镠子、狄楚青、梅畹华、文公达、贺湘槎、赵叔雍诸人，合撮一影，以留鸿爪。顷畹华重来海上，复展斯图，回忆旧游弥加珍视，因并附刊于此。

然而这种"歌舞升平"的日子并未持续多久，随着 1937 年 7 月 7 日北平卢沟桥事变，日本军队强占中国领土的暴行便全面展开。当年 8 月 13 日，日军又在上海开辟了第二战场，武力进犯吴淞、江湾等地。当日，与国民党市政府从江湾新市区仓促撤回枫林桥旧址同时，六万多难民也蜂拥地挤进公共租界和法租界。但租界亦非安全之地，据老报人陶菊隐回忆：

> 就在战事发生后的第二天，八月十四日下午四时许，南京路外滩华懋饭店与汇中饭店之间的一段马路上，突然掉下来四颗炸弹，沙逊大厦楼下铺面花店、古董店、珠宝店的橱窗全部化为齑粉，汇中东楼被炸去一角。马路上有轨电车的电线也被炸断。这是上海租界区的第一次被炸，给上海市民上了战争的第一课。

而半个小时后，"只听得天崩地裂般一声巨响，一颗炸弹不偏不歪掉在大世界十字路口。站在街心螺旋形铁架上指挥交通的越南籍巡捕立即坠落下来，化为一团肉酱。铁架偏南约一码之地的马路上也炸成了一个深一丈多、直径约两丈的大窟窿。大世界的天棚被全部震毁，附近中西药房、五味斋食品店的橱窗玻璃都被震碎。这是公共租界与法租界分界的一条马路，车辆与行人往来如织。适有公共汽车两辆、私人汽车十余辆经过其地，马路上就像飞来一阵红雨一样，车中乘客血肉模糊，死伤共达四百余人"。"这是上海市民在'八一三'后所上的第二课。这一课使他们懂得，在兵荒马乱的时代，没有一处能够保证安全"。①

新闸路上的慈孝邨，处于公共租界的边缘，居此的张厚载一家虽幸免于难，但确已感受到了战争的恐怖。

面对如此局势，设在上海的交通银行总部迅速实施一系列调整措

---

① 陶菊隐：《孤岛见闻——抗战时期的上海》，上海人民出版社 1979 年版，第 5—6 页。

施。8 月 13 日，奉财政部之令，交行上海分行自上午十点一刻起休业。17 日，遵照财政部战时管理办法，其又恢复对外营业。由于张厚载供职的交行总部位于上海外滩 14 号，面临黄浦江，靠近中日交战地点，为保障安全起见，总部决定暂时迁至法租界霞飞路（今淮海中路）889 号与 891 号临时办公。9 月 21 日，在财政部主导下，交行对相关机构进行调整，将总行改组为总管理处，仍分业务、发行、储蓄信托三部。11 月，总处发行部迁移到香港办公。12 月，总处奉财政部之命迁往汉口。①

1938 年 8 月，随着日军进逼，交行总处从汉口撤出，一部分人员西迁重庆，董事长胡笔江、总经理唐寿民带领大部分职员移至香港，由此形成总处分驻重庆、香港两地的局面。随后，总处又将绝大部分管理职能移往香港，并开始谋划在西部地区筹建网点。早在当年 2 月，财政部便电嘱交行须在重庆、衡阳、昆明、贵阳等地设立分支机构。10 月，财政部再次出台规定：在西南大后方，"中（央）、中（国）、交（通）、农（民）四行，如尚无分置机关者，至少应商定一行前往分设机关"。②

对财政部的要求，交行积极配合，据其 1939 年 4 月的上报文件称，"截至最近止，西南方面（中略），交通银行已筹设蒙自、曲靖、思茅、柳州、南宁办事处"。③而由总处直辖的昆明分行，也已于 1939 年 2 月开业。④当年 8 月 7 日，财政部又发出《第二期战时行政计划函》，再次对铺设内地金融网的规划作出明确规定，并特别强调时间的紧迫性，"督促中、中、交、农四行迅就西南、西北金融网计划从

---

① 交通银行史编委会编著：《交通银行史》（第三卷），商务印书馆 2015 年版，第 4—5 页。

② 《财政部拟具第二期战时行政计划实施具体方案》（1939 年 3 月），《中华民国史档案资料汇编》第 5 辑第 2 编，凤凰出版社 2000 年版，第 58—59 页。

③ 《第二期战时财政金融计划中心工作》（1939 年 4 月 11 日），《中华民国史档案资料汇编》第 5 辑第 2 编，凤凰出版社 2000 年版，第 69 页。

④ 交通银行史编委会编著：《交通银行史》（第三卷），商务印书馆 2015 年版，第 40 页。

速完成".①

在交行的这一系列运作中，张厚载不但舍家别眷地随总部迁徙，始终没有脱离岗位，而且还自此终止了他写作近 30 年的剧评文章，义无反顾地从香港总部下沉到西南网点的筹建中。对此，他后来曾有简单的追忆："抗战军兴，奔走港滇各地，从此谈剧之作，遂尔搁笔矣。"② 而与其在上海结邻十余载的黄葆戊说得稍微具体："旋以抗战军兴，（张厚载）复只身远投港滇各地，席不暇暖。"③ 这里的"只身"，是指单独一人。个人独自远赴香港与云南各地开展工作，可谓"席不暇暖"，艰苦备至。

比他们二人说得更详细些的，是银行业内史料："抗战时，（张厚载）随交通银行迁昆明，任该行三科科长。他到哪里，都是胸怀祖国，为人耿直，笔耕不辍，努力工作。"④ 支持此说的，是发表在 1997 年《中国京剧》上的沈达人文章："抗日战争期间，（张厚载）随交通银行迁昆明，任该行三科科长；因触犯上司被降级，回天津任职。"⑤ 但是此两说所据为何，目前却是不可得知。

张厚载老友吴云心晚年曾评价他"为人憨厚，友朋间无恶声，且乐于助人"。⑥ 此前玩票的永兴国剧社"社友小志"中，称他"和蔼可亲，故人乐与之游"。⑦ 其沪上邻居黄葆戊说他"诚笃纯挚，于友朋中重然诺，敦气谊"，"憨直不挠"。⑧ 而他的另一位老友吴秋尘则说，他

---

① 《财政部秘书处检送财政部第二期战时行政计划函》（1939 年 8 月 7 日），《中华民国史档案资料汇编》第 5 辑第 2 编，凤凰出版社 2000 年版，第 86 页。

② 张厚载：《歌舞春秋·序三》，上海广益书局 1951 年版，第 5 页。

③ 青山老农：《歌舞春秋·跋》，上海广益书局 1951 年版，第 132 页。

④ 《张厚载：银行业的骄傲与自豪》，金农在线，https://www.163.com/dy/article/GAJSL1280519CA9H.htmll。

⑤ 沈达人：《张厚载及其京剧评论》，《中国京剧》1997 年第 6 期。

⑥ 吴云心：《张聊公》，《吴云心文集》，天津古籍出版社 1990 年版，第 626 页。

⑦ 《永兴国剧社周年纪念册》，永兴国剧社 1931 年 8 月编印。

⑧ 青山老农：《歌舞春秋·跋》，上海广益书局 1951 年版，第 132 页。

"向不予人难堪","醇厚盖出天性"。[①] 如此的品性和为人,又怎能无端"触犯上司"而惨遭"降级"呢。如果此事存在,那应该与当年被北京大学开除一样,又是认真执拗、"戆直不挠"的性格使然。当然,在事情真相没有搞清之前,这只能是猜测。目前能够证实的,是张厚载后来确实又回到了天津。

三、在沦陷的津沽"听歌想影"

1939 年秋末,张厚载因"故"离开了分设于香港的交通银行总部。但他没有从筹建西南网点的滇边回到已经安家的上海,而是携家眷仓促返回了刚刚经历过特大洪灾"洗劫"的天津。

1939 年,水灾中的天津大公报馆

这应该是交行总部的安排,因为淞沪会战后,上海沦陷,虽然租界尚为不受日方统治的"孤岛",但日军却一直在觊觎着租界内的交行总部大楼,并强令租界外的交行分支机构改组,以为己用。而"孤岛"内,也是风声鹤唳,危机四伏。尤其是 1939 年 2 月,更是"被称为'恐怖月',在一个月之内,租界发生恐怖案十八件,被打死者

① 秋尘:《谈明晚永兴赈灾会之周瑜——张谬公》,天津《北洋画报》1931 年 9 月 8 日。

二十一人，被打伤者十人"。① 故此，自当年春季开始，留守在"孤岛"内的交行人员，便已感到危在旦夕，他们遵照总部指示，正在紧张地进行并账、转账和撤退工作。处于如此态势之下，张厚载再回上海已无任何意义，于是总部便把他派到了曾服务多年如今虽属沦陷区但尚处租界内的天津交行。

再莅津门，张厚载没有重回曾经租住过10年的老宅，而是在法租界葛公使路（今滨江道）恒安里租下两间平房当作他的"养拙轩"，与老朋友、著名画家赵松声成了邻居。此时的天津，在饱经日军两年多的侵占和蹂躏后，市面已被粉饰成所谓的"歌舞升平"，而且日伪眼下还正在大张旗鼓地开展殖民统治的"建设东亚新秩序运动"。

安顿好家人，张厚载便去交行报到。因受到法租界工部局的庇护，交行天津分行此刻尚能正常营业，其"对外业务，亦通过外商银行传寄电信，与上海、香港保持业务联系"。② 银行业务依旧，但沽上的旧朋老友，如今却发生了很大变化。

就在他刚刚安顿下来，便从报纸上看到，自天津沦陷便开始在地下印行的抗战小报《高仲明纪事报》，于9月28日被日伪查封了。其秘密编印者顾建平、林墨农、孔效儒都是战前他在天津《大公报》的文友，好在他们均幸免于难，分别跑向了大后方。他又从友人处听到，昔日报界名流刘髯公（《新天津报》创办人）、生保堂（《益世报》经理），均因不肯与日方合作而惨遭杀害。他佩服这些人的义举并觉得悲壮，同时他也对一些人的作为感到惋惜与不耻。

除早年曾提携他的方药雨（方若），在沦陷之初便参与组织了天津伪治安维持会外，当年在沽上文坛与他走得最近的王小隐与吴秋尘，此时也都先后"落水"，前者在故乡兖州担任了日军翻译，最终因愧食伪禄而自缢；后者则在他返津前夕附逆投敌，出任了天津伪

① 陶菊隐：《孤岛见闻——抗战时期的上海》，上海人民出版社1979年版，第34页。

② 刘嘉琛：《交通银行发展概述》，《天津文史资料选辑》第48辑，天津人民出版社1989年版，第78页。

"新民会"宣传部部长。也正因此，在张厚载此番的居津岁月中，再也没有见到他与此三人有任何来往的记载，即使后来方药雨当了伪天津市长，他也是避之不及。这期间，他工余所接触的，多是一些隐居不事伪职的名流寓公及文坛名宿。

抗战全面爆发后，天津文人中的一部分或离津南下，或去了抗战大后方，留下者可分为三类：其一是身体力行的抗日者，如顾建平、刘髯公等；其二是经不住威逼利诱的附逆者，如何海鸣、吴秋尘等；其三是持有节操的不事伪职者，如吴云心、刘云若、白羽等。这其中的前两类只占少数，更多的是后一类。而刚刚到津的张厚载及他这一时期所交往的文友，便是属于第三类。他们既不甘心做亡国奴，又不敢明里暗里进行抗日，只能在心底里保持着中国人的气节与操守，洁身自好，不助纣为虐地为敌伪做事。但他们又都有正当的职业和正常的收入，能过着较为体面的生活，于是便私下里经常往来，借着各种交游和文娱来冲淡心中的郁结，诗酒风流表面下掩盖的是愤懑与哀愁。

王伯龙既是沽上名士又是文坛名人，当年曾与张厚载在津一同主持过艺术画报《维纳丝》。张厚载这次重返天津，自然要前去拜望。于是秋末的一天，在名票夏山楼主韩慎先的陪同下，他踏进了名为"不易此楼"的王宅。关于此楼名号，过后他曾著文云，因王伯龙在英租界大兴村（今重庆道）有小楼一栋，友朋常聚此雅集，故取《聊斋志异·云翠仙》中"得妇如此，南面王不易也"之典而名之。[①]

当日就在主客暌违三载大叙其旧之际，友人王家瑞亦至。闲聊间，四人开始做"诗钟"游戏，并相约此后"每星期六之夕，会于斯楼"。王家瑞更是倡议此雅集称谓可名为"不易社"，每次作诗钟饮佳酿之外，再加吟哦歌唱，杂以清谈雅谑。此后，刘云若、陈少梅、常小川、赵道生四人亦先后加入，坊间遂有"不易社八仙"之称。据

① 张聊公：《仙人会小记》，《新天津画报》1941年3月20日。

当年《立言画刊》所登《不易社诗钟雅集》记载，"诗钟"一般限一炷香工夫吟成一联或多联，香尽鸣钟，众人交卷。当时他们常以"八仙"人名作嵌字格，有几次是用"云若"，如张厚载就曾作"首唱"（即将"云""若"分别嵌入两句之首）两条：其一为"云当夏令常变幻，若有人兮欲出来"。其二为"云情蜜意常思我，若个文才足比肩"。众人闻之，皆拍手称绝。①

不久，郭重霖、吴清源等文人又相继入社，"不易社"则变成了"神仙会"。对此，张厚载曾有记述：某晚，他和常小川、王家瑞、王伯龙、郭重霖等人，在法租界致美斋饭庄为韩慎先补过生日。席间，众人诗酒唱和，谈兴甚欢。饭后，大家意犹未尽，遂至"不易此楼"续谈。"伯龙诸兄，忽作神仙之想，遂各以神仙为好"。其中，常小川曾任财政局长，因号常财神；王家瑞曾任土地局长，因号王土地；王伯龙以龙为名，因号龙王（其寓所称为龙宫）；郭重霖名字中有"霖"，故号雷公；张厚载与韩慎先因与仙人同姓，故分别名为张果老与韩仙子。从此，"不易社"又称"神仙会"，众人相见，均以神号相称。为纪念得名，张厚载曾当场赋诗云："土地财神各醉哦，骑驴采药更高歌。诗人忽作神仙想，不易楼中乐事多。"②

在此期间，张厚载还参与了复建天津著名文人社团"城南诗社"的活动。据当时所刊《天津城南诗社源流》一文称，该社创办于辛酉孟夏（1921年5月），由津门乡贤严范孙、王守恂、赵元礼、李金藻、吴子通等人发起，③每逢重阳举行例会，当时天津知识界名人几乎全部参与，因雅集地点位于城南（一说南市）而得名。1929年严范孙逝世，社务初由赵元礼主持，后因其多病改由管洛声操办。1938年管洛声去世，加上日伪骚扰，诗社一度停办。1940年初，《新天津画报》曾报道，上元之夜（正月二十五），张厚载、王伯龙、陈葆生、

① 详见张元卿：《不易社"八仙"嵌诗钟》，《今晚报》2017年1月18日。
② 详见侯福志：《天津"不易诗社"之得名》，《中老年时报》2021年4月27日。
③ 吴子通：《天津城南诗社源流》，《新天津画报》1939年11月23日。

张厚载为梅兰芳所绘山田图轴

章一山、吴子通、石松亭等十余人，在杏花村酒楼雅集，众人"即席商定恢复城南诗社，每周聚餐雅集，以杏花村酒楼作社集之地，依昔时蜀通饭庄原例行之，择于三月三日（星期日）上午十二时作庚辰年第一次公宴，分韵赋诗"。[①] 自此，城南诗社文脉重续，而张厚载不仅是其中的积极参与者，而且还曾一度协助新任社长王伯龙操持社务。

因早年曾从林纾学习过山水国画，这一时期张厚载还时常与沽上画家相往来。辛莲子既是报人又是知名漫画家，其从 1940 年初便开始以唐人诗句为题材，创作系列诗画刊于报端。张厚载在著文予以褒评后，还鼓励其多多挥毫，以期日后编辑成册。当年 10 月，著名舌画家黄二南抵津，寓津的江苏督军李纯长子李子洲在家设宴招待，特约张厚载与其邻居名画家赵松声及丹青高手陈少梅、吴迪生等作陪。据张厚载事后所记，酒足饭饱，由李子洲操琴，他与陈少梅即兴唱罢京剧，又一同鉴赏古人字画。最后，应主人之邀，黄二南、赵松声、陈少梅三名家合作一画，当赵松声请他为之补竹时，他虽技痒，但碍于高手之作，未敢轻试。

---

① 详见侯福志：《陈葆生与城南诗社》，《天津日报》2021 年 11 月 1 日。

当晚，"既饱盛宴，复观名作"的他，遂撰文以记之。[①]

在频繁出入文人社团和与画家相往来的同时，张厚载对朋友的事情也是格外上心。冯武越病逝后，其妻弟赵道生便将经营多年的大华饭店转售给了律师王幼云。经过一番改造，1940 年 10 月 10 日，新记大华饭店在原址隔壁的寿德大楼重新开业。为了让客人不忘老"大华"，他遂以《新天津画报》记者的身份，对"大华"历史予以介绍。[②]

书法家章一山为浙江台州人，乃晚清大儒俞樾高足，晚年寓居天津日租界宫岛街（今鞍山道）静园，鬻字为生。1940 年张厚载为给已故诗友陈葆生遗著题词事，登门拜访，看到正在挥毫的章氏"下笔纡徐，手腕灵活，扇面屏条，笔无滞机，皆一挥而就"，遂心生崇敬。翌年冬季章氏欲南归，行前散出藏书约 7000 册，均被书商低价收购。其好友金息侯获悉阻止未及，便将章氏所余藏书及名人字画标价编目代售。其中前民国总统徐世昌、书画家溥心畬等人所赠墨迹，正是经张厚载多方奔走，方才物有所值地各得其主。

同为 1940 年，刘云若的长篇社会小说《旧巷斜阳》在《新天津画报》连载并造成轰动，书中女主人公谢璞玉的悲惨遭遇引起众多读者关注，人们纷纷在报刊撰文展开讨论。对于好友的这部新著，张厚载除及时撰文予以介绍外，还由小说内容引发到社会问题的讨论，从而升华了老友作品的社会意义和现实作用，进一步助推了此书在当时的影响。如文中写道：

写作《旧巷斜阳》时的刘云若

　①　张聊公：《千松楼观画记》，《新天津画报》1940 年 10 月 18 日。

　②　张聊公：《大华小记》，《新天津画报》1940 年 10 月 30 日。

聪明的读者们，应该知道像璞玉这样穷苦无告，以致堕落到十八层地狱里的女子，事实上，正不知有多多少少。而她们能够遇到一位像张二爷那样热心人的，却是几千百里，不一定有一个。在现实社会上看来，璞玉实在太多，而张柳塘又实在太少了。（中略）注意璞玉的许多人们，不要只顾念小说中的一个璞玉，应该顾念到社会上许多的璞玉。不要只希望小说中的一个璞玉获救，应该希望社会上许多的璞玉获救。像张柳塘张二爷那样的人，恐怕只是小说的人，社会上的许多璞玉，当然不能个个遇到张柳塘，那只有盼望一般社会，群策群力来设法救济她们了。①

抛开书中人物不谈，而去探讨那个时代的妇女命运。虽然没有也不可能明确指出到底该由谁来解救"她们"，但其发出的呼唤，已足以让人们去认真思考这个社会的问题了。此文在替刘云若小说增强社会性的同时，亦反映出这一时期张厚载思想意识的提升。

时光进入了1941年，这是天津沦陷的第四个年头。此时的日军，已不满足所占领的区域，他们将目光盯向了英法等国租界，不断地封锁要道制造事端。面对如此局势，身处租界内的张厚载等一众文人，为了避免麻烦，从年初开始，便减少了交往与聚集。为了排遣寂寞与郁闷，工作之余的张厚载，便将此前30余年刊发于各报的剧评剪报翻出，在慢慢品读着昔日文字的同时，也在一幕幕地回忆着当年红氍毹上的珍闻逸事。

一日，他忽有所感，眼下由天津伪社会局、警察局、教育局共同组成的"影片戏曲检查联席会"，对各类京剧剧目或禁演，或删改，严控有碍他们奴化统治的内容出现，使得此刻看似"姹紫嫣红"的戏曲演出，实则剧目残缺，面目全非。而一些影响巨大的名伶如梅兰

---

① 详见倪斯霆：《一部小说引发的一场妇女命运大讨论》，《旧人旧事旧小说》，上海远东出版社2010年版，第136—149页。

芳等，更是息影舞台久矣，人们只能在交谈中去追忆大师们昔日的
光彩，由此便不免产生一些不实之词。随后，他又联想到，如今的山
河破碎恐怕要使国粹难以为继，泱泱中华或许在某一时刻就会文化
失传。

正是有感于此，他觉得自己经年累月积攒下的这些笔墨，无疑
是戏曲舞台的真实记录，是中国传统艺术的一手史料，于是他有了将
其加以遴选后，付梓成书传布于世的想法。为了体现初衷和眼下的心
境，他为该书取名《听歌想影录》，并在当年元月写出了一篇既有说
明又含伤感的自序：

> 余自幼笃嗜戏曲，以听歌为乐，清季所观名伶演剧，未及笔
> 录，都已不能省忆。民国以来，历任旧京各报剧评，随观随记，
> 刊布以后，剪贴于册，三十年来，盈篇累牍，置之箧中，不忍弃
> 也。寒窗无俚，偶加检阅，评论是否有当，不敢自知，自有待于
> 方家之指正，而所记伶工剧目、地点时日，则均属信史。迩来国
> 剧日盛，谈梨园掌故者日多，余之所记，或亦足供谈剧者之一助
> 欤，他日倘有纂辑剧史者，于此或有足资采择者欤。爰先将开国
> 十余年来所记，稍予增删，付之剞劂，名之曰《听歌想影录》，
> 凡伶官之浮沉，剧场之兴废，此中均可概见。所谓"想影"，盖
> 亦前尘影事，不堪回首之意耳。歌衫舞袖，入目皎然，俯仰之
> 间，都成陈迹，读斯编者，其亦不胜沧桑之感欤。
>
> 　　民国三十年一月，青谿张豂公序于津门之养拙轩 [①]

此序在破题时，虽解释了"想影"，但未涉及"听歌"。其实
"歌"乃"戏"也，1944年梅兰芳戏词付梓，便称《梅兰芳歌曲谱》。
此外当年看戏多称"听戏"，梅兰芳便说，"那时观众上戏馆，都称听

---

① 张豂公：《听歌想影录·自序》，《听歌想影录》，天津书局1941年版，第2页。

民国时期出版的《梅兰芳歌曲谱》

天津书局1941年出版的《听歌想影录》

戏,如果说是看戏,就会有人讥笑他是外行了。有些观众,遇到台上大段唱工,索性闭上眼睛,手里拍着板眼,细细咀嚼演员的一腔一调,一字一音。听到高兴的时候,提起了嗓子,用大声喝一个彩,来表示他的满意"。[①] 据此可知,"听歌"今意即是"看戏"。

1941 年 10 月,13 万字的《听歌想影录》由柯缦庭经营的天津书局出版。全书 226 页,共收 1913 年至 1918 年刊发在北京《亚细亚报》和《公言报》上的剧评文章 108 篇。书名及副题《国剧春秋》均由张厚载父执、时年 63 岁的老进士金息侯题写。书前除自序外,尚有金氏所作《〈听歌想影录〉题》:

> 张君聊公,吾年家子,博闻多识,文艺尤精,诗词书画,以及戏曲、跳舞,无不兼擅其胜,梨园掌故,日有记载,见之各报,余至乐观之。余旧史氏,重记实而不尚空言,春秋之作,托之空言,不如见之行事,此物此志,唯聊公与我有同好耳。余昔修《清史》,颇拟仿欧史,增伶官,惜不得聊公其人,

---

① 梅兰芳述,许姬传记:《舞台生活四十年》(第一集),中国戏剧出版社 1957 年版,第 26 页。

1941 年金息侯为《听歌　　　　《听歌想影录》书前所附金息侯题词　　　1941 年付梓的《听歌想影录》版权页
想影录》题写的书名

为之载笔，及今思也，犹有缺憾。聊公近以《听歌想影录》属
题，所记皆三十年来伶界故实，不愧信史，余意即当名为《国剧
春秋》，题签遂兼署之，不知聊公见之，以为何如。

庚辰腊日息侯金梁[1]

　　在金息侯的眼中，此书足可称为一部中国京剧史书，故曰"国剧
春秋"。此外，其文所言张厚载擅跳舞，也是有缘故的。前文已述，
张厚载对跳舞有极大兴趣，他与梅兰芳初识，便是在北京的跳舞大会
上。及至来到天津，舞场也是他除戏院外的又一常顾之地，并写有多
篇有关跳舞之文。而且就在金息侯写此题记的前 11 天，亦即 1940 年
的圣诞之夜，重张的大华饭店举办交际舞会，老板王幼云邀城南诗社
的金息侯等一众文人前去捧场，其间他请金老跳舞，金因年岁较大，
遂请张厚载代表他与名票近云馆主（杨慕兰）合舞。或许那晚张厚载

---

① 金梁：《〈听歌想影录〉题》，《听歌想影录》，天津书局 1941 年版，第 1 页。

跳得太好，给金老留下了深刻印象，故而很快便被他写进了题记中。

《听歌想影录》梓行后，反响颇佳，不但如张厚载沪上近邻黄葆戊所言"风行甚久，为各界所欢迎"①，而且还行销全国，备受业界瞩目。据张厚载老友李秩斋1951年回忆：

> 余十年前，于役渝州，山居多暇，始从事弦歌，周谘博采，以考证之法，求当年名家之声音笑貌于楮墨之间，偶从赵君荣探斋中，见镠子所撰《听歌想影录》，为之狂喜，是时镠子偃处津门，此书杀青后，间关三四千里而入蜀，盖不独喜见镠子之书，抑如坐谙春明剧史，历数日夜而不息也。②

按张厚载后来所言，此书开编时，他曾有过将"京津各报刊载剧评，除民二至民七，《亚细亚报》及《公言报》所载，已编为《听歌想影录》"外，"其余自民八至民廿四年间，京津各报所载，他日或当另辑《听歌想影录续集》"③的想法。而且在此书行销之初，他也确实开始了续集的编纂。但旋即到来的时局陡变，让他在惶恐和焦虑中打消了续编念头。

当年12月8日，太平洋战争爆发，美英对日宣战。与此同时，驻扎在天津的日军迅速接管了英法租界，坐落于法租界的天津交通银行随即落入日伪之手。

早在沦陷之初，日军便已侦知天津交行在英租界领事道（今大同道）原华俄道胜银行地库内存有银圆1900万元，在北京东交民巷法商东方汇理银行库内也存有银圆500万元，因此曾向天津中、交两行逼交银圆5000万元，以作伪中国联合准备银行股本。天津交行经理

① 青山老农：《歌舞春秋·跋》，上海广益书局1951年版，第132页。
② 李秩斋：《歌舞春秋·序一》，上海广益书局1951年版，第1页。
③ 张厚载：《歌舞春秋·序三》，上海广益书局1951年版，第5页。

徐柏园以需向总处请示为由，已离津前往香港一去不回。[①] 此番日军进入交行，不但将所有银圆均占为己有，而且还接管了行内全部业务与账目，并强令改组，逼迫员工依照伪北京交通银行的先例，开门营业，推广伪中国联合准备银行的伪联银券及有奖存款，并办理工商业抵押放款。[②]

面对日军的所作所为，天津交行人员敢怒而不敢言。张厚载等一部分员工先是消极抵抗，随后便不辞而别归家隐居。此时其友人潘侠风正在天津主编戏曲刊物《游艺画刊》，几次上门约他看戏写剧评，他均以兴趣不佳而婉拒。最后经不住潘之诚意，虽答应写稿，但不是捧角式的剧评，而是带有掌故性的戏曲短文，较典型者便是下面这篇《戏单杂记》：

1942年张厚载在天津《游艺画刊》上发表的文章

　　曩有友人顾误生（通州王铁珊上将军之公子）向有谭癖，凡谭氏出演时之戏单，皆什袭珍藏，积久遂成巨帙，装裱甚精，并遍乞名流为之题咏，此君多年不见，未知此项戏单册页，是否仍予妥存也。

　　三十年来，余所见名贵之戏单，当以民国七年，中国银行总裁冯幼薇氏，为其太夫人祝寿所演之堂会戏单为贵，盖此戏单，

---

① 刘嘉琛：《交通银行发展概述》，《天津文史资料选辑》第48辑，天津人民出版社1989年版，第78页。

② 交通银行史编委会编著：《交通银行史》（第三卷），商务印书馆2015年版，第209页。

系特烦当时大诗人罗瘿公所书小楷，罗之书法，亦负盛名，是日
戏目，网罗群英，备极精采，其戏单又经瘿公细书小楷，其价值
自非等闲，余著《听歌想影录》，曾记此事，惜其戏单久已散失，
否则以锌版印入，弥足珍贵矣。

清末各戏园所备戏单，均用窄小红纸，只横列戏目而已，民
初始书伶名，纸张亦扩大，且系排印矣。上海戏单，用纸更巨，
伶名大书特书，且多加以头衔，花样百出，迩来京津一带，颇染
此习，诚不胜今昔之感。①

有现实有历史有典故有议论，这便是张厚载梨园随笔的特点。

这期间，他深居简出，很少在公众场合露面。1942 年 3 月 14
日，是其好友沙大风 43 岁生日。应这位既是著名戏曲评论家又是著
名报人的邀请，他与金梁、王伯龙、童芷苓、赵松声等名流，一同赴
日租界中原公司（今百货大楼）五楼西餐厅为之祝寿。这是当年他参
加不多的几次雅集之一。寿宴上，他当场赋诗以贺："二十年来沙大
风，歌场啸傲逞豪雄。胸中泾渭谁能辨，笔下春秋断自公。初度芳辰
风日丽，相逢俊侣笑言同。羡君遭际风云会，从此飞扬气吐虹（术者
为言，自今岁起，将大展宏图）。"②

失去了生活来源，张厚载一家日子过得颇为拮据，其老友吴云心
晚年曾撰文说：张厚载在"日伪时期，虽与当时一些遗老、'名流'
过从，但不随流从俗。住法租界恒安里平房两间，夫妻度日颇艰苦，
每日饭一盂，辣椒炒白菜一碟而已。除夕买鸡一只，沽酒自饮以度春
节，有诗云'只鸡斗酒强为欢'，记日伪时期生活情况"。后来他干脆
无事不出院门，"同院为著名画家赵松声，与张时有过从"。③ 这便是
张厚载这一时期的生活状态，虽然此时外面戏院里京剧照演，舞厅依

---

① 聊：《戏单杂记》，天津《游艺画刊》1942 年 3 月 15 日第 4 卷第 6 期。
② 详见《新天津画报》1942 年 3 月 26 日。
③ 吴云心：《张聊公》，《吴云心文集》，天津古籍出版社 1990 年版，第 626 页。

旧，但他已无心于此。1944 年他写下的这段话，应该是他当时的真实心态与状况：

> 近数年来，生事艰辛，穷愁煎迫，票房久已绝迹，所学各剧，束之高阁，今已全部抛荒，曲词除《弹词》外，无论何剧之唱句，几乎一字不记。曲不离口，拳不离手，余于戏曲，口手两离久矣，欲不荒落，岂可得哉？兴念及此，搁笔一叹！[①]

为了打发这难挨而又苦闷的日子，这一时期他重新拾起了荒废多年的绘画爱好。1943 年，梅兰芳49 岁生日时，他曾为其作国画《山水》，群山瀑布松柏间，古人独坐观景，并有题词曰"畹华吾兄四十晋九初度写此遥祝，缪公时客津门"。

梅兰芳 49 岁生日时，张厚载画山水图祝寿

对其画艺，与他为邻的名画家赵松声曾著文称，其少时师从林纾学画山水，并擅临名画家龚半千笔墨。后到津虽偶有习作，但从不拿出示人。1940 年画家吴迪生在天津永安饭店举办画展，征求文人作品参加，他受邀后，开始极力推却，后又让赵松声加以指点。赵见其画"气韵深厚，格调高古，迥异时流，不胜赞佩"，遂"强为之订定润格，即暂按余润笔

张厚载墨迹

减半核计，且告其专作墨笔山水，以发抒其特具之天才，又岂肯听其长此韬藏，而不为之表白哉"。[①] 正是有了这等经历，后来他在生活难以为继时，曾经卖画救急，对此吴云心印象深刻：

> 1944 年，沦陷地区生活益窘，伪币贬值，物价腾涨，依靠工资生活者，几无法适应物价之猛涨，尤其是粮食价格一日数变。是时我得赵松声、陈少梅等画家的赞助，拟举办画展，张（厚载）亦赞助，并决与我同时展出绘画作品。张书法工整，画法则力学林琴南，朴实古拙，平日不轻易示人。[②]

就是在这样的艰难窘境下，张厚载也一直没有回到伪交通银行复职，直至抗战胜利。

四、移居沪上　推出"春秋"与"略史"

1945 年 8 月 15 日上午，天津市民都接到了伪保甲长陪同户警走家串户发出的通知：中午 12 点收听重要广播（当时是东京时间）。其时，日本投降的消息已在人们之间风传。很快，大批的市民便都聚集到各类有收音机的商号、店铺门前。

12 时整，广播中传出了振奋的消息："日本帝国接受《波茨坦公告》，宣布无条件投降。"胜利啦！霎时间，人们纷纷涌向街头，喜啼

---

① 赵松声：《介绍张聊公墨笔山水》，《新天津画报》1940 年 8 月 8 日。

② 吴云心：《张聊公》，《吴云心文集》，天津古籍出版社 1990 年版，第 626—627 页。

交集，震耳欲聋的鞭炮声随即响彻大街小巷。据当时目击者称："电台还广播了日本天皇裕仁宣读的《停战诏书》，由中国播音员逐句做翻译。因当时正是下班时间，一些走在马路上的日本男人都立正垂耳敬听，日本女人则双膝跪下静听，边听边哭。有一个穿着洋服皮鞋的日本男人并不理会，照行不误，被一个正在静听的日本男人上前打了几个耳光子，并用日语训斥了几句后，按倒跪地，直到他们的天皇讲话转播完毕，才一一离去。"随即，大街上便出现了一幕幕追打、羞辱日本人的场景。①

是日，沽上百姓以各种形式喜迎光复，有条件的家庭纷纷按传统习俗吃起了捞面。张厚载是从邻居赵松声家收音机里听到的喜讯，他让夫人拿出了偷藏的日伪禁止中国人食用的澳洲方袋面粉，做成了老北京炸酱面，与赵松声一家同享。随后，他走出家门，沿着旭街（今和平路）拐到福岛街（今多伦道），走到位于住吉街（今南京路北段）的日本兵营，驻足观望，他再也不怕门外站岗的日军"画圆圈"了，因为此刻兵营内外都是死一般地寂静。

随着抗战胜利，交通银行总部由陪都重庆迁回了上海。战时的特殊需要现在已不复存在，"全国政治、经济中心重新向东转移，整体格局向战前的状态回摆。此时，交行整个营业网络呈现西部稠密、中部疏落、东部完全空白的局面。面对新形势，总处按照先前制定的战后恢复计划，以各地实际状况和需要为原则，调整分支机构的布局，部署营业网点的恢复与重建工作"。同时，总处还决定，"挖掘原沦陷区内伪交行的人力资源，详细甄别其工作人员，可以留用其中一部分"。②

正是在这一指令下，被总处派到天津接管伪天津交行的李钟楚，在将2400万银圆作为敌伪产业运往上海总处的同时，又经过甄别，

① 刘鸿涛：《日军投降之见闻》，《天津抗战闻见录》，天津人民出版社2015年版，第503页。
② 交通银行史编委会编著：《交通银行史》（第三卷），商务印书馆2015年版，第239、246页。

将张厚载等一批具有气节不事伪职的交行老人召回,按照战前职位恢复工作。就这样,张厚载又重新回到了文书科。

生活来源有了保障,这一时期张厚载心情舒畅。虽然接收大员的一桩桩丑行让他不耻,但事不关己,该上班时上班,工余他又手不释卷,沉湎于戏曲之中不能自拔。但如今他笔下所写,已不是昔日的剧评,而是有关中国戏曲史的考辨。此外,他对京剧尤其是"梅派"艺术,仍是一往情深。这期间,他曾致书"梅党"友人李释戡说:

> 近偶阅清雍正年间陆仰山所作《木兰诗》,原序云"木兰姓魏氏,亳州人也,随季父侵辽十二年而归,炀帝知之,纳诸宫,木兰遂自杀焉,因赠孝烈将军,立庙于里,俗以四月八日祀之,呜乎,真无忝于谥哉。云间别驾山阴魏公过其祠,为文以记之,且徵诗歌以吊之,亦表扬潜德之意也。乃赋长篇云……"篇中有"忽传天语徵宣促,名姝欲得藏金屋,若将歌舞朝至尊,鲛绡三寸埋香玉"等句,按此节为历来考证木兰所未及,弟曾对许源来言之,畹华、慧珠所演木兰剧,如将此节编入,更可增高木兰之价值。现亟待查阅,拟烦葆玥检取,由公转下。①

由此可见,即使是在闲来阅读时,他仍在关注着"梅派"艺术,每有所得,必悉心相告。而梅兰芳在抗战胜利后重演《木兰从军》,确已吸纳了他的建议。除钻研戏曲理论外,此时期他还恢复了与新朋旧雨的交往,并每每兴之所至,还票上一段过过戏瘾。其交行总处老同事李秩斋后来在为他的新著写序时曾说:

> 丙戌(1946 年)之秋,自蜀至津,始得重与缪子相处,谈论至多,而互相发明者愈富,三四年中,有剧会之设,研讨之

① 转引自张国强编著:《君子如党:梅兰芳与"梅党"》,知识产权出版社 2022 年版,第 163—164 页。

外，继以弄矱。丁亥（1947 年）春，交通银行四十年纪念之夕，
余演《失街亭》之孔明，缪子奋起为饰赵云，结束登场，起霸
一幕，四座惊叹，退曰："吾少壮时，屡演《借赵云》《回荆州》
《长坂坡》诸剧，今老矣，固当演此老赵云也。"时传为佳话，虽
伶工亦讶其身手矫捷也。①

鉴于张厚载在天津沦陷时期的表现和业务能力，1947 年底，交
通银行总行下令，再次将他调往上海总部。对于这次调动，张厚载仍
是欣然从命，并在《大公报》上以《小楼忆语》和《四维剧话》②这
两篇随笔，结束了他在天津的笔耕生涯。然而就在行将动身之际，他
的肾部出现了问题，在紧急就医控制住病情后，他一边接受沽上名中
医的调理，一边赶到上海总部报到。此后的一年多，他就是这样天津
问诊上海工作两头跑。

在上海，张厚载仍是住在位于新闸
路上的慈孝邨老宅，与著名书法家黄葆
戊为邻。这期间，他们二人走动频繁，
经常在一起切磋唱和。据黄葆戊几年后
追忆，张厚载自抗战爆发随交行"远役
港滇"后，"迨一九四八年始复回沪，
过往甚密，余闲居老病，与缪子常以诗
歌相酬唱，因佩其学有根底，而益知其
为人，诚笃纯挚，于友朋中重然诺，敦
气谊，且闻少时肄业北大，为拥护京
剧，与胡适之等抗颜辩论，竟至退学，
其憨直不挠类如此"。③

张厚载在上海的邻居、著名
书法家黄葆戊（青山老农）

---

①　李秋斋：《歌舞春秋·序一》，上海广益书局 1951 年版，第 1—2 页。

②　《小楼忆语》与《四维剧话》分别刊于天津《大公报》1947 年 12 月 3 日和 17 日。

③　青山老农：《歌舞春秋·跋》，上海广益书局 1951 年版，第 132 页。

光阴易逝，转瞬便到了 1949 年初。是年 3 月，张厚载病情加重，按计划又要到天津去看中医了，可是这次他没有走成。此前的 1 月 15 日，中国人民解放军东野和华野经过 29 小时激战，几乎在同一时间攻入津门，天津的天已是明朗的天。此时不但铁路南北断交，而且人民解放军正饮马长江，剑指江南。4 月 20 日，国共和谈破裂。21日，中共领袖毛泽东、朱德发布进军全国号令，中国人民解放军百万雄师强渡长江。23 日，国民党首都南京鼎新。咫尺之遥的上海，旋即战云密布。战局的急速发展，大大出乎沪上市民的预料。那些天，张厚载不但忍着病痛与黄葆戊等人一同分析预测局势，而且他们还偷着传看地下党散发的传单。

5 月 23 日夜，解放军三野发起全线总攻，分别从东、南、西三面攻打上海市区。25 日清晨，南京路上永安公司大楼最高处"绮云阁"，鲜艳的红旗已迎风飘扬。27 日下午，杨树浦发电厂、自来水厂守敌缴械投降。至此，上海市区宣告全部解放。随后，中国人民解放军上海军事管制委员会金融处，分别对包括交通银行在内的上海所有官僚资本银行进行接管。

5 月 28 日，军管会金融处军代表储伟修、杨修范进驻交行总处后，遵循"依照系统，原封不动，从上而下，整套接收"的接管方针，立即召开职工大会，动员全体员工保护好资财、账册、档案，协助做好接管事项，同时组织各部、处、室建立清点小组和审查小组，进行清点审查工作。

与此同时，对原有员工及机构的处理也提上日程。军代表按照中央既定"包下来"的政策，于 9 月 10 日成立了"交通银行整编节约委员会"，经过反复讨论，整编方案确定，交通银行总处及上海分行的原有内部职工精简一半以上，人员安置根据工作需要及本人能力，分别按照留用、调用、参加学习等方式做了妥善处理。最终交行留用人员由原有的 1800 余人精简为 500 人左右，其余绝大部分人员均调往新建立的人民银行工作。

在以上的一系列接管与被接管中，张厚载虽因肾病加重而未能参与，但军管会金融处对他还是给予了极大照顾。据1951年上海《亦报》刊发署名余苍的文章披露：

> 缪子服务交通银行，是从一九二八年开始，二十一年来未曾脱离岗位，近年患病，不便工作，（病情正如柳絮在本报所报道，相当麻烦。）解放后，曾一度呈请退休，金融处特别予以照顾，仍准按月支薪。一九四九年十月，再请告老，经上级批准，并发给养老金，缪子函中有"种种体恤，感激不尽"之语。①

由此可知，在1949年的开国大典当月，55岁的张厚载从交通银行总处退休，工龄21年，享受退休金待遇。而此前的半年，他虽因病歇假，但工资照发。对此，他除了"感激不尽"外，还能够在此后的岁月，拖着病体"学习马列主义和毛泽东思想"，并以"辩证唯物主义和历史唯物主义"为指导，写出新中国首部京剧史专著，便不足为奇了。

退休之初的张厚载，一方面居家调养并定期接受中医治疗，一方面努力地融入新的社会环境中来。这期间，他曾拖着病体去看解放区的大秧歌，据他后来回忆，其老友潘大夫之长公子潘东东当年是天津京剧小票友，成年后成了电影明星，"即今日名满影界之卫禹平也，一九四九年，上海解放不久，余遇之于体育馆，同看大腰鼓，曾谈及其童年演剧事，屈指已二十年矣。最近卫禹平代表文艺界，参加赴朝慰问团胜利归来，大受欢迎"。②

此外，他还先后到解放剧场（原名东和馆剧场、胜利剧场）、兰心大戏院，观看了新歌剧《白毛女》和《血泪仇》，并著文认为：

> 这两个戏，都是沿用旧京戏表演上的象征手法，而又采用

---

① 余苍：《节录张缪子来信》，上海《亦报》1951年4月25日。
② 张缪子：《歌舞春秋》，上海广益书局1951年版，第103页。

话剧舞台上的灯光布景，唱调却又采取郿鄠调等等各种戏曲的唱腔，音乐方面，更有新的配合，这都表现了努力进取的精神，同时也发挥了教育群众的作用。这可说是新歌舞戏的模型。将来自然可以按照这种方式（最好再求其洗练精简），多所创造。尤其是各处地方戏的优点和特色，更可以大量采用。程砚秋近来正在调查全国各地的戏曲，将来对于戏改运动，尤其是对于创造新京戏和新歌舞戏的工作，一定有很大的收获。[①]

这一时期，他还自费订阅了《光明日报》《解放日报》《文艺报》等四五种报刊，开始学习新意识、新理论和新知识，并对新中国成立后的戏改工作给予了极度关注。

1949 年 7 月 2 日至 19 日，第一次全国文代会在北京召开。会议刚刚闭幕，周恩来便正式传达了中共中央关于建立戏曲改革领导机构的决定。当年 7 月 27 日，在周扬的具体操办下，成立了以欧阳予倩为主任，田汉、马彦祥、杨绍萱为副主任，马少波任秘书长的中华全国戏曲改革委员会筹备委员会，并于当日在北京南河沿南夹道 63 号小红楼内正式办公。10 月底，筹委会改称中央人民政府文化部戏曲改进局（简称"戏改局"）。[②] 新时代轰轰烈烈的戏曲改革（简称"戏改"）运动，由此发轫。

经过近一年的学习思考，张厚载这次不但不再保守，反而欣然为戏改工作积极献策。1950 年秋天，他致信当时已是戏改局副局长的老朋友马彦祥，阐述自己学习新理论后，对戏改工作的理解和认识。对此，1951 年他曾著文有过如下追述：

> 一九四九年五月廿八日，上海解放后，我开始阅读关于阐

---

① 张谬子：《京戏发展略史》，上海大公报 1951 年版，第 61 页。

② 北京市艺术研究所、上海艺术研究所组织编著：《中国京剧史》（下卷·第一分册），中国戏剧出版社 2000 年版，第 12—13 页。

发辩证唯物主义和历史唯物主义的书籍，以及毛主席的著作，开始接触到辩证唯物论所指示一切事物发展的规律和历史唯物论所指示各种社会发展的规律。这对于我——一个小资产阶级出身的人——是怎样地惊奇喜悦，因为一个年已五十多岁的人，这才对于宇宙间一切事物的真理有了一知半解，自己觉得是非常幸运的一件事。

我一向是京剧的热诚爱好者，既然窥见了辩证唯物论和历史唯物论一点门径，就不免想到京戏的生长、演变和它的发展情况，正合于唯物论所指示的规律。一九五〇年七八月间，我已想写一篇用唯物主义来讲解京戏的文字，而总不敢率尔操觚，加以那时病体不支，实在也不能写稿，曾写了一封信，给北京的一位老友马彦祥先生，引证辩证法唯物论所讲"矛盾的统一"和"否定之否定"等规律，述说京戏应从旧的东西里吸取它的精华，以作戏改的基础。马先生回信说：他们对于戏改的方针，正是如此。这对我是一个很大的鼓励，使我对于写这篇东西有了信心和勇气。

然而由于当时的身体状况，"这篇东西"直至 1951 年的春天，其病情略有好转后，方在老友马彦祥及《大公报》总编辑王芸生的鼓励下，以专著《京戏发展略史》的形式完成。此中内情，在该书当年的自序中，他亦有详细介绍：

> 我能够力疾写出这一篇文字，假使内容没有犯很大的错误，还勉强可以一读的话，那我首先不能不感谢毛主席解放了全中国，使我也得追随大众，学习马列主义毛泽东思想。（中略）
>
> 今年三四月间，为了《大公报》上接连登载"中国的世界第一"很感兴趣，曾和王芸生先生一度函札往还，顺便和他说：我想写一篇《京戏发展略史》，不知道《大公报》是否需要？王先生回信说：望你写出，预备在"周末影剧"里发表。这又是对我

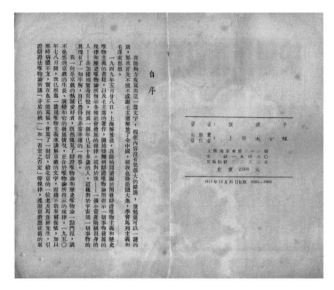

《京戏发展略史》
版权页与自序

一个很大的鼓励，于是好多年没有在报上写稿的人，终于把这篇粗俗浅陋的东西写出来了。

当《大公报》刊登第三节时，我又接到马（彦祥）的信说：他只看到了两节，他马上就要到四川去参加西南的土改工作，所以很希望将全文另印单行本。我将此事函告《大公报》"周末影剧"编者先生。他也因为有些读者要求出单行本，所以决定照办。于是我又将原稿酌予修订补充，再加上一些旧有的艺人照片，而出了这样一本小册子，这在我，当然又是一件非常荣幸的事，这都是马先生、王先生等鼓励我的一点效果。但是，我总觉得学习不够，深恐其中有不正确的地方，仍盼读者随时赐予指正，俾有进步，这是我所最感祷的。①

这篇写于"上海解放两周年纪念日"的自序，应该说是将张厚载在上海新生后两年间的情况，交代得非常清楚了。从中人们可以明显地发现，在这两年内，他是非常自觉地认真阅读了马列和毛泽东的著

① 张谬子：《京戏发展略史·自序》，上海大公报1951年版，第1—2页。

作，并在反复思考的基础上，又将这些新理论新意识尽可能地运用到他厮守一生的京戏欣赏和研究中。如在全书篇首，他开宗明义便讲：

> 辩证法唯物主义，认为一切事物的发展过程，都是内在的前进的运动，由旧的质态，进到新的质态，由简单发展到复杂。列宁更有一句名言："发展就是各对立方面之间的斗争。"京戏的发展，也正可以说明这些规律，因为扼要地说来，京戏是和它的对立方面的昆曲斗争而发展起来的。从昆曲推移到京戏，正是由旧的质态，进到新的质态一种内在的前进的运动。

而在展望京戏的改革与发展时，他更是指出：

> 鉴往知来，我们当然更可以认识京戏前途发展的形势，也是一定要按照事物发展的规律，更将加速地向前推进，那么戏改这一件事，当然是目前第一重要的工作。
>
> 马克思说："一切的哲学家，都只是各色各样地解释世界，而对于我们，更重要的，是去改造世界。"（见胡绳《辩证法唯物论入门》）
>
> 毛主席说得更清楚："马克思主义的哲学，认为十分重要的问题，不在于懂得了客观世界的规律性，因而解释世界。而在于拿了这种对于客观规律性的认识，去能动地改造世界。"（见《实践论》）
>
> 由大更可以知小，我们既然都懂得了京戏发展的规律性，而把它解释出来，那么由认识而至于实践，当然要凭着这个规律，更进一步去改革京戏了。①

---

① 张谬子：《京戏发展略史》，上海大公报 1951 年版，第 1、53 页。

在新政权领导的新社会下，文学艺术史的研究与撰著都要按照新的秩序来进行。如果说 1951 年 9 月北京开明书店推出的王瑶《中国新文学史稿》（上册），不仅是新中国首部现代文学史专著，而且还开了用新民主主义理论去撰写中国现代文学史之先河，并对此后中国现代文学史秩序的建立与形成起了"规范"作用的话，那么张厚载所写的这本新中国第一部京剧史，则是首创了运用马列主义和毛泽东思想去编写中国戏曲史的新模式，对后起者不但起了"示范"作用，而且也为此领域的研究确立了一种新的秩序。

欣逢盛世，病情刚见好转的张厚载可谓"不待扬鞭自奋蹄"。几乎与《京戏发展略史》的撰写同时，他又忍着顽疾带来的不适，将当年为《听歌想影录》编续集的想法付诸实践。但他没有沿着原有的编辑思路进行整理，而是"摘取自民五（1916 年）至民廿四（1935年）年间，京津各报所登偏重记事之作，分为上、下两编（上编，北京，自民五至民十三；下编，天津，自民十八至民廿四）辑成一册，名之曰《歌舞春秋》"。用此书名，应该是吸取了其父执金息侯在为《听歌想影录》题写书名时的建议，只不过因为此时他正在撰写《京戏发展略史》，故将金氏所言"国剧春秋"改为了《歌舞春秋》，以规避两书书名在指代上的雷同之处。至于《歌舞春秋》的具体内容，则"大抵均有关歌台掌故，而京剧艺人当时之动态，与剧场兴革之陈迹，于此亦可窥见一斑"，其目的是希冀"他日倘或足供修剧史者之参考"。①

《歌舞春秋》书前除许源来之序和作者自序外，尚有张厚载交行老友李秩斋之序，据其云，抗战胜利后，"谬子与余后先南届，谬子病滞海滨，方衣食之不遑，剧事已如过眼烟云，不复论记。余则囊笔香港，地异人殊，亦久不事此，托迹严舍，夜窗独处，神游南北，结习未忘，因寓书津门，求谬子之书，将重读一过，以破岑寂。谬子忽

---

① 张厚载：《歌舞春秋·序三》，上海广益书局 1951 年版，第 5—6 页。

走笔相告，将于续稿中，选其侧重记事者，辑成一册，名曰《歌舞春秋》，以余十年来为此书知音，嘱为一言"。①

而此书能得以付梓，则有赖于张厚载近邻黄葆戉。1951 年 4 月黄在书后之跋中称，张氏"先有《听歌想影录》一书，风行甚久，为各界所欢迎，近又续编《歌舞春秋》，朋辈中怂恿为印行，因为介绍于广益书局"。②

1951 年是张厚载一生笔墨生涯的丰收年。

是年 7 月，7 万余字的《歌舞春秋》由上海广益书局梓行，封面为梅兰芳题字和其主演的《霸王别姬》剧照。全书 139 页，分为上、下两编，上编收入北京菊坛掌故 36 篇，下编收入天津梨园故实 28 篇。而在涉及某位名角时，多加按语指出其近况。如记海派老生麒麟童（周信芳）1932 年由沪来津公演时，文末便有"周先生现任华东区文化局副局长，于海上戏改运动，极为努力"的按语。而在描写武生耆宿尚和玉 1934 年在天津北洋戏院登台情景后，其又写道：

《歌舞春秋》封面

　　按尚老先生现亦在戏曲研究院实验学校任教师，该校教师，除尚老将外，尚有谭小培、王凤卿、马德成、萧长华等，皆高年之老艺人也。最近为捐献飞机、大炮，谭小培、郝寿臣、萧长华、刘喜奎诸先生合演《法门寺》，马德成先生演《百凉楼》，而尚老将

① 李秩斋：《歌舞春秋·序一》，上海广益书局 1951 年版，第 2 页。
② 青山老农：《歌舞春秋·跋》，上海广益书局 1951 年版，第 132 页。

以八十高年演《晋阳宫》，饰李元霸，使双锤尤为观众所惊叹。[①]

《京戏发展略史》封面

此等"由彼及此"的按语，书中随处可见。

10月，《京戏发展略史》由上海大公报馆出版发行，全书约 36000 字，62 页，分为"京戏构成的经过""京戏扩展的形势""京戏演变的概况""京戏意识的检讨""京戏艺术的估价""京戏改革的展望"六部分，加以阐述。封面照片为"一九三五年梅兰芳访问苏联，在红场谒列宁墓"。其在该书"引言"中云：

> 京戏（现在盛行的皮簧戏）从它的构成，一直发展到现在，有将近二百年的历史。这里想叙述一点它的经过和演变的具体情况，进而探讨它的内容意识和艺术组织，并且概括地说一说改革的管见。因体弱多病，思虑不周，加以参考资料手头又多欠缺，其中错误和疏漏的地方，在所难免；尚盼读者多加指示，不胜感幸。[②]

自 1911 年 17 岁避祸天津时，开始为报纸写剧评，经 40 年风雨飘摇，到 1951 年 57 岁时，以两部京剧史专著在上海杀青为封笔，张厚载就这样走完了自己的"粉墨"生涯。他也由最初的一个剧评人和"梅党"中坚，变身为中国戏曲史研究的拓荒者和京剧史书写第一人。

① 张谬子：《歌舞春秋》，上海广益书局 1951 年版，第 114、120 页。

② 张谬子：《京戏发展略史》，上海大公报 1951 年版，第 1 页。

尾声 | 逝于旧戏"新生"时

步入了新时代，老朋友和新媒体也都没有忘记张厚载。那还是在 1951 年之初，当年的"梅党"同人，在上海曾有过一次聚会。从参加的人员来看，这应该是当时"梅党"核心人物最全也是他们最后的一次集体聚餐。对此，许姬传在记录梅兰芳的《舞台生活四十年》时，曾有详情披露：

> 一九五一年的一月，梅先生从北京回到上海。他离开上海好久了，这次回来又赶上春节，亲友间免不了有一番往返的酬酢；因此我们谈话的机会不多，直到正月初四的晚上，大家才在冯幼伟先生家里聚餐。在座一共八个人，跟梅先生认识在四十年以上的有冯幼伟、吴震修、李释戡、许伯明四位老先生；三十年以上的有张镠子先生、我跟弟弟源来三个人。这许多老友欢聚一堂，梅先生那天愉快极了。饭后，经这些老朋友帮着他回忆的结果，梅先生就把他在翊文社第一次演唱时装新戏的过程，很翔实地一口气说了几个钟点。忙得我弟兄二人，手不停挥地跟着写，真有点应接不暇呢。①

---

① 梅兰芳述，许姬传记：《舞台生活四十年》（第二集），中国戏剧出版社 1957 年版，第 1 页。

参加这次聚会，张厚载是忍受着肾病的折磨前来的。其友人柳絮在当年3月曾撰文说，"云今年上海有一次梅氏老友聚餐会。张亦在座，果然，则必是席不温而退的：因为张先生患的严重腰子病，每间五分钟必小溲一次。所以两年以来，非有要约，不出门限一步"。①

据此可知，此时张厚载的病情虽得以控制，但后遗症还是相当痛苦的。每五分钟便要小便一次，这对他的身体和精神，都是一种折磨。但即使如此，他不但仍是坚持参加了这次在他看来确是"要约"的"梅党"聚会，而且在随后的日子，他还忍受着煎熬，拼力完成了《京戏发展略史》的写作和《歌舞春秋》的编辑工作。其对京剧的热爱，可谓有始有终，毕生不渝。

除了老朋友的惦念，此时刚刚创刊的新媒体也在报道张厚载的情况。

作为"上海解放后过渡性的小型报"，《亦报》创刊于上海新生后的1949年7月25日。创办人为海上名报人唐云旌（大郎），社址在南京路慈淑大楼，报纸秉承上海小报长于关注街巷里弄日常生活的传统，曾分别报道了上海各阶层市民的状况。1951年三四月间，该报对张厚载的历史和近况便有过连续介绍。此中的主要部分曾被与张厚载在慈孝邨为邻的书法家黄葆戉编入《歌舞春秋》附录中。据黄在书后跋语所云：

> 余于剧曲为门外汉，不加深究，乃近见《亦报》余苍、柳絮、杨华诸公，前后记载缪子事颇详，爰汇录于次，以告读者，可证余言之不为过也。②

这其中的第一篇为3月15日刊发的余苍之文《新青年谈屑》。文章在回顾了张厚载当年与胡适等人激辩戏曲存废事件之后，称"张厚

---

① 柳絮：《记张缪子近况》，上海《亦报》1951年3月28日。
② 青山老农：《歌舞春秋·跋》，上海广益书局1951年版，第132页。

载即张镠子，闻尚在上海，他因林纾而被'北大'开革一事，颇有曲折，拟另以一文记之"。

第二篇《林纾与张厚载》刊于 3 月 23 日，作者仍是余苍。此文在替《荆生》与《妖梦》略作辩护，认为"林（琴南）先生似乎还不致无聊至此"后，写道：

> 张厚载，即二十几年前以写旧剧批评得名的张镠子，江苏青浦人，他是林纾教授五城学堂时的学生，自被北大开革后，反而弄得大名全国皆知。林纾文集中有《送张生厚载出北大序》，就说明了他的除籍是受累于本人。此君对于梅兰芳的舞台艺术，鼓吹最早，是当时所谓"梅党"的中坚。曾似因冯幼伟的关系，在中国银行服务过，今年上海有一次梅氏老友聚餐会，张亦在座，近况不详。

第三篇系署名柳絮者所写《记张镠子近况》，刊于 3 月 28 日。文章开篇便言，"二十三日本报余苍先生文中说起'近况不详'的张镠子，此老现寓新闸路慈孝邨，已久罢交游"。随即在介绍了张厚载患"腰子病"及"五分钟必小溲一次"后，又云：

> 此老为人很风趣，有一次舍弟去看他，开口第一句便说："我们有缘。"盖谓不但姓同，其笔名又与青子只异一字也。（按柳絮先生之介弟为张青子先生）
>
> 镠子先生对戏曲很有研究，见解亦新，虽然两年不出大门，每天必看大小报四五种，故不害其思想的进步。如果不是这一种"小不便"的毛病背在身上，不得已而度其"市隐"生活，他是很可以为人民曲艺服务而有其成就的。

第四篇是刊于 4 月 10 日的《前辈京剧艺人的剧照》，据作者杨华披露：

不久前，本报上有人写到张谬子近况，说他如果不是身体健康太差，很可以为人民曲艺事业服务。据笔者所知，张先生虽因病闲居，对人民曲艺确是关心的，他手头藏有很多前代艺人剧照，一部分已经成为稀本绝版，外边完全看不到，如刘赶三、王楞仙、何桂山、罗百岁等人的都有。上月间，京剧研究院实验剧团来沪演出于天蟾舞台，其中有位导演樊放先生，是他十五年前在《立报》的同事，闻谬子病过访，他就把这套照片检出来，托樊放带京转给马彦祥先生。并希望马先生看了之后，转送艺术事业管理局。

前天，马先生已有复信给他道谢，并说此项戏照俟正在筹备期内的"戏曲博览会"成立后，即送去陈列。

张先生过去对这些已成孤本的剧照，藏莫如深；平常拿出来传观朋好，还怕各人的手汗粘污了照片中人的面目。这回因公割爱，不再留在书箱里给少数人欣赏，是他在新时代里的开明之处。

最后一篇是张厚载写给余苍之信的节录，刊于 4 月 15 日。据余苍自述，"谬子先生来信，述及一九一九年他在北大被开除的经过，他认为我上月所写《林纾与张厚载》一文，大体上是正确的"。在转述了张厚载自己回忆当年事件的全过程后，余苍又写道：

谬子先生是最早期的评剧家，和他并时的人物，现存的，不过周剑云先生等极少数的几位而已。那时的所谓剧评，因过多置重于人员的扬抑，往往被人执与捧角家并列，社会上是不大重视的。但也有许多落墨的作者，为整个京剧利益着想，对于改进当时的剧制与剧艺，提出过不少的具体意见，也发生了一定的作用，不可一笔抹煞。（梅兰芳先生的《舞台生活四十年》，就不止一次的提到这些朋友们给予他的影响。)①

除了友人和媒体外，政府也没有忘记张厚载这个踏入新时代的旧文人，鉴于他的经历和在戏曲艺术方面的造诣，1953 年 7 月 1 日，他收到了陈毅市长签名颁发的上海市文史研究馆馆员聘书，这既是对他过往人生的认定，也是对他既有成果的肯定，当年得此聘书者，多为在某一领域表现突出且德才兼备的民主人士。

如火如荼的戏改运动取得了显著效果。继全国戏曲工作会议于1950 年 11 月 27 日至 12 月 10 日在北京召开，大会要求"全国三十五

1953 年张厚载被聘为上海市文史馆馆员时所画山水

万戏曲工作者更进一步团结起来，共同推进戏曲改革工作、创造出新的优良的民族的大众的文艺形式"之后，由中央人民政府文化部主办的第一届全国戏曲观摩演出大会，又于 1952 年 10 月 6 日至 11 月 4日在北京举行。来自全国 23 个剧种的 30 多个表演团体的 1600 多名戏曲演员参加了会演。闭幕式上，周恩来总理到会祝贺并从五个方面对戏改工作发表意见：(一) 百花齐放，推陈出新；(二) 普及与提高；(三) 政治标准与艺术标准；(四) 团结与改造；(五) 克服困难，迎接胜利。

正是在此等形势下，1955 年，在文化部戏曲改进局基础上成立

---

① 　以上五篇内容详见《歌舞春秋·附录》，上海广益书局 1951 年版，第 133—139 页。

1952 年 10 月 6 日至 11 月 4 日，中央人民政府文化部在首都北京举行第一届全国戏曲观摩演出大会，此为开幕式现场

的中国戏曲研究院，又将其麾下的剧团、学校独立，分别成立了国字号的中国京剧院和中国戏曲学校。①

此时已处于重病中的张厚载，看到自己痴迷钟爱一生的京剧艺术在新的时代，能够如此蓬勃发展，可谓百感交集。他既为自己当年极力辩护的旧戏能有如此新生感到欣慰，又在心底里生出莫大遗憾，因为此刻留给他的时间已经不多了。

1954 年 12 月 2 日，经高层同意，以郭沫若等 9 人组成的"胡适思想批判讨论工作委员会"在北京成立，该委员会"将批判内容分为胡适的哲学思想、政治思想、历史观点、文学思想、中国哲学史观点、中国文学史观点、考据学在历史和古典文学研究中的地位和作用、《红楼梦》的人民性和艺术成就、对历来《红楼梦》研究等 9 方面的报告。随后，其他各省也成立了同样性质的组织。讨论会延续到

---

① 详见北京市艺术研究所、上海艺术研究所组织编著：《中国京剧史》（下卷·第一分册），中国戏剧出版社 2000 年版，第 14、19、39、74、77 页。

1955 年 3 月，共举行 21 次，到会议结束时，'全国省市以上的报纸和全国学术性刊物大都发表了批判文章，总计在 200 篇以上。北京召开批判会议 16 次'。这次运动几乎动员了整个知识界，包括胡适的许多朋友、同事、学生也卷入其中，时间持续到 1955 年 8 月，前后长达 10 个月"。①

就在此次运动期间，作为当年与胡适打过笔仗并曾经有过频繁接触的老学生，张厚载于 1955 年在上海因病故去，享年 61 岁。

---

① 傅娜：《回眸 50 年代的胡适批判运动》，《宁波广播电视大学学报》2010 年第 1 期。

主要参考资料

一、报刊

《新青年》（北京，民国）

《每周评论》（北京，民国）

《大公报》（天津，民国）

《大公报》（上海，民国）

《礼拜六》（上海，民国）

《一炉》（天津，民国）

《商报》（天津，民国）

《天风报》（天津，民国）

《新天津画报》（天津，民国）

《北洋画报》（天津，民国）

《游艺画刊》（天津，民国）

《立言画刊》（北京，民国）

《369画报》（北京，民国）

《北京大学日刊》（北京，民国）

《文艺报》（北京，1949—1955年）

《新闻史料》（天津，1982—1995年）

二、文章

沈尹默：《鲁迅生活中的一节》，上海《文艺月报》1956年第10期

刘绪亨：《著名银行家卞白眉在天津的二十年》，《天津文史资料选辑》第36

辑，天津人民出版社 1986 年版

刘嘉琛：《交通银行发展概述》，《天津文史资料选辑》第 48 辑，天津人民出版社 1989 年版

沈达人：《张厚载及其京剧评论》，《中国京剧》1997 年第 6 期

倪斯霆：《张厚载与中国现代文坛第一公案》，《纵横》2000 年第 8 期

姚惜云：《叶庸方二三事》，《天津文史资料选辑》第 90 辑，天津人民出版社 2001 年版

刘丽华：《不愉快的师生论争——审视胡适与张厚载的一段公案》，《鲁迅研究月刊》2005 年第 11 期

张古愚：《愚翁说剧》，《艺坛》第五卷，上海书店出版社 2007 年版

孙宏年：《蒙藏院与民国时期的西藏治理述论（1914—1928）》，《中国边疆史地研究》2008 年第 4 期

李怡：《谁的五四——论"五四文化圈"》，《中国现代文学研究丛刊》2009 年第 3 期

傅娜：《回眸 50 年代的胡适批判运动》，《宁波广播电视大学学报》2010 年第 1 期

马勇：《"递刀者"——以张厚载、林纾为中心的所谓新旧冲突》，《安徽史学》2016 年第 5 期

王桂妹：《重估五四反对派——从林纾的"反动文本"〈荆生〉〈妖梦〉谈起》，《西南大学学报（社会科学版）》2017 年第 4 期

金安平：《〈觉醒年代〉与觉醒年代中的北京大学》，《北京大学校报》2021 年 5 月 14 日

宋馥李：《编剧龙平平谈〈觉醒年代〉：从红楼到红船，党史可以平和地讲》，《经济观察报》2021 年 10 月 22 日

三、著作

张聊公：《听歌想影录》，天津书局 1941 年版

张谬子：《歌舞春秋》，上海广益书局 1951 年版

张谬子：《京戏发展略史》，上海大公报 1951 年版

梅兰芳述，许姬传记：《舞台生活四十年》（第一集、第二集），中国戏剧出版社 1957 年版

梅兰芳述，许姬传记：《舞台生活四十年》（第三集），中国戏剧出版社 1981 年版

北京大学等院校中文系中国现代文学教研室主编：《文学运动史料选》（第一

册），上海教育出版社 1979 年版

　　本书编写组编：《鲁迅年谱》，安徽人民出版社 1979 年版

　　陶菊隐：《孤岛见闻——抗战时期的上海》，上海人民出版社 1979 年版

　　北京师范大学校史编写组编：《北京师范大学校史（1902—1982）》，北京师范大学出版社 1982 年版

　　薛绥之、张俊才编：《林纾研究资料》，福建人民出版社 1983 年版

　　高平叔编：《蔡元培全集》，中华书局 1984 年版

　　侯振彤译：《二十世纪初的天津概况》，天津市地方史志编修委员会总编辑室 1986 年印行（内部发行）

　　吴云心：《吴云心文集》，天津古籍出版社 1990 年版

　　郑逸梅：《郑逸梅选集》，黑龙江人民出版社 1991 年版

　　曹正文、张国瀛：《旧上海报刊史话》，华东师范大学出版社 1991 年版

　　唐德刚译注：《胡适口述自传》，华中师范大学出版社 1993 年版

　　周作人：《苦茶——周作人回想录》，敦煌文艺出版社 1995 年版

　　丁秉鐩：《菊坛旧闻录》，中国戏剧出版社 1995 年版

　　高平叔撰著：《蔡元培年谱长编》（中册），人民教育出版社 1996 年版

　　郑逸梅：《艺海一勺续编》，天津古籍出版社 1996 年版

　　萧夏林编：《为了忘却的纪念：北大校长蔡元培》，经济日报出版社 1998 年版

　　钱理群、温儒敏、吴福辉：《中国现代文学三十年》，北京大学出版社 1998 年版

　　陈平原、夏晓虹编：《北大旧事》，生活·读书·新知三联书店 1998 年版

　　迟宇宙、杨雪莉：《北京大学演义》，黄山书社 1998 年版

　　王昀：《帘卷西风：林琴南别传》，华夏出版社 1999 年版

　　陈平原、夏晓虹主编：《触摸历史：五四人物与现代中国》，广州出版社 1999 年版

　　《中国戏曲志》编修委员会、《中国戏曲志·北京卷》编辑委员会编著：《中国戏曲志·北京卷》，中国 ISBN 中心 1999 年版

　　中国第二历史档案馆编：《中华民国史档案资料汇编》（第 5 辑第 2 编），凤凰出版社 2000 年版

　　北京市艺术研究所、上海艺术研究所组织编著：《中国京剧史》（下卷·第一分册），中国戏剧出版社 2000 年版

　　《钱玄同文集》，中国人民大学出版社 2000 年版

　　刘运峰编：《鲁迅佚文全集》，群言出版社 2001 年版

　　胡适编选：《中国新文学大系·建设理论集》，上海文艺出版社 2003 年版

郑振铎编选：《中国新文学大系·文学论争集》，上海文艺出版社 2003 年版

《胡适全集》，安徽教育出版社 2003 年版

徐景星：《天津报海钩沉》，天津人民出版社 2003 年版

天津市档案馆主编，周利成、周雅男编著：《天津老戏园》，天津人民出版社 2005 年版

朱洪：《陈独秀与胡适》，湖北人民出版社 2006 年版

吴小如：《吴小如戏曲随笔集》，天津古籍出版社 2006 年版

天津市地方志编修委员会办公室、天津市文化局编著：《天津通志·文化艺术志》，天津社会科学院出版社 2007 年版

许恪儒整理：《许宝蘅日记》，中华书局 2010 年版

张晓唯：《蔡元培评传》，百花洲文艺出版社 2010 年版

钟叔河、朱纯编：《过去的大学》，同心出版社 2011 年版

北京市政协文史和学习委员会编：《辛亥革命与北京》，北京出版社 2011 年版

熊权：《〈新青年〉图传》，陕西人民出版社 2013 年版

中国人民政治协商会议天津市委员会文史资料委员会编：《天津抗战闻见录》，天津人民出版社 2015 年版

交通银行史编委会编著：《交通银行史》，商务印书馆 2015 年版

陈墨香著，李世强编订：《活人大戏》，中国戏剧出版社 2015 年版

潘镜芙、陈墨香：《梨园外史》，中国戏剧出版社 2015 年版

罗瘿公、李释戡：《〈鞠部丛谈〉校补》，浙江人民美术出版社 2016 年版

王兴昀：《报里乾坤——〈北洋画报〉中的天津城市文化》，天津人民出版社 2017 年版

《刘半农精品文集》，团结出版社 2018 年版

杨秀玲：《〈大公报〉与京津戏剧（1902—1949）》，天津古籍出版社 2021 年版

靳飞：《冯耿光笔记》，文津出版社 2022 年版

张国强编著：《君子如党：梅兰芳与"梅党"》，知识产权出版社 2022 年版

［日］樽本照雄：《林纾冤案事件簿》，商务印书馆 2018 年版

［法］皮埃尔·辛加拉维鲁著，郭可译：《万国天津：全球化历史的另类视角》，商务印书馆 2021 年版

倪斯霆：《旧人旧事旧小说》，上海远东出版社 2010 年版

倪斯霆：《旧文旧史旧版本》，上海远东出版社 2012 年版

倪斯霆：《旧报旧刊旧连载》，上海远东出版社 2017 年版

倪斯霆：《老天津的文坛往事》，天津社会科学院出版社 2022 年版

后 记

　　这是一部今年写作计划外的书稿，而且也不是原定最近几年要写的书稿。起码在 2021 年 10 月底退休时，制定的写作"三年规划"中，是没有此书的。但相似的选题，"规划"中却有，那便是几年前曾答应友人的"微天津丛书"中的《戏痴》。虽然那本字数要求仅五万的小册子，后来因出版社原因无期限搁置，可我已为其备下了众多史料并在"规划"中预留了"档期"。之所以"节外生枝"地在"规划"外增添了这部新著，问题出在去年下半年《戏痴》重新"上马"之后。

　　2022 年是我难以忘怀的一年。是年 1 月 8 日，天津疫情骤然紧张，随后此起彼伏的病毒和各种形式的防控，加上惶恐与焦虑，便伴随着人们度过了全年。但即使如此，已退休在家的我，仍是按照"规划"，在有条不紊地落实着当年的写作。年初，60 余万字的《还珠楼主评传》如期完成并如期发往出版社，紧接着便是扫图和数次的修改与校对（该书已于 2023 年 4 月由北岳文艺出版社出版）。中间穿插的，则是撰写此前应下的报刊约稿。6 月上旬，开始为即将开笔的《白羽评传》编"年谱"。可以说，上半年除因 88 岁老母亲突患重疾而在医院陪床近一个月外，其余均是按"规划"在进行。

　　8 月中旬，《白羽评传》的所有准备工作均已就绪，此时各地疫情稍显平稳，为让大病初愈的母亲换换环境尽快康复，也为了让自己疲惫的身心有所放松"以利再战",我便与妻子驾车带母亲去东戴河作短期休养。岂料刚到海滨四日,友人电话便追了过来,告诉我"微天津丛书"出不成了,但《戏痴》却被纳入另一家出版社的一套丛书中。并言此书不能超过八万字,年底必须交稿。因有所准备又预留了"档期",经过评估,我遂决定在《白羽评传》开写之前,先完成那本小书。然而事情并非如此顺利,关于《戏痴》的撰写初衷、写作中遇到的难题和最终解决办法,去年岁杪,我曾在那本小书的后记中有所披露:

> 其实写作这本小书,是我早有的想法。所谓"戏痴",便是"五四"前后与新文化运动风云人物展开戏曲论战的张厚载。对于此人,我已关注良久。2000年我在《纵横》杂志发表的《张厚载与现代中国文坛第一公案》、十几年前我出版的第一本书《旧人旧事旧小说》的首篇《他在"五四"爆发前夕被北京大学开除》,以及最新出版的《老天津的文坛往事》的首篇《被蔡元培"荐"到天津的张厚载》,都是希冀在重回历史现场的前提下,尽力去打捞这位中国新文学发生史上和中国现代戏曲发展史上的被"失踪者"。

> 因为作为中国现代文学和戏曲勃发之初的重要有"故事"人物,张厚载不但被埋没得太久,而且还被人为地"反面化"。……

> 正是基于以上原因,我曾有过为张厚载作传的想法,并将这种想法讲给了身边的文友。或是听者有心,前两年王振良兄准备编一套"微天津丛书",他找我点名要这部书稿。岂料就在我搜集史料并将书名定为《戏痴》之际,他又告诉我因为出版社原因这套书搁浅了。于是我只能将此选题暂且搁置,而去忙乎我的老本行民国通俗小说作家的研究。但想不到的是,刚刚写完还珠,正欲开写白羽,他又突然旧事重提,不但字数有所要求,而且还要限期交稿,这岂不让我"猝不及备"。

在经过几天的"复盘"和掐指计算后，我渐渐有了底气。第一，史料大多已搜集在案；第二，四个月完成八万字时间尚可；第三，疫情期间各种会议、活动均停，没有旁骛没有干扰可以安心撰稿；第四，已答应出版社的《白羽评传》，时间宽松可以挤占。正是有了这番评估，我心稍安，在重新仰望大海享受海鲜几日后，便带着海腥带着任务驾车返回了天津。

九月的天津秋风送爽，在一个天高云淡的早上，我开始了这部小书的写作。

但仅仅半月，就遇到了难题。史料的钩稽与发现有时是环环相扣的，随着大量有价值的散佚文字不断在旧报旧刊中被发现，我原先设计的章节与容量已远远不敷涵盖张厚载的一生。从当时已掌握的资料看，不算评骘与论述，仅是传主生平，如要客观完整地呈现，保守说也要在十几万字。好在问题的发现已是解决的前奏，很快我便有了调整方案。既然不能逾越的八万字无法评述张厚载的完整一生，那我就紧紧围绕着传主三次"避祸"天津卫来写。余下的大量史料暂且封存，等此书交稿后，我再从从容容地写一部能完全展现传主人生并加以评骘的正儿八经的张厚载传，这也正是这本小书最终定名为《"戏痴"避祸天津卫》的由来。

据此可知，这部20余万字的《觉醒年代中的"旧戏痴"：张厚载传》，实乃不足八万字的《"戏痴"避祸天津卫》的"衍生产品"，或亦可称为"节外生枝"之作，只不过这新生枝干的体量要远远大于原有的枝节。而且按照词典解释，"衍生"便是指"较简单的化合物中的原子或原子团被其他原子或原子团置换而生成较复杂的化合物"，如果将这里的化学术语换成写作术语，那便是指"较简单的作品中的情节或情节链与其他情节或情节链相融合（或置换或添加或删改）而生成较复杂的作品"。

其实，这部"复杂"的《觉醒年代中的"旧戏痴"：张厚载传》，与那本"简单"的《"戏痴"避祸天津卫》的关系，恰恰如此。前者"厚重"而"全面"；后者"轻薄"而"局部"。前者文笔要凸显严肃的学术风格，后者行文则呈现通俗的故事特色。

去年岁末，不足八万字的《"戏痴"避祸天津卫》如期完成。记得12月31日晚，在为那本小书写后记时，窗外海河两岸长时间地烟花满天、鞭炮齐鸣，人们期冀着以这种中华民族古老的驱魔形式赶走疫情，也赶走心中的阴霾。此情此景让我震撼也让我振奋，手下不由得敲出了如下文字："明天就是新的一年，新年应有新气象。按照计划，我将在2023年的首日，开始新书《张厚载传》的写作。我想，有了这本小书垫底，完成20万字的新著，半年足矣。"

今年的元旦我特意起了大早，当新一年曙光照进书房时，我已端坐书桌前，在电脑上庄重地敲下了"张厚载传"这几个字。也就是从此刻起，我在上一本小书"热身"的基础上，再贾余勇，开始了这部新著的写作。应该说写得很快也很苦。

快是因为在写作那本小书的同时，我已开始了对这部新著的构思，甚至有些章节的段落已在脑中反复出现，此外便是此前那本小书的写作，已让我对用上和没用上的所有资料都心知肚明，其归处早已成竹在胸，故而此番写作起来便有如神助，行云流水，一气呵成。苦则是那时我刚刚"阳"过不久，还时时受着"后遗症"偏头疼的折磨，而且兔年春早，1月下旬便是春节，别人阖家欢乐过大年，而我则枯灯冷屋敲键盘。但乐趣也有，新史料的接连发现和新思路的不断涌现暂且不说，只是"不知有汉无论魏晋"的忘我写作，便让我有幸躲过了年初那段全民皆"阳"的恐慌，等到全书即将完稿，外面的世界已是春回地暖海晏河清了。

可以说，目前完成的这部书稿，与那本小书相比，差别甚大。字数多寡和文风差异，以及谋篇布局的不同，前文已有交代。此处需要特别说明的，是内容上的区别。小书中的一句话或一个段落，在此书中可能就是一节或是一章；小书中没有出现的内容，在此书中更是随处可见。此外，这部新著最大的特点，便是对"五四"前夕新文化运动中有关戏曲存废之争和中国现代文坛第一公案，均做了全景式描述。因为这两起曾被各种现代文学史反复提及的"重大事件"，本书传主张厚载都是绝对的"主角"。

早在此书写作之初，我便认为最佳出版单位是中国文史出版社。如此选择，除了选题与之对路外，还因为我与该社颇有渊源。多年前我那篇首次评介张厚载的长文《张厚载与现代中国文坛第一公案》，便是刊发在这家出版社出版的《纵横》杂志上。十年前，该社拟推出"民国通俗小说典藏文库"，主其事者曾辗转找到我，让帮忙策划，并再版了我多年前整理点校的两部刘云若代表作。前些年，该社编辑出版了一套"纵横精华系列丛书"，其中的《文坛逸闻》卷，卷首便选登了我那篇《张厚载与现代中国文坛第一公案》。三年疫情之前，在天津召开的一次解放区文学研讨会上，经著名老作家方纪之子方兆麟先生之介，我又与该社一编室主任王文运编审相识，相谈甚欢。

因此，当本书写作即将结稿时，我便开始了与文运兄的交流。此书原名《曾与胡适交锋的"梅党"中坚：张厚载传》，文运兄看后认为有"炒作"之嫌，说再想想。一日他灵光偶现，脑中突然闪出了现在的书名。结果，我喊好，他兴奋；我同意，他得意。于是，这本书的书名就这样定了下来。日前，文运兄发来微信，云"张厚载的选题，社里选题会已通过，可以操作了"。这让我颇为欣喜，在重新修改了一番文字后，遂开始了这篇后记的写作。

行文至此，觉得该向朋友们"交代"的书外话，都已说清，最后仅剩感谢了。感谢中国文史出版社接纳此书的出版，感谢王文运兄为此书付出的努力和辛劳，感谢所有为此书写作提供史料和帮助的文友们，同时也感谢我的家人对我的支持与鼓励。

倪斯霆记于沽上双牛堂，时室外气温 40℃

公元 2023 年 6 月 16 日农历癸卯年端午节前六日